丛书主编 陶西平

MI IN CHINA

借鉴多元智能理论实践研究丛书

多元智能在中国

主编 郭福昌 王长沛 副主编 项灵羽

首都师范大学出版社
CAPITAL NORMAL UNIVERSITY PRESS

图书在版编目（CIP）数据

借鉴多元智能理论与实践研究／陶西平主编．—北京：首都师范大学出版社，2004.5

ISBN 978-7-81064-717-5

Ⅰ．借…　Ⅱ．陶…　Ⅲ．中小学－教学研究　Ⅳ．G632.0

中国版本图书馆 CIP 数据核字（2004）第 038178 号

借鉴多元智能理论与实践研究

多元智能在中国

郭福昌　王长沛　主编

责任编辑　子　山

封面设计　刘　伟

出　　版　首都师范大学出版社

地　　址　北京西三环北路 105 号（100048）

电　　话　总 编 室：010-68418523

系统发行：010-58802818

新华书店：010-68418521

网　　址　www.cnupn.com.cn

邮　　箱　zunshiyuan@hotmail.com

印　　刷　北京洛平龙业印刷有限责任公司

版　　次　2012 年 4 月第 4 版

印　　次　2012 年 4 月第 1 次印刷

开　　本　787mm×1092mm　1/16

印　　张　17

字　　数　237 千字

定　　价　35.00 元

推动开发学生多元潜能的实践研究

陶西平

借鉴多元智能理论开发学生潜能的实践研究，正在我国许多地区和学校展开，这是一件十分有意义的事情。

这项研究对落实人才强国战略，造就数以亿计的高素质劳动者、数以千万计的专门人才和一大批拔尖创新人才，对树立适应新形势新任务要求的科学人才观，对深化教育改革，全面推进素质教育，必将产生积极的影响，并发挥重要的推动作用。

这项研究借鉴了霍华德·加德纳的“多元智能”理论，这个理论虽然还在不断完善之中，但是，它的基本观点以及由此产生的对传统教育观念与实践的挑战，拓展了我们的思路，引发了我们的思考，激励了我们的探索。这项研究又重视总结我们已有的经验，特别是在坚持面向全体学生，全面提高学生素质方面的实践经验，从中开发出规律性的东西。这种借鉴与开发相结合的探究，已经有了一个十分良好的开端。

霍华德·加德纳的“多元智能”理论认为人具有多元的智能，如语言智能、数理—逻辑智能、空间智能、身体—运动智能、音乐智能、人际交往智能、自我认识智能，自然观察者智能，存在智能等，这些智能都有人的生理，特别是脑生理的基础。人的各种智能水平的差异是造成人的差异的重要原因。因此，不同学生之间的差别很重要的是他们之间各项智能水平之间的差别。所以，对学生的评价不应当是谁更聪明，而应当是谁在哪方面更聪明。每个学生都具有在某一方面成材的潜质。我想，这就为我们树立教育要面向全体学生的观念提供了理论依据。

“多元智能”理论还认为人的多元的智能和传统的 IQ 一样是可以测量的，因此，可以通过测量了解人的各项智能的发展水平。同时，人的各项智能又可以通过开发，使其优势智能得到充分地发展，使其弱势智能得到提升。这就为我们促进学生的全面发展，全面提高学生的素质提供了理论依据。“多元智能”理论进一步证实了全面推进素质教育的科学性，有助于加深我们对素质教育实质的理解，即：素质教育的实质就是全面开发人的潜能。

当然，还有一些现代教育理论，也从不同角度对开发人的多元潜能进行了有成效的研究，比如关于发展形象思维的研究，成功智力理论，情绪智力理论等。这些理论的精髓对我们的教育改革有着重要的借鉴意义。

在推进开发人的多元潜能的实践研究中，我觉得应当特别关注这样几个问题。

要树立"以学生为本"的观念。开发人的多元潜能就必须面向每一个学生。以前，我们的教育工作常常比较重视研究学生的共性和落实对学生的共性要求，这无疑是必要的。但"因材施教"往往落不到实处。这项研究重视学生之间的个体差异，并从而确定不同的教育方式。这就有助于我们真正把教育工作落实到每个学生身上，实现教育为社会发展服务与为人的发展服务的统一。当然，在大班教学的情况下，面向每一个学生是有一定困难的，这就需要我们努力探索适合我国国情的教育方式。

要突出课堂教学改革这个重点。学校实施素质教育的基本途径是课堂教学。我国的课程改革已经启动，而课堂教学面貌的改观是课程改革成败的重要环节。素质教育只有落实到教师教学的层面才可能真正取得实效。基于学生智能的多元性，一方面，要以多元的方式开发学生的潜能。通过开展适合不同学生智能特点的教学活动，使他们都能对教学内容加深理解，同时，使学生通过参与多种形式的教学活动，培养创新精神和实践能力。这样，就改变了单纯通过讲授，即主要借助语言智能和数理逻辑智能的单一模式进行教学，使课堂有目的地活跃起来。另一方面，要重视发现和发展学生的智能优势。在教学过程中，不是采取抑制学生优势智能的发展，以保证学生弱势智能的提升。而是针对学生的共性智能优势和个性智能优势进行引导，使这些优势通过教学过程得以充分发展，同时，针对学生的共性智能弱势和个性智能弱势加以引导，使这些弱势在教学过程中得以提升。

要探索对学生的多元评价体系。我们在学生评价的研究方面已经取得了很大进展，单纯以考试分数作为评价学生的唯一标准的状况正在改变。多元智能的测量方法给我们多角度评价学生提供了可贵的借鉴，有助于新的评价体系的建立。这种评价的可贵之处在于它非常强调评价的激励功能，让学生充分认识自己的智能优势并充分地展示和发挥这种优势，从而永远充满自信。而自信对于学生，特别是平时我们认为的后进学生，是最为宝贵的东西，这将成为他自我发展的强劲动力。

深化教育改革要靠理论与实践相结合的科学研究来推动，理论工作者和第一线的教师紧密结合研究开发学生潜能的问题，我想是一次很有意义的尝试。

为了介绍国内外关于开发学生多元潜能实践研究的成果，总结我国这项研究的已有经验，从而进一步推动这项研究向深度和广度发展，我们选编了这套丛书。深望这套丛书能成为我国借鉴多元智能理论进行开发学生潜能研究起步阶段的记录，也成为我国这项实践研究向高处登攀的初阶。

2004 年 1 月

目 录

上编 借鉴概览

下编 实践举要

上编　借鉴概览

如果我们能最大限度开发人类的全部智能并使之与伦理道德相结合,就能增加我们继续在地球上生存下去的机会,进而为世界的繁荣作出贡献。

——加德纳

第一章 多元智能在大陆

多元智能理论从其创始就从各种途径传入中国大陆，最初虽然没有引起应有的重视，但是，由于它与中国教育改革政策的高度一致性，及其本身所拥有的现代科学的前沿特质，在全面推行素质教育的大潮中，开始得到广大教育工作者的认同，成为我们借鉴国外先进心理学和教育学理论中最热门的一个。目前，大陆已经初步形成了众多与中国现行教育改革相结合的、借鉴多元智能理论的实践研究项目。结合当前教育改革，特别是课程改革的实际，这项研究，以行动研究为主，文献研究为辅，在整合我国基础教育创新成果的基础上，开展了多种形式的研究与培训相结合的活动，对转变教育观念、创建新型教学研究制度，进行了初步较有成效的探索。尤为可喜的是在理论工作者与广大教师共同努力下，有的项目学校已经在构建适合我国国情的、“用多元智能来教”的教学模式，开始出现了学生乐学，教师乐教的新局面，在开发学生潜能、培养创新精神和实践能力方面，迈出了可喜的一步。2002年，在北京市召开了我国首届关于多元智能理论的国际研讨会，与会者有374人之多，有效地开展了教育的国际交流，也展示了中国基础教育改革的部分成就，获得国内外教育同仁们的好评。在实践研究的基础上，推动了教育理论的建设。仅千禧年来，有关多元智能理论的译著和论著已正式出版了几十本，论文与报道之多，更是难以精确统计。我们试图在梳理“多元智能热”的基础上，进行理性的思考，初步总结“借鉴”与“实践研究”的经验和不足，使之更为有效地服务于教育改革的需要，并加大构建具有中国特色的、开发学生多元潜能的、实践与理论相结合体系的力度。

第一节　多元智能理论简介

一、加德纳与多元智能理论的创建

加德纳是德国犹太人的后裔。“零点项目”创建之初，他还是哈佛的一位初级研究人员。1979年，“零点项目”承担了研究人类潜能本质及其开发的课题后，加德纳受命由他写一本阐述人文科学领域中建立人类认知本质理论的专著，这是一个极富挑战性的研究工作。1983年已经是哈佛大学教育研究生院终身教授和“零点项目”所长之一的加德纳，终于将他的研究成果发表，这就是著名的《智能的结构》一书，它的出版标志着多元智能（multiple intelligences）理论的诞生。

加德纳创建多元智能理论否定了线性的、单一的智力观，指出人类的思维方式，即认识世界的方式是多元的。他当时证明每个人拥有七种智能，现简述如下。

1. 语言智能

就是有效地运用口头语言和书面语言的思维能力。演说家、作家等都是语言智能较强的人。

2. 数学—逻辑智能

就是有效进行计算、逻辑推理、科学分析的思维能力。电脑程序员、科学家、逻辑学家等都是这种智能较强的人。

3. 音乐智能

对音质、音量、音色、旋律、节奏等具有敏感性，具有成功运用这些要素的思维能力。音乐家等，就是这种智能较强的人。

4. 肢体—运动智能

是运用整个身体或者身体的一部分解决问题或者制造产品的思维能力。舞蹈家、运动员、演员、外科医生、手工艺大师等都是这种智能较强的人。

5. 空间智能

是在头脑中形成一个外部空间世界的模式，并能够运用这个模式的思维能力。画家、雕刻家、司机等都是这种智能较强的人。

6. 人际关系智能

是理解他人，并善于处理自己和他人关系的思维能力。销售商、政治家、心理学家等人，就是这种智能较强的人。

7. 内省智能

是一种深入自己内心世界的思维能力。哲学家、诗人等是这种智能较强的人。

1994年至1995年期间，加德纳还增加了自然观察智能[①]。“这种智能的核心，包括区别或分类动物和植物群以及自然生成的东西，如山脉和云。”[②]植物学家、动物学家、环保主义者等是这种智能较强的人。

此外，每一种智能之下还有次智能。“例如在逻辑－数学智能下就包括三个宽广但互有关联的领域：数学、科学及逻辑思考。”[③]

---

① 加德纳本人在《多元智能理论二十年》一文中，回忆他在1994年至1995年休假期间认为“有充分的证据表明还有自然观察智能”；阿姆斯特朗在《课堂中的多元智能·第二版引言》中认为自然观察者智能是加德纳1999年提出的。

② 阿姆斯特朗．课堂中的多元智能·第二版引言．北京：中国轻工业出版社，2003.

③ 加德纳著，李心莹译．再建多元智慧．台湾：远流出版事业股份有限公司，2000.74.

据加德纳本人说："我特定的研究对象是瑞士心理学家让·皮亚杰颇有影响的思维理论。皮亚杰认为人类的全部思维都可以概括为理想化的科学思维，流行的智能观念则将这种思维仅仅看成是快速回答问题的能力，而这种能力所需要的只是语言和逻辑分析的技巧。"① 显然这是向传统心理学的智力学说发起了挑战。多元智能理论创建之初，在心理学界未能获得令人满意的认同。出人意料的是，社会公众和教育界却对这一理论表现了极大的热情。这一冷和一热，促使加德纳彻底改变了个人的研究方向，他与哈佛大学"零点项目"的专家们一起，开始致力于研究多元智能理论在教育上的应用，20 年来认真从事从学前教育到中小学校的教育实验。1993 年出版了《多元智能—实践中的理论》一书，进一步指出，每个人至少拥有七种以上的智能。该著作于 1999 年经由我国学者沈致隆翻译出版。他关于智能类型的研究一直没有终止，可能还有第九种、第十种智能陆续被发现……迄今为止加德纳"已经发表了数百篇论文，出版了 18 本专著，被授予包括普林斯顿大学在内的世界 18 所大学的荣誉博士学位。"②

二、多元智能理论击中时弊，为教育改革开辟新领域

智力理论是发展心理学和认知科学的重要研究对象，多元智能理论的创立必然要受到上述学科研究者们的审视。多元智能理论在美国创建之初，受到心理学界多方的质疑，它传入中国之后，由于心理学和认知科学自身的发展，特别是脑科学爆炸性的的发展，学术界对其的欢迎程度比创建之处要好得多，但也不无疑虑。例如，对多元智能理论的质疑集中在一个主要问题上：如何判定它的创新性和科学性？

（一）对传统"智商式思维"的批评

所谓创新，我们可以引用明清之际伟大思想家顾炎武的名言来表述，所谓创新者，乃是"前人未曾有后人不可无"的事业。"前人未曾有后人不可无"的事业，这是指的创新成果，作为科学创新，它永远是一个"过程"，这个创新过程的重要开端，就是提出了创新性的"问题"。创新性"问题"的发现，在科学领域中具有特殊的作用，几位著名诺贝尔奖的得主，对此都有过极高的评价：

◎ 提出一个问题，往往比解决一个问题更重要。—爱因斯坦

◎ 问题提得好，等于创造完成了一半。—杨振宁

◎ 中国人发明了一个词叫"学问"，这个词非常好。"学问"就是要学会问问题，而不是"学答"，没有问题就没有发展。—李政道

① 加德纳著，沈致隆译．多元智能·前言．新华出版社，1999.

② 沈致隆．亲历哈佛．武汉：华中科技大学出版社，2002.53.

我国著名教育家陶行知曾经撰写诗歌颂扬“问题”的价值，他说：

发明千千万，起点是一问，
禽兽不如人，过在不会问。
智者问得巧，愚者问得笨，
人力胜天功，只在每事问。

加德纳创立多元智能理论的价值恰恰集中表现在他发现并提出了心理学和认知领域现存的重大问题，揭露了它们的研究不足以覆盖人类智能的全部，存在着明显的缺失，在他研究之初，对传统的智商及其思维方式提出了尖锐的批评。

加德纳发现，以智商作为衡量人智力的标准，是不够科学的，它不能反映人的智能的全貌。他在《多元智能理论二十年》[①]一文中，回顾了他其所以涉足研究智能的最初原因，他说：“当我开始学习发展心理学和认知心理学的时候，发现它们基本上不涉及艺术，这使我感到非常困惑。”而且“大多数行业和学术著作关于智能的概念，都集中于语言智能和逻辑智能的结合”，他认为这就很难全面判断一个人的智能的真实情况。心理学关于人的智能研究的缺失，是显而易见的，也是无法回避的。加德纳进一步还深刻揭露了传统心理学线性的、单一化的、静态的思维方式，指出它与正在形成的现代社会结构性的、多元化的、动态的思维特点的尖锐对立。加德纳发现的这个问题，不仅涉及心理学关于智力研究的结论，而且对他们习以为常的近代科学的研究方法，提出了不可调和的挑战。尽管心理学界发现了多元智能理论许多不严密之处，但是他们却无法回避智力研究的现行结论及其思维方法方面存在的问题，迫使人们不能不重新考虑对人类智力的研究。仅此一点，多元智能理论对于科学研究的发展已经发挥了开拓性的作用。

（二）对标准化教学模式提出了尖锐的批评

加德纳认为，以“智商式思维”为理论依据”、以纸笔测验为唯一方法的学校评价，形成了众多学校标准化的教学模式。这种教学完全脱离了丰富多彩的社会实际生活和智能各异的学生实际状况，教学内容的狭窄性，教学方法的单一性，决定这样的学校不可能开发学生多方面的智能。这类学校所谓的潜能开发，只是面对少数“英才”的，它正在、并且继续在扼杀绝大多数学生多方面智能的发展，这样的学校教育与现代社会呼唤的教育公平和人才多元化的需求，存在着不可调和的矛盾。特别不能忽视的是，学生在学校教育获得的成功，几乎难以证明他们步入社会之后也能成功；反之，他们在学校教育中的失败，也很难预测他们将来一定失败。这样的学校，当然无法承担现代社会所要求的“面向未来”、“面向社会”和服务于明天的神圣功能。

应当指出，加德纳发现的心理学和教育领域的问题远不止这些，不过，上述问题，都

---

① 加德纳著，沈致隆译．多元智能理论二十年．人民教育，2003．(17)．

是心理学研究和教育实践中的重要问题，它既具有历史性，也具有时代性，谁能够正确回答这些问题，无疑将对心理学的研究和教育事业的发展作出杰出的贡献。但是，发现问题，离解决问题往往有很大距离。中医学对此就有精辟的见解。有的医生擅长号脉，可以称为脉学专家，即发现问题的专家。但是，能号脉的医生不一定能够拿出高明的处方来，现实当中，人们并不因为他们未能开出药到病除的药方，而否定他们是卓著的号脉专家。著名教育家杜威，在20世纪初就击中了传统教育的要害，倡导现代教育，希望将传授知识与培养能力能够在一个统一的教学过程之中加以解决，从而提高人们解决问题、进行创新的实践能力。由于杜威提出的问题抓住了传统教育的症结，显露了现代教育的基本特征，具有重大意义，从而被世界教育史界称为现代教育的奠基人。他在现代教育发展史上的地位，并没有因为他未能提出一套可行的、令人满意的解决办法而动摇。甚至于在第二次世界大战后，人们对教育的质疑，仍时时可以清晰地看见杜威的“影子”，或者说仍然在重复提出杜威试图解决的问题。最为典型的莫过于很多人又在重申他的教育哲学——“主体论”等等。这正说明，能够提出重要的、亟须解决的问题本身就具有创新价值。多元智能理论向传统心理学发起的挑战和对传统教育提出的问题，在某种意义上似可与之相比附，同样为教育改革开辟了新的领域。

三、多元智能理论正面回答智力论的三大难题，为教育改革提供理论依据

多元智能理论的创新性，不仅表现在提出问题上，而且也表现在它初步回答了传统智力理论一直面临的具有挑战性的问题：即智能是如何在拥有者身上体现的？如何解释所谓的智能其所以称之为智能的原因？如何解释不同文化背景对智能为何有不同的看法？

（一）智能是如何在拥有者身上体现的？

加德纳和他的同道们从两个方面初步回答了这个历史难题。

首先，从人类种群的角度论，“作为一个种群，我们人类拥有一组相对独立的智能。”时至今日，加德纳等人至少发现了“8 $\frac{1}{2}$种智能（包括音乐、身体运动、数学逻辑、语言、空间、人际、自我认识和自然观察智能，所谓‘$\frac{1}{2}$’是指‘存在智能’)”，而且他们确信“我们所有的人都拥有这些智能”①。这意味着，作为正常的人（即没有明显生理缺陷的人），在智力功能上绝对是平等的。合理的教育和环境影响，将使每个正常的人，这八项智能都可以发展到很高的水平。全面发展的、高素质的人才，将不再是个别“精英”们的专利。现代社会期盼的大众教育、普及教育，将不被歪曲为“平庸的教育”、“批量生产的教育”。我们中华民族教育的振兴，也将在人类拥有的共同智能基础上获得高质量的

① 加德纳著，沈致隆译．多元智能理论二十年．人民教育，2003.（17）．

发展，并且是多元绚丽的发展。这当然是一个十分诱人的前景。

其次，作为独立个体的人，“由于遗传和生活经历上的差异，个体的智能的强项和弱项的剖面不一样”，也就是智能的结构不同，因此，“区分人类个体的尺度（即使是可以辨认的孪生子），也没有两个人拥有完全一样的智能层面”①。极而言之，世界上没有两个完全相同的人。只要每个人的智能结构是有差异的，每个人都将拥有自己相应的、独特的、解决问题的方式，其中包括不同风格的学习方式，这就从本质上阐述了现代教育何以必须走多元化之路。迄今为止，还没有一个理论关于人的智能结构及其差异的论述，达到了多元智能理论这样高的科学水平，这是应予充分重视的。它不仅能够满足多元化社会发展的需要，更为人类个性化的自我发展和可能提供了现阶段最为坚挺的理论依据。由此可知，开发人类个体的潜能，必须因人而异，评价人才的方式、方法也不能再沿用“一把尺子”，以人力资源开发为特征的现代教育，必须走多元发展之路，这是不容质疑的发展方向。当然，这一理论对教育发展提出了严峻的挑战，特别是对我们这样一个人口大国，实现这样的教育目标决非易事。令我们欣喜的是，近年来我国富有创造精神的许多老师创造了许多适合我国国情的多元互动情境化的教学方法，发展了在班级授课制条件下的因材施教原则，并且取得了初步的成效。这些实践成果，在一定程度上预示着多元智能理论在教育上的光明未来。

概括起来，多元智能理论与传统的智力理论（或称智慧理论），至少有如下区别（见表1－1）：

表1－1 世人对“智慧”的定义所经历的改变②

旧的看法	新的看法
智慧是固定的	智慧可以发展
智慧可以由一个数字来呈现	智慧无法以数字来量化，智慧存在于表现或解决问题的过程中
智慧是一元的	智慧以不同的方式展现，智慧是多元的
智慧的测量是在一个有脉络的情境下进行	智慧的测量应在一个有脉络、真实生活的情境下进行
智慧的用途是将学生分类，并预测他们是否会成功	智慧的用途是了解人类的能力，及学生许多的可能成就之处

（二）如何解释智能称之为智能的原因？

《多元智能》一书，概括介绍了加德纳确定智能的八项依据③：

① 加德纳著，沈致隆译．多元智能理论二十年．人民教育，2003.（17）.

② 哈维·席佛，李察·史壮著．田乃青译．统整多元智能与学习风格．台湾：远流出版事业股份公司，2002.73.

③ 加德纳著，沈致隆译．多元智能．北京：新华出版社，1999.17－18.

（1）有关正常儿童和超常儿童成长的研究信息。

（2）脑损伤后认知技能受损的情况。

（3）对待特殊群体如天才、白痴、患孤独症儿童的研究成果。

（4）过去一千年人类认知进化的资料。

（5）交叉文化认知的研究。

（6）心理测量的研究，包括不同测试方法相关性的研究。

（7）心理训练的研究，特别是不同学习能力转化和普遍化的研究。

（8）能够被选作智能的，必然和人类所应用的符号系统有一定的关系。

以上八项依据，很可能将来还会补充和发展，但是，它确实是目前最为全面的确定智能的根据，加德纳曾经用它一一审视各种智能功能，只有8种获得确认，而“存在主义智能”，却没有获得最终通过，只具有二分之一的地位。其判定智能的严肃性，由此可窥见一斑。

托马斯·阿姆斯特朗（Thomas Armstrong）在《课堂中的多元智能》一书中制作了“多元智能理论简明表”[①]，可以使我们一目了然地把握这一理论的依据和要义。

阿姆斯特朗制作的上述表格，可以使我们初步了解多元智能理论的主要依据，不难发现该理论是建立在20世纪科学研究最新成就基础之上的，而且具有新兴科学的重要特点——高度的综合性。

缺乏明显的学科边界，是怀疑多元智能理论科学性的一项重要理由。实际上，现代大量的边缘科学和综合科学，恰恰都突破了原有学科的研究边界，学术边界的模糊性，正是这类新兴学科的重要特点，这就要求我们应当运用新的视角审视多元智能理论。

1. 关于脑科学研究成果的依据

应当指出，多元智能理论的主要依据是脑科学的新成果，那么，它吸纳了那些脑科学的重要成果呢？

加德纳曾经竭尽所能地追踪神经心理学的研究成果，这说明，他创建的多元智能理论主要的科学依据是脑科学，后来还有生命科学，即人类关于基因的研究。他回顾自己的研究历程时曾经说过：“在20世纪80年代初期，来自遗传心理学和进化心理学的可靠证据很少，有关的推理人为的痕迹明显。”这与我国著名脑科学家、中国科学院院士杨雄里的分析是一致的。[②] 杨氏说：“直至本世纪（指20世纪—作者注）70年代中期，神经生物学家倾向于把感觉和理解分隔开来，在大脑中各有自己的席位，即前者是被动性的，而后者是主动性的。”这说明脑科学发展的最新成就在加德纳创建多元智能理论时，尚未明朗化。

---

① 阿姆斯特朗著．张咏梅译．课堂中的多元智能．北京：中国轻工业出版社，2003.17－18.

② 据载杨雄里是浙江镇海人，1941年10月出生。1963年毕业于上海科技大学生物系。1982年获日本国立生理学研究所神经生物学博士学位。1991年被评为中国科学院院士。专长神经生物学和生理学研究，撰有《神经科学》、《视觉的神经机制》、《脑科学的现代进展》等专著，论文百余篇，主持或参加多项科研项目。1989年获中科院自然科学一等奖，1996年获中科院自然科学二等奖，1991年获上海市科技精英称号。现为复旦大学神经生物学研究所所长。

但是，杨雄里指出："只是近20年以来，人们的认识才发生了质的飞跃。"他兴奋地说："神经科学（或脑科学）研究近年来取得了爆炸性的发展，在神经活动的分子、细胞机制，在脑的整合性高级功能等方面，成果迭出，深刻地改变着人类对脑和神经系统的认识。"这与加德纳的论断异曲同工，加氏说："20年过去了。脑科学和遗传学方面的知识，以爆炸般的速度增长着。"令他感到宽慰的是："20年来，大量来自于神经心理学研究的有力证据表明，的确存在着不同的智能。这些证据对于证明多元智能理论的正确性，是非常有力的。"①加德纳感到欣慰，并不等于我们对多元智能理论科学性也能理解。杨雄里诚恳地告诫我们，脑科学研究的成果将改变人们对世界的看法，当然，也应该有助于改变我们对多元智能理论的看法，进一步认识它的科学性。

2. 智能多元化的科学依据

加德纳是怎样扩大传统智力的研究范围，并使之变为多元化智能的呢？其重大突破，就在于他将许多传统心理学认为的某些"感知活动"，纳入了智能的范畴，或者干脆命名为"智能"。例如，传统称为视觉的活动，加德纳将其称为空间智能，如此等等。这种与传统研究成果的强烈冲突，是人们怀疑多元智能理论科学性的重要原因之一，但是，恰恰是这一点，正体现了多元智能理论与脑科学最新成就之间密不可分的联系。那么，像视觉感知之类的活动具有智能的特性吗？杨雄里曾以视觉为例为此给出了深刻的回答，他说②：

视知觉的特性对传统哲学观点的挑战更要浅显、生动得多。对感觉和外部世界的关系有一种耳熟能详的传统观点："我们的感觉是客观世界的映象。"这在某种意义上是正确的，但是有着明显的局限性。以视觉为例，研究已经充分表明，视觉对外部世界并非如照相机一样地作真实的模写。实际上，视觉刺激所提供的，是一种不稳定的信息编码，而脑的任务则是从来自物体的不断变化的信息流中，抽提其恒定不变的特性。例如，在不同的照明条件下，从一个颜色物体上所反射而到达视网膜上的光的光谱成分是不一样的，但我们所感知的该物体的颜色却并不变化（颜色恒常性）。一名演讲者做手势时，手在听众视网膜上成的映象的大小随距离而变，但听众能判断出它的真实大小。这就是说，对信息的阐释是感知的一个极重要的部分。我们对外部世界的认知并不只是分析视网膜的映象，脑必须主动地构建一个视觉世界。对这种主动的视觉世界的构建的神经机制我们已经逐渐开始有所了解；而主动的视觉世界的涵义显然并非"感觉是客观世界的映象"这样的论断的言中之义。对视觉感知的这种现代概念是在最近20年才逐渐形成的。简而言之，直至本世纪70年代中期，神经生物学家倾向于把感觉和理解分隔开来，在大脑中各有自己的席位，即前者是被动性的，而后者是主动性的。只是近20年以来，人们才认识到，把视见过程和理解过程相分离是不可能的，把视觉认知和意识相分离也是不可能的。这无疑是一个重大的观念的改变。

---

① 加德纳著，沈致隆译．多元智能理论二十年．人民教育，2003.（17）．

② 杨雄里．脑研究改变对世界的看法(节选)．文汇报，2002.2.24.

既然“把视见过程和理解过程相分离是不可能的，把视觉认知和意识相分离也是不可能的。这无疑是一个重大的观念的改变。”而加德纳正是改变这种观念的一个代表性人物，他吸纳了脑科学关于视觉功能研究的成果，将过去人们几乎都视为单纯的视觉活动过程与人的意识活动融为一体，揭示了视觉活动的智能属性，提出了空间智能的概念，其他不被传统心理学承认的智能功能，大致也有类似的情况，从而扩大了传统智力的内容。

智能多元最重要的依据是，加德纳“记录了大脑的不同部位是怎样承担不同的认知功能的”①，这一点，恰恰得到了脑科学发展的证明：“随着对脑结构、功能及其活动原理研究的日益深入，人们认识到，大脑不同区域在功能上有明显的分工，而这种功能定位又呈现动态的变化。在这种大脑动态功能定位的思想影响下，近20年来，现代智力理论强调智力的多元性，如Gardner的多重智力理论，Sternberg的三元智力理论和Das的PASS模型等。传统的智力观点更多地局限于学业成绩，对智力的很多重要方面，如实践智力、创造力、计划监控能力等没有涉及。智力的多元论认为，智力包含相互独立又相互联系的多种智力，如言语智力、逻辑—数学智力、视觉—空间智力、音乐智力、身体运动智力、人际智力以及自我反省智力，每一种智力都以大脑的生理机制为依据，具有其生物学基础。当然，这些不同智力的确切生理机制还不清楚。”②虽然生理机制尚不清楚，但是，智能多元化，却得到现代脑科学研究的证明。

3. 多元智能结构整合的科学依据

加德纳创立的多元智能理论，不仅揭示了智能的多元性，而且，他不认为这些智能是简单地平行存在着的，他强调指出：“我们人类拥有一组相对独立的智能。”所谓“一组”即结构的意思，尽管彼此之间具有相对独立性，但是，发挥智能功能时，必须是以“组”的形式进行活动，也就是必须协同动作。例如，艺术，是他极为珍爱的活动，他曾经对将艺术活动中的思维排斥在人类认知活动与发展心理学领域之外，极为反感，但是，他并不认为有什么单独的艺术思维存在。他说：“没有一种艺术智能或者非艺术智能。更确切地说，如果个体期望，其中几种智能都能产生美学的效果。”③例如，数学—逻辑智能，当它与空间智能或音乐智能等相配合时，所揭示的自然现象，经常令人叹为观止。诚如新近脑科学研究表明：“大脑皮层是实施脑的高级功能的中枢，按其解剖部位，大致可划分为四大区域：枕叶、顶叶、颞叶和额叶。这些区域有着明确的分工……这些区域虽有分工，但近年的研究表明，许多高级功能的完成需要有不同脑区的共同参与。”因此，脑科学家强调，必须“从整合的观点认识脑功能”。

---

① 加德纳著，沈致隆译．多元智能理论二十年．人民教育，2003.（17）．
② 杨雄里．脑科学和素质教育刍议．教育理论与实践，2002.（22）．
③ 加德纳著，沈致隆译．多元智能理论二十年．人民教育，2003.（17）．

所谓整合的观点，一方面是指人的智能功能，在生理活动中必须形成一定的结构，尽管这种结构究竟是什么样的，人们一时还说不清，但是，它却是当前脑科学研究的一项重要内容。加德纳曾经说过：多元智能理论认为，“除了白痴学者这样的特殊人群外，智能一般不会孤立地起作用。”[①] 他明确指出人作为物种具有共同八又二分之一的智力功能，但作为个体，由于智能结构不同，世界上没有两个智能结构完全相同的人，体现了脑科学大脑功能区域既分工又整合的一种观点。

脑科学关于整合的另一种观点是指脑功能与环境的统一，这是脑科学研究的另一个重要的趋势。在这方面加德纳同样具有杰出的表现。特别是他关于智能分布理论的提出，就高度强调了脑功能与环境整合的重要性。这就使多元智能理论彻底与智力发展的“预成论”观点，诸如先天决定论和结构决定论划清了界限。应当特别指出的是，多元智能理论对儿童成长与环境的关系，具有鲜明的辩证性。一方面，加德纳重视环境对儿童发展的影响，他与约瑟夫·沃尔特（Joseph Walter）曾经提出过关于“开启经验”（Crystallizing experience）的理论，阿姆斯特朗在此基础上又补充了“关闭经验”的观点。从正反两个方面强调了儿童的大脑正在发育期，具有很强的可塑性，他们的脑功能处于动态定位的状态，具有智能多元化的特点，因此必须尽可能地开发他们的全脑功能。这就是为什么哈佛大学的“零点项目”设立“多彩光谱”研究的根本理由。另一方面，加德纳又不是环境决定论者，他重视儿童与环境相互作用中的主体地位，要求教育工作者关注儿童与环境互动中的内在需求，帮助他们成为主动的选择者，引导儿童与环境的真正互动。这就是多元智能理论十分强调的，关注学生“敏感什么”、“倾向什么”和“能干什么”。在这一理念指导下，切实开发学生的潜能。在这里，多元智能理论还强调了智能发展的关键期，不同的智能功能，其发展的最佳期是不一样的。这方面的研究正在起步，但是，提醒教育工作者关注这一问题是十分有价值的。特别是对未成年的儿童，我们应当尽其所能地为他们创造多元发展的机会，一面贻误了他们的智能发展的关键期。

4. 智能定义的发展性是多元智能理论科学性的重要表现之一

智能是什么？这是一个难题。脑科学家普遍认为：究竟应该怎样定义思维？思维的本质是什么？这是脑科学正在研究并需要要回答的难题。他们指出，脑科学对思维本质的认识仍然处于初始期，思维的抽象性，致使目前的科学实验难以着手和难以分析，因此，对它进行精确的科学定义常常是徒劳的。不少心理学家对多元智能理论的质疑，恰恰认为它缺乏科学的精确性。而多元智能理论避开了从精确科学的角度对智能下定义，这正是它的高明处。多元智能理论认为智能是一种功能，在具体的生命体中，并不存在一个物质形态

---

① 加德纳著，沈致隆译．多元智能．北京：新华出版社，1999.127.

叫“智能”的东西。在人类长期发展过程中，人的机体已经产生了各种认知功能，加德纳除了着力研究了大脑皮层不同部位所具有的相对独立的智力功能外，同时，也从人类学的角度确认人类作为一个物种，在长期进化过程中，必然会形成多种智能。脑科学家对此也持有类似的见解，即“人脑的基础是由1011个神经元、1014个突触组成的庞大神经网络，而长期的进化过程已经赋予它无与伦比的创新的潜力。”① 人类进入文明时代之后，历代学者都试图说明智能是什么。加德纳审视了历史上各种关于智能的定义，例如认为智能是人的抽象思维能力，或者是人的学习能力，或者是科学思维的能力，最为普遍的是认为智能是用心理测量测出来的那种能力，其实，心理测量长期都是建立在语言智能和数学—逻辑智能基础上构建的工具，它不能反映人的智力的本质和全貌。他敏锐地发现“智能已经不是专属于那些只从狭隘心理测量角度去探讨定义的特定学者的特殊职权范围。智能的定义和测量的方法需要重新考虑，未来许多不同的学科会共同给智能订出新的定义。”②

多元智能理论是一个正在生成中的理论，诚如加德纳本人在回顾多元智能理论创立20年时所说：“如果我还能再有一次或两次生命，我将根据新的生物学知识重新思考智能的本质……我并不期待着自己的以上希望能够实现，但我很高兴有机会在20年前为此项研究开了头，并且能够周期性地重游这一领域，提出问题，以便对此有兴趣的后续者能够利用他们自己的机会，继续从事这一理论的研究。”③ 他十分诚实地告诫人们，多元智能理论的提出并没有终结关于智能的研究，恰恰相反，它只是开启了这个研究的新领域。事实上，这非但不能降低多元智能理论的价值，反而使人们又一次领略了真正的科学研究永无止境的创新精神。

（三）如何解释不同文化背景对智能为何有不同的看法？

加德纳关注不同文化背景对智能的不同理解，与当今兴起的跨文化的研究密切相关，他说：这种研究在“持续不断地向我们对人类智能的看法发出挑战，这些方面的研究帮助我们看到对智能把持着单一看法的种种限制，这种狭隘的智能定义基本上只是代表着一个世纪以前在欧洲或美国学校里所需要的一些能力。”④ 他认为那就是“西方主义”、“精英主义”和“测试主义”。在深入研究跨文化的研究之后，他在确定智能定义时，着重考虑了两个重要的因素，即“（1）能够在不同的知识领域中运用他们能力的人类个体；（2）通过本身所提供的机会、所支持的教育机构以及所倡导的价值观来培育人类个体的社会。”他

① 杨雄里．脑研究改变对世界的看法（节选）．文汇报，2002.2.24.

② 加德纳著，李心莹译．再建多元智慧．台湾：远流出版事业股份有限公司，2000.58.

③ 加德纳著，沈致隆译．多元智能理论二十年．人民教育，2003.（17）.

④ 加德纳著，李心莹译．再建多元智慧．台湾：远流出版事业股份有限公司，2000.266－267.

认为只有将这两个因素结合起来考虑，人类的智能才能“变为一个具有弹性的、与文化相关的概念。个体和社会对于智能都可能起主导作用，但智能的发展需要二者的同时参与。”① 经过深入的研究，加德纳终于断然将“智能定义为：在一个或多个文化背景中被认为是有价值的、解决问题或制造产品的能力。”② 这就大大拓宽了人类关于智能的概念，并告诫人们：虽然人类个体最终可以在一定范围内发展自己的能力，但与社会隔绝时却办不到。加德纳还将农业社会与工业社会的智能观，进行了比较，进一步证明人的智能是“人类个体和所生活的社会之间的有效结合”。③ 人类学的研究成果也给予多元智能理论兼容文化因素的智能观以有力的支持。据现代人类学考察，世界上有一个几乎濒临灭绝的游牧民族，他们对生物物种的分类数量，大大超过了科学极其发达的美国的物种分类的数量。该民族自然观察智能其所以如此发达，与他们所处的社会环境有关，更与他们的生存需要直接有关。美国尽管采用先进的科学研究方法进行物种分类的研究，但是他们在自然观察智能方面的成果却是落后的。仅此一例，能否有力地证明加德纳关于人类个体智能发展必须与社会有效结合的论断呢？其实，我们每个人的生活常识，也经常可以找到类似的实例，例如，一个电脑高手，一旦离开了具有电脑、甚至连电都没有的地方，他会变得十分笨拙，他的智能那里去了呢？他怎么会一下变成了一个很笨的人了呢？他的大脑结构并没有发生明显的变化，但是他没有了支撑其智能表达的环境，“智能”仅存于他的大脑之中又有何用呢？因此，我们只能承认加德纳关于智能是个体与环境相互有效作用的结果的论断是正确的。

加德纳将社会文化纳入智能定义的内涵之中，这是一个重要的创造，它至少具有以下几方面的意义：

1. 促进了传统心理学“从以个人为中心到以个人和社会相互作用为中心的转变”，这应当说是心理学理论质的飞跃，它的深刻影响将继续得到证明。公允地说，心理学界有不少学者重视社会环境对人发展的作用，但是，加德纳的贡献在于，他不是一般地进行论述，而且在此基础上创建了“智能分布学说”。他曾强调说：“特别要指出的是，智能分布的概念认为人仅仅依靠自己的大脑单独从事生产活动的情况是微乎其微的。与此相反，人类个体需要与各种人、各种无生命的物体合作才能从事生产活动。因为这些存在着的实体与人类的活动如此密切地结合在一起，所以将它们看成是人类个体智能的触角和延伸，是很合理的。”④ 这就为多元互动情境化教学奠定了重要的理论基础，积极促进了教育教学的

---

① 加德纳著，沈致隆译．多元智能．北京：新华出版社，1999.245.
② 加德纳著，沈致隆译．多元智能．北京：新华出版社，1999.90.
③ 加德纳著，沈致隆译．多元智能．北京：新华出版社，1999.247.
④ 加德纳著，沈致隆译．多元智能．北京：新华出版社，1999.232.

改革。

2. 将社会文化纳入智能定义，揭示了人的潜能最初是以生理潜能为基础的，“但最终却是遗传与环境因素相互作用的结果”[①]，多元智能理论使关于人的潜能的理论融合了先天的遗传因素与后天的教育因素，而且认为“最终”起作用的，是这两种因素的“相互作用”，这无疑突破了众多潜能理论陷入先天决定论的窠臼。对于心理学来说，既不能将智能看成像“胃那样的生理器官”，也不能将其看成像“情绪、爱好那样的心理属性”，这恰恰击中了心理学界研究智能的两种偏颇。他认为“智能是取决于个体所存在的文化背景中已被认识或尚未被认识的潜能或倾向。”[②]我国倡导的素质教育，正是既承认人的禀赋对人发展的影响，更重视后天环境、特别是教育对人素质形成的作用，而且认为二者的相互作用具有决定性的意义，这与加德纳关于智能的定义具有高度一致性。尤应指出，加德纳承认了社会价值观对智能的制约作用，这与马克思主义关于人的本质是社会关系总和的理论也是一致的，符合人类的本质特征，这在哲学上具有重大意义。

3. 加德纳的特殊贡献还在于他不仅强调了人的生理禀赋与社会文化的相互作用对人潜能开发的重要性，而且他提出了人的禀赋与后天环境相互作用的重要中介是“符号”或“知识领域”，这就使人的潜能开发和教育直接沟通了，即潜能是可以运用教育的手段来开发的。加德纳将符号学引入心理学和教育学，这很值得重视。他认为“每一种文化都重视自己独特的智能类型和组合”，而他们又是用什么方式来呈现这种独特的智能类型与组合的呢？那就是他们各自创立的“符号”或“知识领域”。加德纳曾明确指出：人类的各种智能是“包容或隐藏在各种符号系统（如音乐符号和数学符号）以及知识领域（如图形设计或核物理学）中”[③]的，儿童到学校来的根本任务是实现社会化，由一个自然人成长为一个社会人，学校的责任在于希望他们都能够成为一个促进社会发展的成功的人。按照加德纳的理论，儿童社会化的过程，就是他们掌握特定社会“符号”和特定“知识领域”的过程。任何知识领域又都具有特定的“话语体系”，也就是独特的符号体系。说到底，“知识领域”也是由特定符号组成的，符号，在人的社会化过程中具有举足轻重的作用。各种类型的智能尽管具有相对的独立性，但是，表达智能类型的符号却是可以相互迁移的，这就有可能借助文化符号之间的迁移，促进具有不同智能结构人们之间的沟通。学科课程的表达方式也就可以实现多元化了，这对于提高教学活动的适应性，深化人们对重要概念的理解提供了重要的帮助。

---

① 加德纳著，沈致隆译．多元智能．北京：新华出版社，1999.126－127.

② 加德纳著，沈致隆译．多元智能．北京：新华出版社，1999.230.

③ 加德纳著，沈致隆译．多元智能．北京：新华出版社，1999.126－127.

四、多元智能理论在教育界的应用

近20年来，在美国许多中小学校开展了多元智能理论的应用性实验，其范围之广，内容之丰富，几乎超过了其他类型的教育实验。例如，印第安纳州印第安纳波里市克议小学，建成了全美第一所多元智能学校，致力于发展学生的智力优势。华盛顿州莱熙市的七橡树小学，建立了智能团队。肯塔基州惠勒等小学开展了“全光谱学习”，设置了“一个一个智能的教室”，学生轮流去上课。马里兰州马里兰郡的一所蒙哥马利诺尔斯小学，还将多元智能理论运用于课程和教学法的实践中。华盛顿州温哥华市的罗斯福小学，则改革了全校的评价方案。密苏里州圣路易的新城学校、南加州查里斯顿的艾许莱河小学、明尼苏达州圣保罗的示范学校等，开设了以艺术为基础的多元智能课程。西雅图的一所高中，举办过全校多元智能周。加州史塔克顿市的林克恩高中，开展了开发学生潜能的课程，提供了一种以发展为基轴的多元智能教学模式。加州摩迪思托的哈特兰森学校，是一所拥有从幼儿园到高中的综合学校，创设了多元智能课程设计的另一范式。民尼波里斯的卡拉巴顿综合学校，则提供了以智能为教育目标的教学策略。在美国境外的其他国家也不同程度地开展了借鉴多元智能理论的教育教学实验，这些实验，在一定程度上丰富发展了多元智能理论。

1997年7月9日至12日，来自美洲、欧洲、亚洲、大洋洲22个国家的学者专家和中小学校校长约300人，出席了由哈佛大学“零点项目”举办的“多元智能理论新指南”国际研讨会。这次国际学术盛会，反映了多元智能理论备受世界各国关注的发展动向。

第二节　多元智能理论与我国教育改革政策的高度一致性

加德纳不止一次地说过，他认为中国是一个古老的国家，有着长期的教育积习，恐难接受他的理论。这一担心不是没有道理的。但是，他可能不太清楚，我国教育事业，特别是基础教育，近年来一直处在急剧变革的时期，而且走上了跨越式发展的轨道。教育事业承担着振兴中华民族的伟大使命，这是中华民族先哲们的百年梦想，我们正是带着他们的期盼翻越世纪之墙的，神圣和沉重同时压在我们的肩头！作为负责任的教育理论工作者，面对犹如热带丛林般的现代教育理论和实践，我们不能不尽其所能地进行审慎的选择，而且有勇气和自信，将先进的理论结合中国的基础教育实际进行创造性的发展，我们有决心不仅做到“穷国办大教育”，还想努力做到“穷国办好教育”。

我国是一个后发性的现代化国家，我们的教育改革大量采用的是发挥政府的力量、自上而下地启动，再由自下而上创造活动来实施和完成。多元智能在大陆受到的第一个考验，那就是它和教育改革政策有无高度一致性。

一、多元智能理论与“三个面向”

几乎具有戏剧性的是1983年多元智能理论问世，同年我们改革的总设计师——邓小平同志发表了“三个面向”的指示，它是中国教育现代化发展的指南，竟与多元智能理论的创建不期而遇。这绝不是历史的偶然，“三个面向”提出的教育改革方向，与多元智能理论关于“明天的教育”或“明天的学校”的理想，几乎是一致的。他们都希望教育能够真正成为适应社会发展需要、服务于明天的成功的事业。①

“教育面向现代化”，在“三个面向”中居于核心的地位。“面向世界”指的是“现代化”的空间范围，“面向未来”则是“现代化”的时间范围，足见“三个面向”不是并列的三句话，它是一个具有严密逻辑结构的论断：一个核心是“面向现代化”，其他两个“面向”，则是“现代化”的时空观。说明我国教育面向的现代化，是在特定时空范围之内的现代化。人类历史证明实现现代化需要“先化人，后化物”，理所当然，作为培养“人”的学校应当认真研究“人”的科学，特别应当注重研究其潜能的开发。

目前，世界各国研究“人”的认知学说很多，几乎出现了“热带丛林”现象。其中特别引人瞩目的有建构主义和多元智能理论。多元智能理论，它对“人”的智能的研究，尽管需要继续完善，但是，它有八个方面的科学依据，几乎囊括了现代科学对人研究的最新成果，在方法论上也对近代实证主义的局限有一定程度的突破。它的研究不仅涉及人的生理层面、认知层面，而且从人与现代社会相互作用等层面上，阐述了应当如何培养“现代人”的诸多重要问题。它还构建了一个开放的系统，可以兼容众多有效的开发学生潜能的理论和方法（其中也包括运用建构主义创建的有效教学方法），使其具有较强的可操作性。并且为从事教育改革的老师们提供了进行创新的“万宝囊”——“为多元智能而教”和“用多元智能来教”，致使运用多元智能理论教学的学校在为现代化培养现代人方面十分活跃，成效也比较显著。

“教育要面向现代化”，旨在解决学校严重脱离现代社会实际的痼疾。加德纳从理论上说明，人的智能不能离开社会环境，并为之创立了“智能分布”说。他曾尖锐指出：“随着后工业时代经济的发展，仅仅依靠非情境化的学习来开发智力已经不恰当了。”② 此处所说“非情境化的学习”，就是指脱离学生生活和社会生活的封闭式教学。加德纳认为，传统心理学的研究多“以个人为中心”，而他要从事的心理学研究则是决意转向“以个人和社会的相互作用为中心”，这个新的“中心”正确反映了人的本质特点。为了加强学校与

① 梅汝莉．从多元智能理论的视角较解读“三个面向”．人民教育，2003（22）．

② 加德纳著，沈致隆译．多元智能．北京：新华出版社，1999.245．

社会的联系，该理论曾多方倡导学校与社区的合作，尤为注重培养学生解决社会实际问题的能力，而且将这种能力作为智能在个体身上的主要表现，这就为学校与社会沟通提供了重要的理论和实践依据。

教育要面向现代化，要求改变传统学校陈旧的教学内容和不适应的教学方式，不能再把学生视为储存知识的容器。诚如加德纳所言："按照这种'水桶式的观点'，个体在获得足够的知识后"，不可能"指望"他们会"成为社会的有用成员"① 教学内容要实现现代化，最为重要的是学校教育必须开放，这才有可能不断吸纳现代化进程中的鲜活的前沿的内容。因此，加德纳指出："学校并不只在教室的四墙之内进行。"现代大学直接与社会接口，往往在这个问题的解决上比中小学要好一点，所以多元智能理论特别强调："大学前的教育必须将新世纪的多元面貌与内涵列入考虑。"② 诚哉斯言！

教育要"面向世界"，必须正确把握现代世界的基本特征。第二次世界大战以后，随着殖民体系的崩溃和第三世界的崛起，世界格局发生了深刻的变化，世界多元化已经成为不可遏制的潮流。要树立尊重世界多样性和倡导世界发展模式多样化的思想观念，需要积极培养具有新型多元化理念的人才。多元智能理论的核心概念就是认为多元化是普遍的、绝对的，统一性是特殊的、相对的。个体的人是这样，群体的社会也是应当是这样。这一理论正适应了构建多元化的现代世界的需要。

加德纳对新世纪充满着憧憬，他一方面很清楚，未来的世界将为人的个性发展创造更为宽裕的环境，与众不同的是，他还认识到，个性发展必须与多元化社会环境相协调。他说："这个千禧年将会是把世界带向更个人化的方向。这个个人化并不是所谓的自私或是为自己，而是指对每一个个人的了解和尊重。"③ 个性的高度发展，意味着人类个体多元化程度的提升，这本来是多元智能理论的核心内容，当然也是现代社会发展的需要。但是，如果个性化还停留在西方启蒙主义阶段，以个人主义为理论基础的话，那将对社会发展产生极大的副作用。加德纳对此恰恰有所区别，指出"个人化并不是所谓的自私或是为自己"，它必须建立在"对每一个个人的了解和尊重"的基础上，也就是说，多元智能理论要求人们承认差异、尊重差异，所谓"MI（即多元智能理论的英语简称—作者注）观点最重要的精神就在于认真地考虑人类的个别差异"。④ 多元智能理论要求学校教育学生承认人与人之间、民族与民族之间、国家与国家之间的差异，学会尊重差异，它认为只有对与自己不同的事物给予尊重，才能维系世界的多元化发展，才是现代意义的多元化理念。

---

① 加德纳著，沈致隆译．多元智能．北京：新华出版社，1999.189.

② 加德纳著，鲁燕萍译．学习的纪律．台湾：台湾商务印书馆股份有限公司，2000.181.

③ 加德纳著，李心莹译．再建多元智慧．台湾：远流出版社事业股份有限公司，2000.271.

④ 加德纳著，李心莹译．再建多元智慧．台湾：远流出版社事业股份有限公司，2000.129.

这与我国倡导的“大家只有彼此尊重，求同存异，和睦相处，互相促进，才能创造百花争艳、万紫千红的世界”[①]的论断，具有高度的一致性！

教育要面向未来，怎样才能面向未来呢？人们很自然会想到的第一个问题是：“未来在哪里？它是什么样的？”

似乎“未来”是一个已经设计好了的蓝图，面向未来意味着我们只用照图施工即可。不用讳言，这种想法是传统的“未来观”，它未能摆脱对于“超现实神物”的崇拜。要使教育真正面向未来，无可回避的一个问题是我们必须从实践的观点、从唯物主义的观点出发，树立新型的“未来观”。

威廉姆·多尔对“未来”有过一段精彩的描述：

> 未来不是我们要去的地方，而是一个我们要创造的地方。通向它的道路不是人找到的，而是人走出来的。走出这条道路的过程既改变着走出道路的人，又改变着目的地本身。

这段话深刻说明，离开人的实践和创造，就谈不到未来。

加德纳列举了众多的事例证明，传统的学校制造了众多学习的失败者，也就扼杀了明天社会的成功者。可谓警示箴言！未来是从现在走出来的，教育要面向未来，必须将社会成功者与学校的学习胜利者相统一，必须沟通今天的成功与明天的辉煌。只有培养“社会成功者”的学校教育，才是属于明天的事业。

加德纳清醒地知道在知识爆炸的现代社会，学校教育很难遵循传统的方式：“用昨天的知识，教今天的学生，让他们为明天服务”。他明确提出：“在知识爆炸、学科内容不断更新的今天，我们的确要密切注意课程发展的新趋势。如果我们要帮助年轻人做好准备，面对社会上各种变化快速的角色，就必须发展出有想像力的新方法。”[②]

那么，这个“有想像力的新方法”是什么呢？它怎样能够使我们的学校教育成为服务于明天的事业呢？

多元智能理论的主要对策是开发学生的多元潜能，使不同智能结构的学生在学校就读时期就能有效地进行学习。加德纳根据对人类智能的科学研究，恳切地指出：“如果我们能最大限度地开发人类的全部智能并使之与伦理道德相结合，就能增加我们继续在地球上生存下去的机会，进而为世界的繁荣作出贡献。”[③]

---

① 江泽民论有中国特色社会主义．北京：中央文献出版社，2002.539.
② 加德纳著，鲁燕萍译．学习的纪律．台湾：台湾商务印书馆股份有限公司，2000.54.
③ 加德纳著，兰金仁译．智能的结构．北京：光明日报出版社，1990.365.

借鉴多元智能理论的实践，引发了我们对教育“面向未来”的重新思考，什么是“面向未来”的教育？——只有与现实世界相结合的教育才能面向未来，只有开发学生潜能的教育才能面向未来。教育要成为明天的事业，意味着教育价值观必须进行深刻的变革，多元智能理论倡导的正是教育改革极其需要的“开发潜能”的教育价值观，它能帮助教育成为明天的事业，做到“面向未来”。

二、多元智能理论与素质教育

中共中央、国务院于1999年召开全国教育工作会议，发布《关于深化教育改革全面推进素质教育的决定》。《决定》开宗明义的第一句话就说：“当今世界，科学技术突飞猛进，知识经济已见端倪，国力竞争日趋激烈。”精练地点明做出这个决定的时代背景和它的目的意义。《决定》第一部分的标题则是：“全面推进素质教育，培养适应21世纪现代化建设需要的社会主义新人。”21世纪是“以高新技术为核心的知识经济将占主导地位”的世纪，它需要什么样素质的人才呢？简而言之，它需要的是具有创新精神和实践能力的人才。

（一）多元智能理论与创新精神和实践能力的培养

《关于深化教育改革全面推进素质教育的决定》明确规定：“以培养学生的创新精神和实践能力为重点。”为什么把培养创新精神和实践能力作为素质教育的重点？这是由知识经济本质特征决定的。知识经济的本质是创新。在知识经济的时代，创新不仅是企业，也是个人的生存能力。诚如思科系统公司总裁约翰·坎博斯所说，在这个技术飞速发展的时代，“不是大鱼吃小鱼，而是快的吃慢的”，不会创新，就是被吃的“慢鱼”。克林顿任总统期间也把知识经济定义为“以创意为基础的经济”。知识经济社会的创新集中表现于以下三个方面：即从“一次性创新”向“持续性创新”转变；从“个别创新”向“系列创新”转变；从“专家创新”向“全员创新”转变。很显然，知识经济的这种创新本质，要求教育不能仅仅培养少数具有创新精神的专家，而是必须把创新精神作为一种重点的素质，普及到每个学生身上。

那么，什么叫创新呢？从理论上说创新就是根据一定目的，运用一切已知信息，产生出某种新颖、独特、有社会或个人价值的成果的心理品质。新颖性和独特性是创新的品格。用中国传统的语言表示，创新似乎可以称为“独胜”。多元智能理论从科学上证明世界上没有两个相同的人，强烈要求教育突破工业时代培养“标准件”的教育模式。加德纳追求的现代学校是“以个人为中心的学校”，他不是在提倡“个人中心主义”，而是“向一元化的思维挑战”，希望学校能够学会开发适应不同智能结构的有效的课程方案，最大限度地为每个学生的个性发展创造机会。换句话说，就是要使每个学生都有“独胜”之处，即具创新品格。

实践能力的培养是素质教育的另一个重点，也是知识经济时代的要求。因为知识经济的属性是知识和经济的紧密结合，经济增长主要取决于知识的大量生产、快速传播、及时汲取和有效应用。知识经济的这种属性，要求教育发展和改革的基本方向与经济紧密结合，大力培养学生的实践能力。何谓实践能力？通俗的说法，实践能力就是发现问题、分析问题和解决问题的能力。多元智能理论最核心的理念是新型智能观，它指出智能是“在实际生活中解决所面临的实际问题的能力”，“提出并解决新问题的能力”，“对自己所属文化提供有价值的创造和服务的能力”。尤为可贵的是，特别强调了这种智能观的社会实践性，明确地说：“在特定社会中，个人如何运用他的智能，是一个必须面对的严肃而重要的道德课题”。显然，这种智能观突破了传统智力理论多将智力视为人的抽象思维的局限，将智能与社会实践能力相融。应当着重指出的是，多元智能理论还为如何培养学生的实践能力提供了重要的思路和方法，那就是突出了“问题解决”的教育功能。使我们培养学生创新精神与实践能力的目标，不致仅仅是一个教育理想，而能成为有科学依据的教育行为。

（二）多元智能理论与面向全体学生

素质教育要求学校教育面向全体学生，这既体现了教育公平的原则，也是全面推行义务教育的要求。但是，所谓面向全体学生，在基本实现普及九年义务教育的今天，它不再是面向经过挑选后的、学习成绩相差无几的学生。而是面向全体有差异的学生，甚至是学习成绩差异很大的学生。如何对待学生差异的问题，便是能否实现面向全体学生要求的关键。传统智能理论仅仅以人的语言智能和数学—逻辑智能为依据，构建了与传统考试方式一致的智商（IQ）测试方法。它关注的是“你的智能有多高?”，是用典型的线性思维方式来审视学生的，“低能儿”理所当然应当被学校教育所淘汰。“多元智能”则不同，它认为每个人除了语言和数学—逻辑智能以外至少还有其他5种智能——“空间智能”、“音乐智能”、“人际关系智能”、“内省智能”、“肢体—运动智能”等。它关注的问题是“你的智能类型是什么?”，学生的智能无高低之分，只有智能倾向的不同和结构的差别。它承认差异，不承认“差生”。“多元智能”理论主张，评价一个学生应该从多元的角度，发现学生的智能所长，通过适当的教育强化他的长处，促进各种智能协调发展，达到提高学生整体素质的目的。“多元智能”的创始人加德纳有一句名言：“每个孩子都是一个潜在的天才儿童，只是经常表现为不同的形式。”这就沟通了人才教育与大众教育，对开发我们这个人口大国的人力资源，无疑有着重要的意义，而且十分切合知识经济时代对人才的普遍要求。

多元智能理论十分肯定地指出，它公开反对“精英主义”，认为“人才”绝不仅指少数的精英，“能够成功地解决复杂问题的人”都是人才。今天，我们国家的教育要从精英化走向大众化，非常有必要学习和借鉴像“多元智能”这样的现代教育理论和实践，使每一名学生——无论是所谓“聪明”的还是“愚笨”的，无论是城市的还是农村的，都能获得可以尽情施展其才能的机会；要由“发现和选拔适合教育的儿童”转变为“创造适合每一名儿童的教育”。“多元智能”恰恰在这一方面提供了重要的理论支撑和一些实用的教学策略，例如，有的农村学校借鉴多元智能理论，为高考落榜的学生设置了适合他们发展的班级，“搭建了学生成才的立交桥”；有的培智学校借鉴多元智能理论，用扬长避短的教学策略，使高度脑瘫的儿童踏进了大学之门，得到深造……总之，多元智能理论为我们实践“面向全体学生”的目标提供了理论与实践的支持。

（三）深化对“全面发展”的理解

素质教育要求全面贯彻教育方针，决不能“考什么就学什么”。在批判“应试教育”、推行素质教育的最初阶段，不少学校的领导，从依法治校的角度，提出“开齐规定的课程”。这固然是应当肯定的负责任的态度，但是，缺乏深刻的认识。应当指出，我们所说的全面发展，即指德、智、体、美、劳这五项教育内容的全面发展，它是近两百年前欧洲在创立近代教育制度时提出来的。这五个方面的教育内容，对学生未来的生存和发展都是极为重要的，不应有所偏废。但是，随着智能化时代的到来，全面发展的内涵，似应有所丰富，完全可以从脑科学或智能的角度获得新的阐释，以深化我们的理解和实施的丰富性。恰恰，多元智能理论在这方面有助于帮助我们建立新的视角。

多元智能理论从脑科学和人类学的角度指出，凡是一个正常的人，都是具有多种智能结合而成的有机体，即“每一个人都具有这些智能的潜能，我们可以依照各自的倾向或所处文化的偏好去动员或连结这些智能。”[①]这意味着，每个人都有全面发展各种智能的生理基础，具有全面发展的可能性。全面开发每个学生的潜能，不再是一条经由学校教育执行的政治原则，它是有科学依据的，是可以实现的教育目标。

多元智能理论还揭示了全面开发学生各种智能的必要性，因为“一种智力便打开了一种可能性，各种智力的结合便造成了多种可能性。”[②]这是就学生个体而言，全面开发他们的各种智能，就可以使他们获得更多的发展可能性。更何况现在的人类“生存在一个复杂多样的环境中，而在这环境里需要多种智能的组合。”[③]加德纳经过研究认为，各种智能对人的发展来说都具有同等重要的价值，只不过，在现阶段的社会把语言智能和数学—逻辑

① 加德纳著，李心莹译．再建多元智慧．台湾：远流出版事业股份有限公司．2000.77.

② 加德纳著，兰金仁译．智能的结构．北京：光明日报出版社，1990.365.

③ 加德纳著，沈致隆译．多元智能．北京：新华出版社，1999.260.

智能置于最重要的位置之上，这对人的发展并不一定有利。就我国而言，种种复杂的原因造成偏科问题已经走到了极端，所谓“学好数理化，走遍天下都不怕”，竟成为社会的流行语，被许多家长奉为圣哲，对创新人才的成长极为不利。加德纳考察了众多人才指出：“事实上几乎具有任何程度的文化背景的人，都需要运用多种智能的组合来解决问题。因此，认为每一个人都是具有多种能力组合的个体，而不是只拥有单一的、用纸和笔可以测出的解答问题能力个体，显得十分重要。”① 我国著名科学家钱学森同志曾经论述道：“从思维科学角度看，科学工作总是从一个猜想开始的，然后才是科学论证；换言之，科学工作源于形象思维，终于逻辑思维。形象思维源于艺术，所以科学工作先是艺术，后才是科学。相反，艺术工作必须对事物有个科学的认识，然后才是艺术创作。在过去，人们总是只看到后一半，所以把科学与艺术分家，其实它们是分不了家的，科学需要艺术，艺术也需要科学。”钱老本人就会吹圆号，擅弹钢琴，他现身说法：艺术“使得我丰富了对世界的认识，学会了艺术的广阔思维方法，或者说，正因为我受到这些艺术方面的熏陶，所以我才能够避免死心眼，避免机械唯物论，想问题能够更宽一点，活一点。”这是从思维科学的角度揭示了只有全面发展人的智能，才能取得创造性的成果。古今中外，许多大科学家都是善于把逻辑思维与形象思维结合起来，集科学与艺术于一身的典范。有人曾把科学和艺术作了这样的比喻：科学是循规蹈矩、一丝不苟、充满理智的严“父”，艺术是灵活巧妙的、善构善动的、富有情感的慈“母”，少一“亲”而不能生子女，只不过是，科学家的头脑，作为一个“家庭”是以“父亲”当家的，艺术家的头脑，作为一个“家庭”是以“母亲”当家的。这非常形象地说明了科学与艺术相互交叉的情境。②

总之，时代需要创新人才，创新呼唤人智能的多元发展！

（四）为素质教育提供脑科学的理论基础

众所周知，脑是我们的思维器官，人类的智力素质与大脑的发展和成熟有着密切的关系。近年来，我国政府根据素质教育实施的需要，多次强调要重视开发人脑功能，大力倡导全面开发人的潜能，全面提高人的素质。特别指出，现在发达国家都非常重视人脑的开发和潜能运用的研究。实际上我们对脑力远未开发和运用，这大大影响了人的智能的发挥和全面素质的提高。这是一个非常重要的问题，要组织力量进行深入研究。1998 年 5 月 23 日，国家教育部科技司和基础教育司联合召开了“脑科学研究和素质教育”座谈会。1999 年 1 月，在北京市香山联合举办科学会议，以“脑高级功能与智力潜力的开发”为主题进行研讨，其目的是要通过科学家、心理学家与教育学家的合作，沟通不同学科的联

---

① 加德纳著，沈致隆译．多元智能．北京：新华出版社，1999.29.

② 蔡克勇．多元智能理论与全面素质教育．辽宁教育研究，2000（11－12）．

系，为开发大脑，发展创造性思维的研究开拓一条新路。在这次会议上，还立了项目，组织跨学科学者开展这个问题的研究。会后由我国著名脑科学家杨雄里执笔，撰写专门报告。《教育理论与实践》杂志于2002年第2期发表的《脑科学和素质教育刍议》一文，概括了这一报告的主要部分。该报告总结了脑科学的重大进展，专门论述了脑科学进展与智力理论，他说："随着对脑结构、功能及其活动原理研究的日益深入，人们认识到，大脑不同区域在功能上有明显的分工，而这种功能定位又呈现动态的变化。在这种大脑动态功能定位的思想影响下，近20年来，现代智力理论强调智力的多元性。"明确指出"强调智力的多元性"是现代智力理论的基本特点。杨雄里列举了当今世界上三位具有代表性的智力多元化理论，其中第一位就是加德纳创建的多元智能论，他还重申了这一理论的主要内容说："智力的多元论认为，智力包含相互独立又相互联系的多种智力，如言语智力、逻辑—数学智力、视觉—空间智力、音乐智力、身体运动智力、人际智力以及自我反省智力"等。他专门论及"脑科学、认知科学对儿童教育实践的启示"，其中谈到"重视儿童脑发育关键期"、"脑的可塑性和教育"、"对知识融会贯通的能力"以及"创新能力"等内容，与多元智能理论几乎是完全一致的。他最后指出："脑科学是一门富有生命力、正在迅速发展中的科学，对于脑的高级功能（如智力、思维、意识）的认识，还处于襁褓期，在教育实践中所提出的许多与脑有关的问题是目前脑科学所不能回答的，或者未能涉及的。"多元智能理论也是一个处在襁褓期的理论，正鉴于此，它也就成为一个开放的、不断生成中的理论。

我们处在一个知识爆炸的时代，既不能幻想所借鉴的理论必须是处在成熟期的，也不能拒绝生成中的新型理论。对待多元智能理论也是一样，我们需要有借鉴的智慧，更要有在教育实践中进行探索的勇气和志气。

三、多元智能理论与新课程改革

本次课程改革是一个系统工程，而绝不是世俗以为"又换教材了"。新一轮课程改革的成败取决于学生学习方式、教师教学行为和学校教学管理制度能否发生质的飞跃。显然，教学改革必然是课程改革的中心环节，如何顺利地进行教学改革呢？这就需要符合课程改革要求的教学理念与教学策略的支持。《基础教育课程改革纲要（试行）解读》一书的第四部分，集中论述了课程改革的"教学理念与策略"，其中专门撰写了《多元智能理论的教学意义》一节，将这一理论置于课程改革依据之一的重要地位。

我国教育专家陶西平于2003年在《人民教育》17期，发表了题为《多元智能与课程改革》一文，精辟地概括了课程改革过程中存在着的许多必须慎重解决的矛盾，指出解决这些矛盾迫切需要借鉴各国先进的科学理论，开展卓有成效的教学创新。进而分析了多元智能理论对传统智力理论指导下的教育，特别是对课程体系提出的挑战，指出它在美国教育改革的理论和实践中业已产生了广泛的积极影响，并且已经成为当前美国教育改革的重要理论基础之一。他结合中国的教育实际，全面阐述了借鉴多元智能理论开展实践研究对积极推进课程改革的启示。主要有以下几方面：

1. *多元智能理论应当为新课程目标的实现服务*

长期以来，我们的教育以培养传统的学业智力为中心，导致课程结构过于单调，课程内容过于局限，教学模式过于统一，评价方式过于僵化。我国的基础教育课程难度与世界各国相比是大的，但学生的创新能力却不是强的。我国的学生在各种学科竞赛中成绩优异，而实践能力却落后于人。这与我们的学校教育过分注重传统的课业学习智力有很大关系。全面推进素质教育，肩负发展学生智力的使命。但是，素质教育不应只发展学生的传统意义上的课业学习智力，而更应重视发展学生的多元智能，适应我国当前教育课程改革的重要目标。

2. *我们的课程改革应当以培养创新精神和实践能力为重点*

借鉴加德纳的多元智能理论，不仅现实生活需要每个人都充分利用自身的多种智能来解决各种实际问题，而且经济的发展和社会的进步也需要人们创造出社会需要的各种产品。当前，培养创新精神和实践能力对于我们来说，已不是一个一般的教育目标，而是关乎全面建设小康社会的大事。实施素质教育要以培养学生的创新精神和实践能力为重点。培养创新精神和实践能力的关键是要求学生具有创新思维，并能将新的理念付诸实践。多元智能理论为培养创新精神和实践能力提供了重要的理论依据——通过培养学生的多元智能使学生实现由善于解答问题向善于解决问题转变。

3. *我们的课程改革应当树立人人都能成功的学生观*

多元智能理论指出，每个学生都有自己的优势智能领域，学校里人人都是可育之才。我们应当关注的不是哪一个学生更聪明，而是一个学生在哪些方面更聪明。因此，我们的教育必须真正做到面向全体学生，努力发展每一个学生的优势智能，提升每一个学生的弱势智能，从而为每一个学生取得最终成功打好基础。

4. *我们的课程改革应当树立因材施教的教学观*

传统的教学观认为教学就是教师向学生传授知识的过程，就是教师按照预定的方案，用有限的时间，在规定的场合，按照一定的流程把书本知识单向传递给学生的过程。在课堂教学中教师和学生都失去了个性，教学也形成了固定的模式。多元智能理论则要求形成因内容而异和因人而异的“因材施教”的教学观。多元智能理论认为，不同的智能领域都有自己独特的发展过程并使用不同的符号系统，因此，教师的教学方法和手段应根据不同的教学内容而有所不同。同时，同样的教学内容，又应该针对不同学生的智能特点进行教学，创造适合不同学生接受能力的教育方法和手段，并能够促进每个学生全面的多元的智能发展。

5. 我们的课程改革应当树立多元多维的评价观

评价具有导向作用，不同的评价观对基础教育的发展产生不同的导向。借鉴多元智能理论，我们应该改变单纯以标准的智商测试和学科成绩考试为主的评价观。在评价的内容方面，不能仅仅局限于传统的课业学习智力，而应当是多元的；在评价的方式方面，也不能只注重书面的考试，而应当探索多维的评价方式。当然，在高一级学校和用人单位进行选拔时，也不能只注重考试的结果，而应当探索多元多维的选拔方式。当前，不得不考虑的问题是，人们认为只有考试成绩才能保证选拔的公平和公正，但我们不能为了维护这一看起来的公平公正，而放弃了实际上的公平和公正，也就是人的发展的公平与公正。我们只有注意评价内容的全面性与评价方式的科学性，才能使评价真正成为促进每个学生充分发展的有效手段。

尽管多元智能理论也和其他相关的智力理论一样，存在概念不清、测量困难等需要进一步探讨的问题，国内外不少心理学家对它的科学性也有一定的怀疑，但它的基本理念对我国教育，特别是课程改革的积极影响是不容忽视的。“多元智能”理论的基本观点以及由此产生的对传统教育观念与实践的挑战，拓展了我们的思路，引发了我们的思考，激励了我们的探索。

当前，国内教育界借鉴加德纳的多元智能理论广泛开展了开发学生多元潜能的研究，在研究过程中，重视总结我国已有的经验，特别是在坚持面向全体学生，全面提高学生素质方面的实践经验，努力从中开掘规律性的东西。这种借鉴与开发相结合的探究，已经有了一个好的开端。这是一件十分有意义的事，对深化教育改革，全面推进素质教育，对推动基础教育课程改革的健康发展必将产生积极的影响。

第三节　多元智能理论的引入及其研究的启动

一、加德纳四次来华与《智能的结构》中译本的正式出版

（一）加德纳四次来华

据沈致隆教授所考证的加德纳四次来华访问内容，简述如下：

加德纳教授第一次访问中国的时间是1980年，当时他37岁，是“零点项目”两名负责人之一，是哈佛大学教育代表团访问中国时最年轻的成员。这个代表团以哈佛大学教育研究生院1980年时的院长保罗·依维萨克尔（Paul Ylvisaker）为首，成员有副院长布兰达·威尔逊（Blenda Wilson），前任院长肯尼迪和约翰逊任总统时联邦政府教育委员会成员弗朗西斯·凯培尔（Francis Keppel）以及哈佛文理学院著名的汉学家费正清教授的继承人菲力普·库恩（Philip Kuhn）。

加德纳随哈佛大学代表团一共参观访问了5个城市，即广州、上海、北京、济南和曲

阜，游览了风景名胜，参观了著名的高等院校。中国人类学家费孝通教授、山东大学校长吴富横教授等中国老一代知识分子，给加德纳留下了良好的印象。

加德纳教授第二次访问中国的时间是 1982 年 10 月，参加中美两国联合举办的艺术教育研讨会。这次会议的中方主办单位为文化部和教育部，美方的主办单位为联邦政府教育部、洛克菲勒兄弟基金会、哈佛大学“零点项目”和哥伦比亚大学美中艺术交流中心。中国艺术教育代表团的团长是著名作曲家、时任中共中央候补委员和中央音乐学院院长的吴祖强教授，美国艺术教育代表团的团长就是加德纳教授本人，该团一行 9 人。

该研讨会，是两国最高层次的艺术教育研讨会，是中美艺术教育交流一个长期项目的重要内容。这个项目分别由两国的国务院批准，持续 5 年时间。会议研讨达 2 周时间，先在北京开幕，1 周后移师上海继续进行，最终在上海闭幕。中国代表团为表示重视，由长期担任中国文化领导工作的高层人士、曾任中宣部副部长的林默涵参加开幕式并宴请美国艺术教育代表团。双方代表在大会上介绍了各自国家艺术教育的理论、方法、经验和成就，美国代表团还参观了北京和上海为儿童开办的幼儿园、小学、职业学校以及为培养艺术家、音乐家、舞蹈家和其他表演艺术家开办的职业学校。参观了少年宫，观看了儿童的出色表演和令人惊叹的艺术作品。中国社会对艺术教育的普遍重视，中国儿童艺术教育取得的杰出成就，给加德纳留下了深刻的印象。

美国代表团的到来是当时中国的一件大事。新华社隆重地予以报道，很多报纸都刊登了长篇文章和照片。中国日报甚至在头版发布会议的消息，陆续刊登多幅照片。美国代表团受到了 VIP（非常重要的人物）的待遇，所到之处，都由各单位的主要领导陪同接待。他们参加过数不清的高规格宴会，听到了无数祝酒词：为会议的成功、为两国人民的友谊，为今后艺术教育的交流。

虽然这次对中国的艺术教育只是走马观花，但是加德纳教授回国后，还是写出了论文《中美艺术教育的差异》，向“零点项目”和有关部门汇报。

中国艺术教育代表团于 1984 年访问美国，1985 年三月初美国艺术教育代表团回访。加德纳教授和妻子埃伦（曾在“零点项目”工作的心理学家）同行，代表团的成员还有哥伦比亚大学美中艺术交流中心周文中教授、罗娜·琼斯女士（长期在美国联邦政府教育部负责艺术教育，当时是洛克菲勒兄弟基金会所有艺术教育项目的总管）、1982 年前陪同中美艺术教育高层研讨会美国代表团的米歇尔女士等人一起，同机到达广州。这次访问，旨在深入了解中国各级学校的艺术教育情况。加德纳教授比美国代表团先期到达香港，目的是想比较大陆和香港艺术教育的差别，其他成员访问了中国 7 个城市，即广州、厦门、桂林、漓江、柳州、成都和西安。美国代表团在每个城市逗留 3 天，历时 3 周。这次访问，距离加德纳教授上次到中国不过 3 年的时间，但他感到中国发生了巨大的变化。

加德纳此次访华仍然由文化部和教育部接待。美国艺术代表团一行除参观各地的学校、少年宫的艺术课堂和活动外，还参观了一些工艺美术工厂、美术馆或画廊。由于比1982年访华时间更充裕，和主人的关系更融洽，他们的参观更深入、细致，了解的情况也更多。

加德纳在中国考察期盼探讨一些重要的教育问题：其一，他看到了中国儿童的出色艺术表演和艺术作品，希望知道中国人是怎样进行艺术教育？其二，艺术教育所花经费是多少？其三，他想研究中国的艺术教育能否促进儿童的创造性和艺术气质的培养。此外，他还希望在中国能够获得在美国就困扰他们的诸多教育问题的答案，例如，怎样实现有效的教育？怎样平衡对艺术教育的呼吁和科学教育的呼吁？核心知识的学习和选修课程学习的平衡点在哪里？怎样解决学习基本技巧和培养创造性的矛盾？他虽然知道，中国不可能提供现成的答案，但是相信能够给他新的思路，帮助他以新的方法和方式认识和阐明这些问题。加德纳关注并着力思考的问题，至今仍然具有很强的现实意义，值得我们继续探究。

在桂林，中国书法艺术给加德纳教授留下了深刻印象，得到了他极高的评价。在第三次访问中国之前接触的中国艺术家之中，给加德纳印象最深刻的是表演艺术家、著名话剧演员英若诚。

1986年1月，在两次访问中国大陆的间隙中，加德纳教授夫妇为领养一个有中国血统的婴儿，计划外地去了一趟台湾。

1987年3月，加德纳教授与妻子埃伦一起，携一岁半的养子本杰明，第四次访问了中国大陆，为期3个月。这次他对中国的艺术教育，进行了更为深入细致的考察。他们在北京1个月，在南京1个月。夫人和本洁明回国之后，加德纳一个人在厦门又呆了1个月。

为了更好地完成中美艺术教育交流的使命，加德纳教授这次要求在同一所学校逗留较长一段时间，也就是想下马看花而不是走马观花，希求观摩正常的教学而不是观看“表演”。因为他最大的顾虑，也是最反感的，就是前几次访华时只能观看“表演”，而不允许观看“幕后”。可能是1987年与20世纪80年代初相比，中国已经更加开放，也可能是他对中国人民的友好情谊感动了有关部门，他这个要求意外地得到了批准。加德纳教授此行的参观不但深入到中国大陆学校艺术教育的各个方面，而且直接与教师、儿童甚至学生家长开展了广泛的交流和讨论，夫妻二人还曾多次讲学，介绍美国艺术教育的目的和方法。离开中国时，加德纳夫妻相信，与任何其他的外国人相比，他们已经最大可能地找到了中国艺术教育问题的真实答案。

此行给他留下的美好印象之一，是南京师范大学的同行们。

加德纳教授的4次中国大陆之旅结束了，但是他与中国的缘分没有结束。2004年，中国教育界和文化界将第五次迎接他的到来。

（二）加德纳来华的直接影响及《智能的结构》一书的问世

加德纳来华进行教育交流、讲学，直接传播了多元智能理论。可能与美国的情况相近，中国心理学界对多元智能理论的反映，可谓平平。而中国教育界，特别是艺术教育界和特殊教育领域，对多元智能理论则作出了一定的积极的响应。中央音乐学院以李妲娜教授为代表的部分教师，开始创建音乐教育研究机构，几十年来执着地探讨如何借助艺术教育开发学生的创造潜能，并引进了奥尔夫音乐教学法，开展了艰苦的试验，这与加德纳的影响，不无关系。新一轮课程改革，艺术教育独立成科，直接吸纳了他们多年来研究的成果，为各类学校的艺术教育提供了开发儿童创造力的新思路。

加德纳来华广交艺术教育界的朋友，中央音乐学院附中的校长俞慧耕，夫妇二人曾与加德纳一同唱歌，相处得十分融洽。俞校长接受了他的理念，创办了用音乐治疗智残儿童的培智班。她与家长密切配合，经历了16年的时间，竟使高度脑瘫的儿童冯聪，拉得一手美妙的提琴，并送进了高等学府继续深造。北京市海淀区培智学校，也是较早接受多元智能理论、用以进行个别化教学的学校，并取得了骄人的成绩。中国在特长教育的基础上，逐渐开展了关于天才教育的研究。在中国大陆，这个领域有很长一段时间，被视为是与大众教育相对立的“禁区”，随着改革开放的发展，该领域的教育工作者，也较早地知道了多元智能理论。

距离加德纳第四次访华不到3年的时间，加德纳创建多元智能理论的名著——《智能的结构》，终于在1990年由兰金仁翻译，光明日报出版社出版，标志着多元智能理论正式引入中国大陆。

二、大陆学者访学加德纳与《多元智能》中译本问世

（一）大陆学者访学加德纳

改革开放以后，大陆学者陆续到美国哈佛大学学习访问，至于对多元智能在大陆传播曾经发挥重大作用的，当数沈致隆教授。他是《多元智能》这本重要著作翻译到大陆来的著名学者，对大陆借鉴多元智能理论实践研究的开展，起到重要的推动作用。

沈致隆于1995年初接受了中国音乐家协会音乐教育委员会常务副主任李妲娜的建议，开始从艺术教育的角度学习、研究“零点项目”的理论，又在她的帮助下与多元智能理论的创始人加德纳开始了频繁的通信与交流。1997年2月至10月，沈致隆应加德纳本人的邀请前往哈佛大学教育研究生院“零点项目”研究所访问、讲学。在访问和讲学过程中除考察美国高等学校艺术教育的现状并搜集有关资料外，还介绍宣传了中国古代优秀的美育思想和改革开放以来各级学校艺术教育蓬勃发展的情况。在此期间，沈致隆有机会与加德

纳教授以及“零点项目”的专家们多次讨论多元智能理论及其实践的有关问题，并应他的要求参加了《多元智能理论新指南》的国际研讨会，得以和来自美国、加拿大、澳大利亚、爱尔兰、希腊、西班牙、哥伦比亚、泰国的专家们进行广泛的交流，直接获悉各国教育界人士对这一理论的肯定和赞誉。经过三年来的研究和实地访问，沈致隆越来越深切地体会到多元智能理论和“零点项目”工作的巨大魅力及其对于人类教育理论和实践的深刻影响。回国后，他便在本职工作（高等工科院校化学和音乐两个不同学科的教学与科研）之余，将其他时间几乎都投入多元智能理论的研究。

沈致隆将访学的所见所闻，撰写了《亲历哈佛》一书。该书为广大读者介绍了鲜为人知的、哈佛大学的“零点项目”。他在哈佛大学访学期间与加德纳建立了深厚的友谊，回国之后与之一直保持着密切的联系，继续探讨多元智能理论。1999 年沈致隆翻译了《多元智能》一书，加德纳亲自为之撰写中文版序言，表达了对中国研究多元智能理论的期盼和对沈致隆引进多元智能理论名著的谢忱。此后，沈致隆加入了中国教育学会重点课题“借鉴多元智能理论开发学生潜能实践研究”。2003 年，正值多元智能理论诞生 20 周年，加德纳又将他在美国教育研究协会上的演讲《多元智能理论二十年》，授权沈致隆翻译成中文，2003 年《人民教育》第 17 期全文登载了这篇重要文章，对借鉴多元智能理论的研究工作发挥了积极的推动作用。在此期间，沈致隆与加德纳反复沟通切磋，又撰写了《加德纳·艺术·多元智能》一书，为借鉴多元智能理论的研究工作增添了至关重要的内容。

（二）《多元智能》译著问世

在加德纳本人的授权和帮助下，在国际心理科学联合会副会长、北京师范大学心理学博士生导师张厚粲先生的指导下，沈致隆于 1999 年，终于完成《多元智能》一书的翻译，由新华出版社正式出版。《多元智能》一书，是加德纳于多元智能理论创建十周年之际撰写的著作，具有阶段总结的性质，而且注明是“实践中的理论”，比最早出版的《智能的结构》更富有操作性。在大陆大量翻译的多元智能理论著作中，是迄今为止影响最大的一部。该书全面汇集了多元智能理论自创建以来的主要内容：

第一篇：回顾了多元智能理论的起源，简要介绍了多元智能理论的内容，列举了七种智能的例证，概括了这一理论对教育发展启示这一特殊贡献。经过 10 年，人们对多元智能理论有许多质疑，加德纳采用问答的形式，有针对性地解答了一些重要问题，对人们正确理解多元智能理论，很有意义。加德纳还回顾了传统心理学对天赋模式的研究，着力论述了“智能与人类其他珍贵潜能的关系”，揭示了多元智能理论的本质特点，即它是对人的潜质研究的理论，这一命题的提出，标示多元智能理论与其他多元化智力理论的本质区别，对于确立开发潜能的教育价值观，具有重大影响。其中关于“成熟的实践者在天赋模式中的位置”的论述，正确揭示了社会上成功者与人的天赋的关系，有助于启迪并促进教育工作者致力于学生潜能开发这一伟大的事业，以改变教育仅仅满足于传授知识、忽视潜能开发的陈旧观念，促使教育切实提高其社会效能。

第二篇：集中论述了“智能的培育”，这是多元智能理论与教育联姻的精彩篇章。它首先为人们展示了“未来的学校”，指出了基础教育的基本走向，预言未来的学校必将是“以个人为中心的学校”（它绝不是个人中心主义在教育上的再版——作者注），以及人们进行教育改革、创建“未来学校”的“四大要素”。这一篇系统介绍了哈佛大学“零点项目”在不同学段开展的教育实验：第一阶段的任务是“幼儿早期多元智能的确认和培育”，为此创建了“多彩光谱项目”的模式；第二阶段是为小学实施的“重点实验学校”项目模式；第三阶段是帮助学生在学校表现出色的初中阶段的“学校实用智能”项目模式；第四是在高中阶段进行的关于学科教学的探索——“艺术推进”项目。在此，加德纳重申了哈佛大学“零点项目”的初衷——旨在探索具有“智慧源泉”性质的“艺术教育的特征”，再次强调长期被排斥在人类思维领域之外的艺术的智能价值，具有振聋发聩的作用。

第三篇：是多元智能教育的“重头戏”——“评估与超越评估”。其中“评估”主要阐述了“情境化评估”，将其视为“标准化考试的替代方案”，介绍了“评估新方法的一般特征”和“大学录取的新方法：作品集”。至于“超越评估”，那是指教育必须回归到它的直接目的“真正理解并学以致用”，从而摆脱教育对评估的依附，实现对评估的超越。它所针对的现实，与我国教育面临的桎梏——对应试的依附十分接近。如何实现对评估的超越呢？加德纳深刻指出，那就必须改革课程，而多元智能理论恰恰对课程改革具有启发意义。要切实解决这一问题，必须面对“教育面临的挑战——教师和学生的教学实践”。

《多元智能》最后论述了关于“多元智能研究”的诸多问题，它首先阐述了人类从事“智能研究七个阶段”：“智能概念的提出——智能研究的科学化——智能的多元化——智能的情境化——智能的分布——智能的个体化——开发智能的教育”。加德纳告诫人们，当今社会应当重视对“智能研究的运用”，借以改变认识智能的视角，通过转变观念，达到“通过情境化评估激发智能”的目的。论著结尾时，加德纳以十分乐观的心情，展望未来，预见“2013 年的多元智能”。

加德纳为《多元智能》撰写了“中译本序”，传递了一些令人鼓舞的信息。他指出从多元智能理论问世以来，“在美国和世界各地的教育家和教育工作者中受到了广泛而热烈的欢迎”，“在美国，大多数教育思想只有几年的生命力。10 年时间，对于关注多元智能理论的教育界和公众来说，是相当长的，我十分惊喜地发现，在多元智能理论首次提出近 20 年后的今天，美国和世界各地对它的兴趣仍在持续增长”。他为了解释这个“多元智能热”，提出了一些重要观点，他说：“过去的几十年里，人们做了大量的工作来批评智能的单一论。然而在多元智能理论提出之前，还没有一种希望能取代它的理论得到认可，特别没有能够在教育界得到普遍认可。”他明确指出，多元智能理论“来源于两个不同寻常的证据。一个是千百年来对人类大脑的认识，另一个是各种文化背景所看重的角色和技能的种类。”对于心理学界经常批评多元智能理论缺乏实证研究依据的问题，他进行了必要的说明，指出：“1999年，我将在美国出版两本新书，它们是《受训练的心理》（The Discib-lined Mind ）和《智能重组》（Intelligence Refeamed）。书中将报道许多建立在多元智能理论上的进一步的实验和研究项目。”

加德纳对多元智能理论进入中国大陆，发表了一番语重心长的话：“我不是一个中国社会和中国教育问题的专家。但我知道，在中国，被人们长期习惯了的事物是很难改变的。正像一位中国大学教师曾经对我说过的那样：‘我们这样做的时间太久了，以致于我们认为只有这样做才是对的。’另一方面，我也知道中国社会是注重实效和善于随机应变的，你们渴望着最大限度地发挥每个人的智力潜能。基于后一个原因，我相信多元智能的观念在你们古老国家的每个角落里，都能遇到知音并找到培育的肥沃土壤。我似乎已经感觉到，你们古老文明的未来充满了希望。”

特别值得一提的是，书中对于某些美国大学录取新生时偏重SAT（Scholastic Aptitude Test，学习能力倾向测验）成绩而忽视全面素质和实际能力的做法，提出了批评和改革的设想，这对我国的教育改革具有现实的启发意义。

沈致隆在《多元智能·译者的话》中，就多元智能理论与素质教育的关系发表了自己的见解：“多元智能理论可为我国当前大力推广的素质教育提供理论依据，“零点项目”已进行的多项试验可为我国转变应试教育的方法和手段提供参考。《多元智能》一书详细地介绍了这一理论产生的背景、特点及其在教育改革中的应用，既有心理学、教育学理论的根据，又有学校具体应用和操作的方法和实例，对于我国当前变应试教育为素质教育的改革，有极为重要的参考价值。其中第9章专门介绍了“零点项目”1985年设计的艺术教育课程和方法的改革项目——“艺术推进”。该项目的成果已在匹兹堡和马萨诸塞州桥市的学校中被采用并获得成功。1991年月12月美国《新闻周刊》在世界范围内评选模范教育项目，美国只有该项目和加州理工学院的“研究生的科学教育”项目当选。因此译者认为，向我国教育行政管理人员、各级学校校长、教师甚至学生本人介绍多元智能理论及其在美国跨世纪教育改革中的实践经验，有重要的现实意义。”

沈致隆仍在竭诚地引入多元智能理论，将为我们借鉴多元智能理论开展实践研究提供更多有价值的信息。

三、借鉴多元智能理论实践研究的启动

（一）DIC国际合作项目的确立揭开了有组织开展实践研究的序幕

中国大陆借鉴多元智能理论进行实践研究，开始是各学校自发进行的。例如中央音乐

学院的培智班、北京市海淀区的培智学校等等，都是各自独立进行的实践研究，没有立项，也没有成立正式的实验组织。在原国家教委专职委员郭福昌的支持下2000年初成立了中国教育服务中心优秀教师经验研究推广部，当年该部即召开了“开发学生创造潜能，深化教学改革”的研讨会（2000年8月13日至16日在北京），聘请美国亚利桑那大学DISCOVER（发现）项目负责人琼·梅克（June Maker）教授到会做学术报告，向与会者介绍了多元智能理论及其开发的DISCOVER（发现）项目。会议期间由中国著名教育专家陶西平代表中方与美国亚利桑那大学DISCOVER（发现）项目负责人琼·梅克教授签订了DISCOVER IN CHINA（简称DIC）国际合作研究的框架协议书，至此，揭开了借鉴多元智能理论进行有组织地开展实践研究的序幕。

琼·梅克教授是美国亚利桑那大学（The Univeysity of Arizona）研究人才教育的著名教授、博士生导师。她与加德纳等多元智能理论的研究者有着类似的学术经历，即都是先从研究天才儿童或特殊儿童开始，逐渐转向研究多元智能理论的。琼·梅克曾着力研究天才教育的课程与教学，从事天才教育教师的培训，探索天才儿童的识别与评价，研究少数民族的、亚流文化背景下的、残疾群体的和其他特别儿童的天才教育。她于20世纪90年代主编的《天才教育评论》（丛书）在美国教育界影响较大。与此同时，琼·梅克开始从解决问题的角度探索人才发现和培养的多元模式，并集中在不同文化背景下的儿童中发现人才。她这一研究方向，反映了当前天才教育的发展趋势，即不将天才局限于少数为传统智力学说认可的儿童，认为人的智力是多元的，这对沟通天才教育与大众教育，颇为有利。对于矫正我国长期以来将天才教育与大众教育对立的弊病十分有益。她主持的“DISCOVER”项目曾获州教育部门的资助。这个项目活跃于美国天才教育学术界、亚利桑那大学的课堂，并遍及其他5个州几十所学校的实验基地。另外，梅克教授还把此项目传播到欧洲、日本、新加坡和中国台湾、香港等国家和地区，开展了学校间的学术交流，并试图进行比较研究。琼·梅克教授多次来华讲学，与北京教育学院进行过多次卓有成效的学术交流，支持中国的教育改革事业。1997年，中国《国际人才交流》杂志，曾经对其教育研究的事迹进行过较系统的介绍。她对中国大陆开展多元智能的实践研究十分赞赏，并表示可以纳入她所设立的项目之中，给予指导帮助。

梅克教授在“开发学生创造潜能，深化教学改革”研讨会上作了专题报告。她报告的题目是：《问题解决：新世纪课程的基础》，初步介绍了“DISCOVER”项目的问题连续体。她强调了培养学生解决问题能力的极端重要性，指出当今世界正处在一个飞速发展的时期，因此，“我们教育工作者不能再简单地去专注于测验或拓展知识而脱离实际能力的培养。相反，我们必须教导我们的孩子们如何用他们生就的能力去采集和处理信息，如何去思考问题和解决复杂的问题。”她很有信心地指出，多元智能理论的研究，已经可以帮助我们"识别、支持和扩展这些天赋的能力（即多元潜能），这种能力足以使每一个孩子用他（她）的实力去有效地学习。教育工作者必须给我们的孩子们和青年们提供多种选择，应当和学生们共同去创造关于解决我们这个世界日益相互依存的各种民族面临的复杂问题的各种方法。"她热情地介绍了历经15年（至今已有18年了）创造的"DISCOVER"（发现）模式，她说："'发现'是一个关于通过识别不同文化、语言、民族、年龄和环境的人民的天赋和才干的差异来评价和开发解决问题能力的无与伦比的模式。"在大会上，她运用孩子们和教师们的故事、图片和十多年来的研究成果，展示了这个模式，并指出这个模式是根据新兴的多元智能理论，特别是依据其开发创造力的内容构建的。它首先是一个评价方法，是评价解决问题能力的工具。这种评价方法可以简便地运用于课堂教学之中。她论证了这一评价工具的信度和效度，指出"在美国、加拿大和墨西哥的许多有多种文化的社区已见成效。"继而她又指出"DISCOVER"（发现）模式还是一个重要的"课程模式"，它运用问题解决的方法，为开发所有孩子的创造潜能，特别是为开发那些有天赋的儿童解决问题的能力，设计了一个有效的途径。梅克教授的学术报告，令与会者耳目一新，打开了借鉴多元智能理论开展实践研究的思路。

会后，由陶西平领衔，以北京教育学院的理论工作者为核心，在北京、山东等地建立了借鉴多元智能理论开展实践研究的实验区，吸纳了50余所项目学校开展实践研究。当年秋天，该课题受到华东师范大学吴志宏教授的响应，他率领华东师范大学教育专业的郅庭瑾博士等部分老师，在上海、江苏和浙江等地选择了部分中小学校，结合学校的教学实际共同进行研究。2001年3月15日，《中国教育报》著名记者李建平，以《向传统教育评价的挑战——多元智能理论》为通栏标题，报道了对DIC项目副组长陈如平博士的专访，同时发表了梅汝莉、丁宝志、徐洁等人的文章。这是《中国教育报》第一次以专版篇幅向中国教育界宣传多元智能理论和借鉴多元智能理论的实践研究，为大陆的实践研究圆满地落下了"序幕"。

（二）借鉴多元智能理论开展实践研究方向的确立

借鉴多元智能理论开展实践研究的大方向，是在2001年6月16日－20日在山东诸城召开的"开发学生潜能 塑造健全人格的实践研究——DIC国际合作项目"开题研讨会上确立的。这次会议有62个单位154位代表出席，既是开题会，也是诸城市借鉴多元智能理论开展研究的现场观摩会。诸城地区的所有学校和所有教育工作者，率先借鉴多元智能理论来推进教育改革，并取得了初步的经验，与会者对该地领导的远见卓识和学术勇气，以及该市项目学校的实践研究给予了高度的评价。这次大会通过开题报告、研究展示和研讨，确立了借鉴多元智能理论开展实践研究的方向、内容及其方法。

课题组负责人陶西平在会上做了开题报告，明确指出多元智能理论是一个值得借鉴的理论，并集中力量阐述了借鉴多元智能理论的研究方向。“借鉴多元智能理论，开发学生潜能的实践研究”的课题，其关键词有三个：一是“借鉴”，二是“开发潜能”，三是“实践研究”。对多元智能理论不提引进，而只提借鉴，这是应予重视的问题。所谓借鉴有两方面的意思：一方面承认多元智能理论是可以借鉴的理论，另一方面多元智能理论本身也在探讨和完善中，因此，我们说“借鉴”，还包括在借鉴过程中要不断进行完善和发展。多元智能理论与中国教育实践相结合，可以使其更加充实，更加完善。东西方的教育不完全一样。多元智能结构不是一成不变的，在实践中可以反观并研究这些问题，使我们对智能结构的认识日趋清晰。我们的研究着力于开发学生潜能，这种探讨实际上就是在丰富素质教育的内涵。我们始终强调“实践研究”，是指借鉴多元智能理论必须面向教育实践，为教育实践服务；同时也要求我们在众多的教育实践中，不断发展和完善理论。借鉴多元智能理论强调实践研究，固然需要用多元智能理论来指导我们实践，更要求我们在实践研究中进行创新，从而提升我们的理论水平，形成中国教育工作者对智能的基本见解。更应认识到多元智能理论中有些方面是我们研究不了的，比如多元智能的先天生理基础问题，属于脑科学研究范围，我们没有力量去研究。关于多元智能的结构问题，多元智能理论已经提出了八又二分之一种，现在仍在不断研究和发展，这个结构问题，我们也很难探讨。究竟人的智能有多少项，我们很难拿出科学的依据，所以，这些都不是我们研究的重点。我们应该重点研究，如何借鉴这个理论来指导我们开发学生潜能的实践，这要靠众多专家和广大的实际工作者一起来研究。开题报告对于如何落实研究的方向，向全体研究者提出了如下具体的建议：

1. 借鉴多元智能理论研究教学改革

在目前学校教育的条件下，学校实施素质教育主阵地仍然是课堂，要把教师的积极性引导到教学上来，引导到课堂教学上来，引导到课堂教学改革上来，如果没有这“三个引导”，我们素质教育的目标，将无法实现。借鉴多元智能理论研究教学改革，其中重点是研究课堂教学改革。在课堂中如何开发学生潜能，有几个值得我们研究的问题。

（1）如何了解学生多元智能的发展水平，要很好地研究多元智能的评估方法。

（2）如何在课堂教学中发展学生群体的优势智能，中国学生有共同的优势，共性的优势。不同地区也有他共性的优势，在教学中如何发展群体优势需要我们探索。

（3）如何在教学中改善群体弱势状况。中国孩子与西方孩子有先天性差别，如何发展学生群体优势水平，如何提升学生群体弱势水平，是值得我们认真研究的。

（4）在教学过程中发展学生的个体优势。学生是有个性差异的，差异表现为智能倾向和发展水平不一样，不同的学生有不同的智能强项，对他一生发展将有重大的影响，那么，我们应该如何发展他的优势呢？

(5) 在教学中如何提升学生个体弱势智能的水平。学生个体在某些方面有弱势，就应提升学生的弱势水平。

(6) 特殊智能的培养。

2. 借鉴多元智能理论开展研究的具体内容

(1) 要研究如何使我们的课堂教学能够提高学生多方面智能。例如，数学课只解决数理逻辑的发展，恐怕未必是这样的；换句话说，也不是只有艺术课才能开发学生艺术潜能。每节课都贯穿多元智能的开发。应该研究教学手段的综合运用，这样的课型需要我们进一步探讨。现在讲出点道理来是不容易的，拿出这样的课来也是不容易的，这方面需要进一步探讨。

(2) 我们还需研究一些单项的课型或者教学方法。例如，如何培养学生的交往能力，开发交际潜能，目前我们的教学也还没有很好的办法，能讲出的方法不是很多。从学生的交际能力看，应该说问题还较多。在市场经济条件下，交往能力极其重要，又不是很好培养的，而我们的教育对此项智能的开发却不十分重视。有的学生在学校学习成绩特别好，可是走向社会后，在事业发展上却未必都是好的，因为他其他方面的潜能不怎么样，比如书呆子气十足。如何开发交际智能以及其他各种智能，需要我们进一步探讨。学校可以进行校本课程的开发性研究。

3. 借鉴多元智能理论进行学生的个案研究

借鉴多元智能的实践研究，必须积累学生的个案。这方面可研究的内容很多，例如，多元智能理论最终要求面向全体学生，使他们的多元智能得到全面发展，这涉及到发展学生特长、降低学生辍学率、提高德育实效性等方面的问题。如果关于上述诸问题的个案研究积累多了，必将对我国义务教育的巩固和提高发挥积极作用。多元智能理论本身就很重视学生的个案研究，很有借鉴意义。

4. 运用多元智能理论来整合教学改革

我国基础教育进行的多种教学改革大多都有一定的成效，但是，往往是进行一项改革，就提出一套理论，呈现出前所未有的多元化的状况，迫切需要借助多元化的理论进行整合，多元智能理论正可发挥其直面多元的整合功能。应当说明的是，用多元智能理论来整合现有的改革，并非简单地把我们的教育改革放进多元智能研究的框架里，而是使我们的教育改革拥有更坚实的理论基础，使其发展得更完善。

开题报告最后明确指出，借鉴多元智能理论来研究评价方式，是个重要的问题，但是，这项研究必须受到教育实践的检验，在教育实践中发展完善，最终研究出符合我国教育实际的评价方式。具体而论，借鉴多元智能理论实践研究，可以分为两大类：一大类是关于教学改革的问题；一大类是关于教育评价的问题。就研究层面而论，借鉴多元智能理论实践研究的范围可以定在微观层面上，即在学校和教师这个层面上开展，学校广大的校长和教师都可以参与研究。为保证研究的顺利进行，必须认真解决两个重要问题：第一要解决观念转变的问题。我们可以从两个方面来转变观念：一个是通过学习多元智能理论来转变观念，一个是在实践过程中来转变观念。不能简单地讲我们的实验是摸着石头过河，我们应该有一个较明确的想法，用这个想法来指导我们的实验。观念转变是很重要的，但不能把观念转变仅仅寄托在学习上，要在实践过程中转变。观念转变是一个过程，不可能先变观念，再进行实施。第二要紧密结合教育实际。理论探讨要做，一部分专家从理论角度来研究，大部分研究者则是在实践过程中进行理性思考来研究理论问题。

开题报告关于借鉴多元智能理论开发学生潜能实践研究方向的论述，获得与会者的普遍认同。2002年2月1日，中国教育学会批准“借鉴多元智能理论开发学生潜能的实践研究”立项，并被确定为“十五”期间教育科研规划重点课题，标志着大规模有组织借鉴多元智能理论的实践研究正式开始。此后，各地借鉴多元智能理论的研究陆续列为国家教育部以及各省市自治区“十五”教育科研规划内课题，出现了规范研究的新局面。

四、研究队伍的组织

美国是多元智能理论的“故乡”，经过近20年的历程，在美国本土逐渐建立了1000余所运用多元智能理论的实验学校。而我国，社会发展选择了“跨越式发展”的道路，教育改革也随之走上了“跨越式发展”的轨道，这在借鉴多元智能理论开展实践研究中同样得到鲜明的体现。进入千禧年以来，大陆基础教育阶段的学校，借鉴多元智能理论开展实践研究的，已经大大超过500所。

中国大陆的教育科学研究素有“组织传统”，无论是由政府“牵头”还是由群众性学术团体“牵头”，都制定了按五年为一个周期的教育科学研究规划，教育科学研究大多都是以规划内的课题为依托组织起来的。国家教育部领导的教育科学研究规划，就是由政府“牵头”的。中国教育学会领导的教育科学研究规划，则是由学术团体“牵头”的。这是最大的两项研究规划，覆盖整个大陆各地区的教育机构，此外，还有联合国教科文组织每年批准的研究项目，等等。正是考虑这种体制，借鉴多元智能理论的实践研究，在与美国亚利桑那大学DISCOVER项目负责人梅克教授签署了国际合作研究项目DIC之后，又在中国教育学会的规划内立项，名为“借鉴多元智能理论开发学生潜能的实践研究”，其中关于评价的研究又被国家教育部基础教育司课程改革评价项目组列为“多元多维评价研究”子课题，终于完成了“落地生根”程序。目前，这个项目是大陆借鉴多元智能理论开展实践研究最大的一个群体，总课题的负责人是著名教育家陶西平，总课题之下形成了南北两个“据点”：一个据点设在北京教育学院，戏称为“北派”；一个“据点”设在华东师范大学教育学院，戏称为“南派”。由总课题出面建立了北京实验区（其中东城、崇文、丰台、石景山、昌平（又各设实验区）、山东诸城实验区、内蒙古呼和浩特新城实验区、内蒙古赤峰实验区和浙江慈溪等5个大实验区，加上天津、深圳、齐齐哈尔等市以及河北、山西、湖北等省的部分学校，现有正式注册的项目学校106所，大致覆盖了大陆的11个省市自治区，包括初等、中等学校，积极开展了借鉴多元智能理论的实践研究，并取得了初步的成效。

以华东师范大学教育学院为据点，建立了南方的实验区，由吴志宏院长主持，郅庭瑾博士负责，组织有张敏、刘竑波、张玲等参加的理论组，从上海、江苏、浙江等地选择了部分中小学共同开展实践研究。该实验区，无论在多元智能理论的翻译引进上，还是在本土化的实践研究上，都多有建树。

随着国家教育部教育科学研究"十五"规划的启动，各个地区教育科学研究"十五"规划也相继出台，借鉴多元智能理论的研究课题，也有不少被批准为部委级和地区级的项目。其中由浙江省东阳市教育局组织的《区域性整体构建儿童"多元智能"发展教育模式的研究与实验》，就是教育部全国教育科学"十五"规划课题。2002年9月开题，有25所中小学（幼儿园）参加共同研究学生多元智能发展的教育策略。东阳市教育局成立了由分管局长为组长的东阳市多元智能研究与实验指导小组，专门下发《关于学习借鉴和实践多元智能理论促进学生智能开发的意见》，在全市200余所中小学掀起了学习借鉴多元智能理论的新高潮。

多元智能理论提倡文化教育的多元性，我国大陆借鉴多元智能理论开展的实践研究，生动体现了这一重要理念。就参与研究的族性而论，就是多元的：现已有汉族、满族、蒙族、回族、鄂伦春族、鄂温克族、赫哲族、柯尔克孜族等民族参加，共同进行研究。就学校的性质而论，既有普通教育的学校，也有特殊教育的学校；既有公立学校，也有公立改制学校，还有私立学校；既有省市重点中学，也有"基础薄弱学校"；既有城市学校，也有农村学校……充分体现了研究主体多元化、各民族文化和谐发展、各类教育协调发展的时代要求。

除了上述几个中心组织的研究，还有许多"散兵游勇"，即独自进行研究的学校，通过全国性的研讨会或国际交流会，彼此之间逐步进行沟通交流，相互学习。

五、学习与培训的开展

借鉴多元智能理论，明确定位在实践研究之上，其理论学习必须与教育教学实践密切结合，因此，基本包括两个方面的内容：一是用多元智能理论来指导实践，二是用多元智能理论来总结实践经验并丰富理论研究。适应这两项内容，形成了几种基本的培训形式，上海实验区对此进行了简要概括：举办讲座，向教师宣讲加德纳的理论；组织教师上观摩课，课后运用多元智能理论进行点评；组织实验班教师参加山东及北京召开的"多元智能国际研讨会"；组织教师撰写小论文，谈运用多元智能理论进行实验的心得体会，并组织论文评奖；等等[①]。

浙江省东阳市课题组进行了许多有组织的学习培训，还有大致的统计，即立项之后3个月来，全市小学、初中（幼儿园）共组织教师集体学习多元智能理论405次，参加教师达10192人次，组织多元智能理论讲座和交流478次，教师撰写体会文章千余篇。全市教师上网浏览多元智能网页7337人次，下载有关多元智能研究文章、资料9152页。全市学校利用多种形式向家长宣传多元智能理论335次，受益家长3.9万人次。该课题组汇编了30余万字的《研究方案集》，分发各地学习交流；开发“东阳多元智能研究”专业网站，逐步实现东阳“多元智能”知识系统管理和研究资源共享。该课题组于2002年还派出4名代表参加由中国教育学会“借鉴多元智能理论开发学生潜能实践研究”课题组，在北京召开的“多元智能开发与评价”国际研讨会。

现将“借鉴多元智能理论开发学生潜能实践研究”课题开展的重要培训活动综述如下。

（一）专题研讨培训

借鉴多元智能理论开展的实践研究，一直将研究与提高教育工作者素养的培训相结合。一开始的培训，都是普及多元智能理论，使实际工作者明了何为多元智能理论，它对我国的教育改革有何价值。随着参与研究学校的增加，和理论队伍的提高，“借鉴多元智能理论开发学生潜能实践研究”课题，设计了系列专题研讨培训，大致分为四种类型：

第一种是“通识培训”。概括介绍多元智能理论及其在教学中的运用，这是为新进研究者设立的培训内容。为适应这类培训的需要，钟祖荣、伍芳辉撰写并正式出版了《多元智能理论解读》一书。第二种是“教学策略培训”。这是针对新一轮课程改革亟需教学策略创新开设的培训，着重借鉴多元智能理论来解决当前课堂教学中亟须解决的问题。为适应这类培训的需要，由梅汝莉主编与9位教师共同编撰并正式出版了《多元智能与教学策略》一书，它是多元智能理论与中国基础教育改革实际初步结合的研究成果。第三种是“多元智能评价研究”，这一内容的培训难度较大，培训教材即将正式出版。第四种是“多元智能与问题连续体”的研究培训，这一内容目前只有“借鉴多元智能理论开发学生潜能实践研究”课题组独特的培训内容，旨在尝试创建以问题为导向、以能力提高为核心的教学模式。为配合这一内容的培训需要，由陈爱苾老师与7位老师共同编撰了《课程改革与问题解决教学》[②]一书，现已正式出版发行。

在专题培训阶段，课题组注重与课堂教学实际相结合。例如，2001年在丰台区北京市第十二中学召开了现场展示课为主的研讨与培训会。北京市第十二中学动脑又动手，说

---

① 吴志宏．多元智能：理论、方法与实践·前言．上海：上海教育出版社，2003.

② 陈爱苾．课程改革与问题解决教学．北京：首都师范大学出版社，2004.

理又推理的物理课和丰台实验学校以交际为中心展开的外语课等，鲜活的教学实践，给与会者留下了深刻的印象，大大活跃了教学设计的思路。北京市九十二中学还以问题解决为中心，召开了课堂展示与研讨相结合的培训活动。由于这种形式的培训活动对教师很有启发作用，各实验区都纷纷响应，并注意联合个区教研、科研和培训部门共同举办，成效更大。

（二）分学段进行研讨培训

小学、初中和高中三个学段需要解决的教学问题区别很大，多元智能理论在三个学段分别有三个重要的实验，可供我们借鉴。例如，学前和小学既可以采用“多彩光谱项目”，也可以采用“重点实验学校项目”，旨在千方百计为学生提供展示潜能的舞台，为他们多方面智能的发展创造条件；初中是“学校实用智能”的研究，解决学生如何有效学习的问题；高中则是“艺术推进项目”，其中关于研究性专题作业、人文科学与自然科学结合等问题的研究都对我们很有启发。借鉴多元智能理论的实践研究，经历理论普及阶段之后，逐渐向分学段研究过渡。

在为时不长的实践研究中，我们深深感到，借鉴多元智能理论必须设法与现行教学实际相结合，注重在理论指导下，审视已有的教学实践经验，特别应当重视提升广大教师创造的成功经验，在研究分学段开展之后，总课题组又专门召开了如下研讨会：

例如，2002 年 12 月 13 日至 14 日，在北京市实验二小召开了全国实验区派员参加的学前与小学学段的专题研讨会，展示了 3 节课，并进行了点评和培训讲座。出席会议有 350 余人。

2003 年 4 月 9 日，在北京市第十一中学分校召开了以初中学校为主的研讨培训会，展示了初一、初二年级 18 节课，开展了点评和研讨。北京、天津、河北中小学项目学校的校领导及有关学科老师 210 多人参加了会议。

2002 年 11 月 22 日—23 日，在北京师范大学第二附属中学召开了高中学校开展课题研究的专门会议，展示了 16—18 节课，8 节主题班会（学生自己组织）和活动课，介绍了高中学校开展教育科研的经验，并进行了点评与研讨。上海、北京、天津、湖北、内蒙、天津等实验区均派员参加，约 300 余人。

浙江慈溪等实验区也曾多次召开众多成效卓著的展示性培训活动，受到当地教研部门的好评。仅举上述几例，以示一般。

六、借鉴多元智能理论大力转变教育观念

有位学者曾经说过：观念是文化的原子弹。有位校长说过，最大的贫困不是物质的贫困，而是观念的贫困。他们高度评价了观念的价值。借鉴多元智能理论开展的实践研究，

对我们教育观念的转变，具有很强的冲击力，它激发我们对教育领域内司空见惯的熟悉事物，开始进行重新审视。概括起来大致引发了如下观念的变革：

（一）智能观的变革

什么是智能，这是一个十分复杂的问题，理论上一时尚难说清。多元智能理论就目前的现实，创立了新型智能观，简而言之，所谓"能够成功地解决复杂问题的人，就是高智能的人"，赋予了"智能"以实践性的品格，与素质教育要求培养实践能力的理念正相一致。这一理论认为，只有适应问题解决的要求，人才能成功。这就将"问题解决"纳入了智能的范畴，致使能力的培养、智能的开发都有了一个比较能够操作的思路，即"问题解决"。故而梅克教授明确指出："问题的解决，将成为21世纪课程的核心"，并为在课堂教学中培养学生的能力，创建了简易可行的"问题连续体"，为全面推行素质教育，培养学生的创新精神与实践能力，提供了理论与操作性的支撑。

（二）教育观的变革

什么是教育？我们已经习惯将其视为培养人才的伟大事业，特别是近年来，人们认为教育事业是现代社会发展的"基础工程"，更使我们只想到教育的积极作用。加德纳则不然，他多次论及教育普遍具有正负两方面的作用，其负面作用集中表现为学校认为的好学生，走向社会之后未必成功；学校认为的"差生"，走向社会之后，很可能极为出色。这一论述促使人们承认"教育是把双刃剑"．这一严酷的事实。加德纳认为只有好的教育，才能肩负创造社会美好未来的使命，为此，他竭力倡导学校与社会真实生活的沟通，以学生解决真实生活中问题的能力，作为衡量学生智能的主要标准。力求使学校真正成为设计和塑造未来社会成功者的实践历程，"使教育在每个人身上得到最大的成功"。[①] 在这一观念的引领下，有的学校开始对毕业生进行追踪调查研究，有的学校则开始关注社会中成功者的基本素质，并提出："要对学生负责一辈子，而不是负责一阵子"，这对改进教育功能发挥了积极的作用。

（三）学生观的变革

传统智能理论仅以人的语言智能和数学—逻辑智能为依据，构建了与传统考试方式一致的智商（IQ）测试方法。它关注学生的是："你的智能有多高？"用这种典型的线性思维方法审视学生，"低能儿"理所当然应被学校教育所抛弃，这对推行素质教育、贯彻面向全体学生的理念极为不利。多元智能则不同，它认为每个人除了语言、数学—逻辑智能之

① 加德纳著，沈致隆译．多元智能．北京：新华出版社，1999.78.

外至少还有其他五种智能。它关注的问题是“你的智能类型是什么?”学生的智能无所谓高低之分，只有智能倾向的不同和结构的差别。在借鉴多元智能理论开展实践研究的学校，流传的是“正视差异，善待差异的学生观”，这是学生观的本质性变化。很多老师还记住了加德纳的一个判定：在学生不良行为中，往往折光地反映该生的智能强项。这一理念擦亮了老师们的眼睛，使他们经常能够发现“调皮生”潜藏的优点，寻找到开发他们潜能的有效方法。学生观的变化，受益的大多是“差生”，有的学生在获得发展之后，竟然对老师说：“我希望多元智能理论能够伴随我整个的中学时代”，这是多么感人的话语！

（四）人才观的变革

素质教育的根本目的在于提高全民族的整体素质，有效地造就各级各类人才。然而，传统心理学告诉我们，同龄人中只有1%－2%（或2%－3%）的儿童是超常的，根据这种理论，传统的人才教育只能是少数人的“精英教育”。致使大众教育与人才教育在传统教育体系中长期处于对立的地位。多元智能的创始人加德纳，明确否定“精英教育”，他依据现代科学的研究成果指出：“每个孩子都是一个潜在的天才儿童，只是经常表现为不同的方式”，提出了实施素质教育所需要的、新型的学生观和人才观。加德纳还指出“对于一个孩子的发展最重要、最有用的教育方法是帮助他寻找到一个他的才能可以尽情施展的地方，在那里他可以满意而能干”。而传统教育的弊病在于“完全没有重视到这一点。相反，我们使每一个学生都面对同一种教育”。我国赴美演出的残疾人艺术团有一位叫舟舟的孩子，他的音乐智能由于获得了“可以尽情施展的”机会，终于成为一位出色的指挥，生动地证明了“每个孩子都是一个潜在的天才儿童”的论断。显然，借鉴新型教育理论，有助于我们沟通大众教育与人才教育，使普通教育真正具有“提高全民族整体素质，造就各级各类人才”奠定基础的功能。这对我们这样一个人口大国来说，无疑具有重大的战略意义。要实现这一战略任务，使每个学生的潜能都得到开发，关键在于有效地实施因材施教。多元智能理论恰恰在因材施教方面多有建树。

（五）德力观的变革

素质教育要求全面贯彻教育方针，使学生在德智体诸方面都得到主动的、生动活泼的发展。但是，德育的实效性一直是困扰我们的问题，很长一段时间人们都在改进德育方法上想办法，但是，似乎忽略了我们在“德力”观上存在的问题，即“智力”与“德力”相分离的问题。我国学术界早已关注这一问题，曾经提出“智力因素”与“非智力因素”相统一的观点，正是试图解决这一矛盾。新型智能理论，将自我认识与人际交往这两类重要的道德修养内容，正式列入智能的范畴，从理论上实现了“智力”与“德力”的统一，这将为我们探索培养学生的道德修养能力，提高德育实效性，提供新思路，创造新的范式。

（六）教学观的变革

什么是一堂好课？多元智能理论认为，不同的学生由于智能结构各异，其学习风格也有许多不同，成功的教学在于使每个学生都能成为有效的学习者。多元智能理论要求教师能够发现并创造适合每个学生学习方法的教学环境，加德纳本人创建的“光谱方案”，也由最初的“衡量儿童智能的方法”，逐步演进成“完整的教学环境”，并使学习科学有了长足的发展。传统的“千课一型”的教学，使学校教育丧失了“活性”，有人说“几乎把学校教育给拖垮了”，不无道理。多元智能理论开始激活了课堂教学，有的学生学习了多元智能理论之后，明确地提出：“学习的关键就在发现并使用适合自己的学习方法”，现在，总结适合自己有效学习方法的学生日益增多。相信，在这一理念的影响下，在网络教育的环境中，现代教育个别化的程度将不断提高，“人人有才，人无全才，扬长避短，人人成才”的教育理念，终将变成现实。

（七）学科观的变革

什么是学科？过去人们经常认为学科知识就是人类认识世界的产物，因此，教学的任务只用将这些“认识世界的结论”让学生掌握就达到了学科教学的目的。加德纳在《学习的纪律》一书中指出：“学科不仅是人类认识世界的产物，而且体现不同的思维方式。学科等于是一个切入点，引领我们思考和世界有关的深层问题，以及和真、善、美有关的问题。”他认为：“教育最终的目的必须是能够增进人类理解”①。他辩证地阐述了学科教学学习知识与提高思维能力的辩证关系，他说：“在现代这个瞬息万变的世界，教育下一代的工作益显艰难。我们必须做好万全准备，面对一个完全无法预测的世界。依我之见，最充分的准备方式就是深入地了解这个世界，并了解数千年以来人类积累的浩瀚知识。”②怎样才能使学生理解现实的世界和历史的世界呢？加德纳进一步指出，这就必须教育学生学习各门学科的核心知识，更需要掌握每门学科特有的思维方式。他称传统的教育是“以‘事实’为基础的教育”，多元智能的教育则是着力教导学生学会“如何思考”，使“学生透过各种不同的角度观察这个世界”，这就是他赞许的“成功的教育”③在借鉴多元智能理论的项目学校开始尝试将“如何思考”与学习知识结合起来，这是一个可喜的变化。

（八）教师观的变革

现代教育理论对教师观的论述发生了很大的变化，但是，大多阐述的是师生关系方面

① 加德纳著，沈致隆译．多元智能．北京：新华出版社，1999.78.

② 加德纳著，李心莹译．再建多元智慧．台湾：远流出版社事业股份有限公司，2000.230.

③ 加德纳著，鲁燕萍译．学习的纪律．台湾：台湾商务印书馆股份有限公司，2000.200.

的内容，突出强调教师对学生的热爱与尊重等等。这既是正确的，也有很强的现实意义。不过，从智能发展的角度，对什么是一位好老师，还有新的视角。多元智能理论更关注的是老师能否激活学生的思维，深化学生的理解，并专门提出了“为深刻理解而教”的课题。那么，“为深刻理解而教”的好老师，在此用得着我国科学家杨福家所论：不是把所有问题都讲清楚了的是好老师，而是把基本问题讲清楚了，又能留给学生值得思考问题的老师才是好老师。陈景润就是遇到了这样一个好老师，知道世界上有一个“哥德巴赫猜想”，从此改变了他的命运。

多元智能理论引起教育观念的变革远不止上述八项，这只是就其大者而言。

七、借鉴多元智能理论整合教育改革的成功经验

（一）遵循教育改革的规律，贯彻“洋为中用”的原则实施“整合”

我们借鉴多元智能理论开展实践研究，为什么要强调整合呢？这绝不是空穴来风，而是建立在我们对教育改革规律探索基础之上的。从事教育改革，必须清醒地认识教育改革的性质，它要处理的矛盾，几乎都不是“对抗性”的矛盾，绝不应当采取“破字当头”的方针，而应该正确处理继承与发展的关系。教育永远负有传承人类的文化、智慧和良知的任务，教育改革必须在继承中发展，在发展中继承。教育创新也是这样，它必须在占有必要信息的基础上才可能进行。创新的灵感，永远只恩赐给有准备的头脑。因此，全盘否定群众教学实践的做法和“非此即彼”的思维方式，对教育改革都是不适用的，而且十分有害。例如，我们在介绍多元多维发展性评价时，强调了“终结性评价”和“形成性评价”的辩证关系，指出它们各自具有不可替代的功能。与此同时，我们也着重指出仅有“终结性评价”的严重危害性。我国大多数中小学校，过去对“形成性评价”不重视，甚至也不知道如何实施，对学生的发展曾经造成极其不利的影响，这是应当纠正的。但是，这并不等于可以用“形成性评价”取代“终结性评价”。辩证认识二者的关系，对于我们这样一个教育发展极不平衡的大国来说，确是一个应该慎重处理的问题。

“整合”在某种程度上，就是设法让多元智能理论能够寻找到与中国教育实际的结合点，帮助我们正确贯彻“洋为中用”的原则。在中国教育改革的沃土中得到滋润与发展。我们初步实施的整合实践已经证明了这一论断。例如，按照多元智能理论，美国教育家戴维·拉泽尔（David Lazear）提出了“8合1”的教学模式或教学策略，所谓8是指8种智能的表达方式，所谓1是指核心的知识。我们发现我国有不少老师曾经采用过情境化的教学策略，情境化几乎必然多元化，而且是互动式的。近年来，由于计算机技术的普及，我国中小学校的情境化教学，不仅有到生活实践中去的真实性的情境化，也有在教室内模拟性的情境化，还有利用计算机实施的虚拟式的情境化。有的已经是“8合1”的，有的根据

实际需要则是“7合1”或“4合1”……这说明戴维·拉泽尔提出的“8合1”教学模式人们并不陌生，多元智能理论倡导的教学策略是可以很方便地与我国原有的教学经验相结合。

如果，整合仅仅停留在运用多元智能理论的基础上，那是远远不够的。在整合中，应当进行深入的理性思考。例如，为什么多元智能理论要倡导多元情境化的教学模式或教学策略？其理论依据与主旨与以往的情境化教学有无不同？经过对整合过程的理性思考，不仅可以深化了对多元智能理论的理解，而且也能丰富和发展有关的教学策略。

（二）学校教育实践要求整合提升教育改革的成果

借鉴多元智能理论开展实践研究，面对的是我国改革开放近20年的教育改革局面，如何能够在已有改革成果的基础上前进，有一较高的起点，这是借鉴多元智能理论开展实践研究必须认真解决的一个问题。

改革开放以来，我国基础教育以前所未有的速度和规模进行着创新。这首先是由于我国政府自上而下发动了教育改革：1983年邓小平同志提出了进行教育改革的根本指导思想——“三个面向”，1999年国务院作出了全面推行素质教育的决定，继之又启动了新一轮课程改革，有力地激发了广大教育工作者进行教育改革的热情。在弘扬民族优秀文化传统的旗帜下，我国传统教育思想和实践经验，也开始进入人们思考教育改革问题的视野，其关注程度也超过新中国建立以来的任何时期。与此同时，改革开放还引发了我国历史上第二次“西学东渐”，国外和境外现代教育的思潮、理念和实践经验，源源不断涌入。近30年的大环境，使我国教育思想和教育实践处于空前活跃的时期。面对这样的形式，任何借鉴和创新都必须为深化教育改革服务。这就有一个不可回避的问题，即如何尊重群众在教育改革中体现出来的首创精神，如何善于正确吸纳我国教育改革已经取得的成果，这是深化教育改革，借鉴任何现代教育理论必须正视的一个问题。

我国教育改革有什么特点呢？就实践层面的教育改革而论，许多学校往往针对现实存在的问题，采取兴利除弊的思路进行。例如，当人们感到学生厌学时，就倡导“快乐教育”；当人们认为独生子女比较娇气时，就倡导“挫折教育”；当人们发现学生缺乏自信时，就提出了“我能行”教育；当发现学校内部师生员工关系紧张时，就提出“和谐教育”……如此等等。这些改革和创新都取得了不同程度的效果，应予充分的肯定。但是，不能不看到，这种改革尚缺乏整体思路和坚挺的理论支撑。具体到学校领域，特别是积极开展教育改革的先进学校，不难发现：课题多，人力分散，观念多歧义，理念经常发生碰撞。这表明现实的教育改革需要聚焦。向何处聚焦呢？需要向教育的根本问题聚焦，即向培养什么人和怎样培养聚焦。在进入智能时代之时，更应关注对人的研究，特别是对人的潜能的研究。人的潜能是怎样的，应当如何进行开发？离开这个根本出发点，任何教育都将变得没有意义。多元智能理论恰恰就是研究这一问题的前沿性的理论，而且，在方法论上强调多元性，使之拥有较强的整合功能，能够在开发潜能的前提下，吸纳诸多有价值、有成效的现代教育理论和教育实践经验。

（三）多元智能理论与原有教育改革实验的整合实例

1. 多元智能理论与中国农村中学改革的第一次整合

中国，长期处在农业社会的环境之中。社会革命、社会发展以及教育改革……都取决于中国农村面貌的变化。中国的革命经历了"农村包围城市"的过程；中国的改革开放，也是从农村开始的。这应了毛泽东的一句名言："穷则思变"。令人感到惊异和感动的是，最早借鉴多元智能理论推动教育改革实践的也是我们的农村学校。20 世纪 80 年代初期，加德纳曾来过中国大陆，但是他主要接触的是学术界，特别是音乐艺术界的人士，因此，对基础教育界并未产生多大的影响。可是，多元智能理论传到中国的农村中学，却引起了强烈的反应，而且对教育理论工作者起到了推动的作用，这实在是一个耐人寻味和值得深思的现象……多元智能理论与中国农村中学实践的第一次正式的整合，发生在现在的山东省诸城市。

山东省诸城市，原为一个农村县，曾经享有百强县的盛誉。1952 年创办了诸城一中，恢复高考制度之后，这所学校立即面临千军万马挤"独木桥"，致使大多数农村学生纷纷"落水"的残酷现实。诸城一中的老师和校长谙熟中国因材施教的传统，珍惜那些高考落榜学生的价值，大胆探索促进学生大面积成才的有效途径。二十几年前，当地农村的高中毕业生一旦考不上大学，由于没有一技之长，往往被人称作"失败者"。该校为了帮助这些"纸笔测验"的失败者，提出了"转失败为成功"的口号。1978 年便为高考落榜而拥有其他智能强项的学生开办了"艺术班"，相继又开办了"体育班"。20 多年来，该校已经向高等院校输送了 2000 余名艺术特长人才，培养出了一批在国内外有较大影响的艺术名人。其中有法国"轩尼诗"国际徽标征集大赛的夺魁者，有为我国建国 50 年大庆游行绘制邓小平巨幅画像的年轻画家王绍伦，有在国内外声乐大赛中夺得大奖者。体育班则为国家队、省运动队及高等院校队陆续输送了 400 余名运动员，这些学生在国际比赛中曾荣获金牌 26 枚，有几位学生还打破了亚洲记录……与此同时，学校领导考虑到，农村学生一般来说"自然观察智能"比较强，就开展了"农业意识教育"，请来农业科学院士为同学们举办科普讲座，使许多学生决意为农业生产科学化服务……学校采取的"各因其才"的课程设置，大大拓宽了学生成才之路，使众多农村学生就此改变了命运！

千禧年，诸城一中有幸读到了介绍多元智能理论的文章，师生们为之眼睛一亮，引起了强烈的共鸣。他们认真从理论上总结了 20 多年来的办学经验，在诸城市教育学会召开的学术研讨会上公开发表了借鉴多元智能理论为学生打造成才"立交桥"的论文，这是大洋彼岸的多元智能理论与我国农村中学的第一次成功的对话。

该校不仅借鉴多元智能理论构建了高中分流的体制，而且用这一理念拓宽了课程功能，他们为之创建了"大语文"、"大政治"、"大英语"和"大体育"。上述四门课程均服务于学生多元化的发展需要。例如，"大语文"是指学生将语文阅读能力的培养渗透在学生学习活动的多方面，他们每周开设了两节开放性的阅读课，学生根据兴之所至选择阅读的内容，有的阅读科学著作，有的读经济学的著作，有的阅读政治方面的著作，总之，语文阅读课不限于文学一项。该校学生主办的杂志《晨钟》，也不仅是"校园文学"的园地，而且也是"校园伦理"、"校园科学"等多种学科研究成果的展示园地，是学生多元发展的平台……诸城一中创建的"四大"课程，体现了学科课程多元化发展的特点。

该校的校园，有很高的文化品位，校园中的每一种树木旁边都立有木牌，上面用中英文书写着该植物的科目名称，同时还有中国古人描述这种植物的诗词名句。例如，竹子旁边不仅注明科属，还撰写着"未出土时已有节，到凌云处尚虚心"的诗句，激励学生们要有坚毅的气节。一进宿舍的影壁上则书写着"一屋不扫，何以扫天下?"的警语，告诫莘莘学子立定服务天下的志向，要从小事做起。……在这所学校，科学和人文是相融相通的，这恰恰是多元智能理论在高中实验的重要内容。多元智能理论创始于哈佛大学的"零点项目"，所谓"零点"，意指从零开始探究当时尚排斥在思维科学之外的艺术活动中的思维，试图打通科学思维与艺术思维的屏障。诸城一中，作为一所农村中学，在这方面带了一个好头。

2. 多元智能理论与我国"双主体育人"实验的整合

"双主体育人"是北京实验二小李烈校长倡导的教育理念，是指学生是学习性主体，老师是指导性主体，两个主体相济相成，共同发展，学生能成才，老师能发展，学校教育能成功。在这一理念指导下，该校又总结了一套有效的教学模式：课前预习，课中研讨，课后延伸。老师和学生在这个框架下成功地运作了很长一段，有许多令人惊异的创造。例如，我国的语文课，在20世纪末备受谴责，改革的难度很大，一直没有突破性的进展。不想，实验二小却在"双主体育人"的理念下，使语文课率先突破了"以词解词""以文解文"的窠臼。老师鼓励学生用自己最擅长的方法表达自己对课文的理解，这样一来，具有不同学习风格的每个学生，都可以用适合自己的学习方式进行学习，更可以用自己的特长来展示自己对课文的理解。每个学生的展示，大大丰富了集体教学的内容，开阔了全体学生的视野，活跃了他们的思维。现以一年级《大海》为例。这篇课文只有四句，分别形容海水、浪花、沙滩和贝壳。预习时，老师要求学生独立理解课文，准备提出自己不懂的问题和做好用自己喜欢的方式表达对课文的理解。上课时，学生先质疑和研讨，在释疑之后，老师要求学生用各种方法表达自己对课文的理解，有的学生结合自己到大海旅游的经历阐述对课文的理解，既锻炼了学生语言表达的能力，还将学生的体验融入对课文的理解之中。最有意思的是，有位学生很擅长电脑绘画，他积极要求老师让他用电脑即兴给同学们画一幅画，表达他对课文的理解。结果，画得十分精彩，成功地体现了课文所描写的大海景观。这不仅展示了该生杰出的美术才能，同时，也表明他对课文的理解是深刻的。因为他能将自己的理解“迁移”，用美术的符号进行表达，而且能够转化成一幅由他创造的画，说明他对语言的理解具有再造想像的能力。这恰恰是语文课追求的境界。实验二小的课，帮助孩子们实现了语文教学的理想目标。同时，也体现了“用多元智能来教”开发学生潜能的理念。

数学课也是这样。例如，百以内的加减法，新课程标准要求学生有一定的运算速度。有的学校经常采用机械速算的方法，十分钟要求学生计算 100 道题，几乎天天 100 道题，学生在这种“大计量”的运算中，变得像机器人一样，很容易丧失学习兴趣。加之一年级小学生手腕的小肌肉群尚未发育好，写数字比较艰难，往往会算，但不一定算得快，致使速算时孩子们容易紧张，效果不理想，弄不好还会挫伤学生学习的积极性。北京实验二小却不然，李烈校长本人就是数学特级教师，深知百以内的加减法，关键在于学好“补数”。课堂上孩子们借用中国古人“猜拳”的方法，一人在前面出手，大家在座位上用手像“划拳”一样，一边喊，一边出手，表示补数，同时得出加数。课堂里只听见：“我出 8”，“我出 2，2 加 8 一个 10”……极其热烈，孩子们兴奋地争先恐后地竞猜，百以内的补数自然记住了，而且运算速度也很快。这显然是将数学—逻辑智能的表达方式，转化成肢体—运动智能和语言智能的表达方式，机械的运算活起来了。对于孩子来说，这种教学方法，与游戏无差，兴趣当然很高，一节课很快就结束了。

北京市实验二小的老师虽然事先没有专门学习过“用多元智能来教”的模式，但是，在“双主体育人”理念的指导下，老师们十分关注学生特点各异的有效学习方式，尽其所能地创造条件让学生用他们最喜欢的方式进行学习，并努力提高自身多样化的授课能力。经过长期的实践，形成了“训练有素的行为”。一次，有位老师设计的题为“保护有益动物”的思想品德课，按照加德纳原来提出的七种智能，也可以说成是“7 合 1”的教学策略，不仅希望课堂教学情趣有致，适应不同学生的学习风格，更希望能够达到“深刻理解”的目的，这就是“神”之所在。例如，经过各类活动之后，学生从不同角度理解了什么是有益动物，为什么要保护有益动物，应该以怎样的情感和态度对待有益动物。这些知识的获得不是仅仅从老师讲述中“听”来的，学生的感受必然具有丰富性，这种对知识的理解，当然比单纯以一种方式（如听）理解要深刻。而且，不同视角研讨一个重要概念，往往能够引发学生的“头脑风暴”。就以“保护有益动物”这课为例，学生竟然在“实话实说”一项活动中，提出了令老师和同学们都吃惊的问题。一位同学问：患口蹄疫的动物该不该杀？另一位同学问：既然将鸟放飞蓝天值得赞美，那为什么不将动物园里鸣禽馆中的鸟放飞？经过研讨，大大深化了学生对保护有益动物的理解，思维方法也更趋辩证。

北京实验二小这堂课的模式，在2001年借鉴多元智能理论开展实践研究的开题会上就展示了。人们十分惊讶，为什么这一项目的研究起点这么高呢？回答只有一个，那就是运用了“整合”成功经验的思路，使产生于西方的多元智能理论以较快的速度与我国的教学实践沟通了。

除此之外，北京市丰台区实验中学有位老师的外语课，很长一段时间就是采用以问题解决为中心，用英语开展多种形式的交际活动，经常采用多样化的形式教学，教学效果一直不错，只是与我国传统外语的教学规范不尽相同，人们不清楚为什么不尽合乎教学规定的教学，却能够使学生获得较好的成绩呢？开展借鉴多元智能理论实践研究之后，经由研讨，教育界的同仁们从理论上总结了这位老师取得教学成功的原因，使大家认识到多元情境化教学（诸如“8合1”之类），既可以激情激趣，又便于调动不同类型学生的学习积极性，更可以使外语生活化，当然能够受到学生的欢迎并取得较好的教学效果。运用多元智能理论进行教学整合，起到了提升教学创新价值的作用。

借鉴多元智能理论注意整合原有的教学经验，其作用就在于，帮助老师们从理论上深刻理解“成功”，认识它的普遍意义，只有将“成功”理性化，它才能成为继续攀登的基石；才能成为群体共享的思想资源，成为学校文化的一部分。

第四节　大陆初显“多元智能热”及对其的“冷思考”

1999年《多元智能》一书，是由一个非教育领域的出版社——新华出版社出版，多少也透露出一点信息，在20世纪末，人们对多元智能理论的热情还不很高。1999年全国教育工作会议的召开，全面推行素质教育决定的公布，对多元智能理论的需求大增。2000年开始，市场上出现了许多多元智能的玩具、学具和儿童书籍，各地以多元智能为名的培训班也纷纷开办。究竟这些打着多元智能旗号的活动，是否真是多元智能理论的实践，实在很难说。我们仅就能力所及，对有关多元智能理论的教育论著进行初步的分析。千禧年之后，关于多元智能理论译著、论著大量出版，教育期刊登载有关多元智能的文章大幅度增加，从这个侧面可谓初显“多元智能热”。对于这一“热”需要进行分析，简而言之谓“冷”思考，尽力总结一些符合我国教育实际需要的成功的经验。

一、多元智能理论译著争相出版

（一）《多彩光谱丛书——多元智能的理论与实践》

这套丛书是哈佛大学“零点项目”研究的重要成果。包括：让每个儿童在自己强项的基础上发展；多元智能理论与儿童学习活动、多元智能理论与学前儿童能力评价。其中《多元智能理论与儿童学习活动》一书，为美国教育专家陈杰琦、艾斯贝格和克瑞克维斯基著，2002年5月经由何敏和李季湄翻译，北京师范大学出版社正式出版。其中《多元智能理论与学前儿童能力评价》一书，则为克瑞克维斯基著，由李季湄和方钧君译，于当年9月由北京师范大学出版社出版。译者在序言中介绍了多彩光谱项目，指出该项目的名称"象征着每个儿童智能、风格、潜能所表现出的广泛多样性。该项目从1984年开始，历时9年，它致力于将美国图费兹大学费尔德曼教授的非普遍性发展理论和哈佛大学加登纳（即加德纳）教授的多元智能理论运用到教育实践中去，开发一套与传统的标准化测试不同的、与多元智能理论相适应的儿童评估工具和发展儿童多元智能的活动系列。"丛书序还概括了多元智能理论对传统智能观发起挑战的主要内容，"比如，为何智商可以预测儿童在学校的学习成绩，却难以预测人在社会中是否能有所成就？跨文化研究的结果表明，智力的发展和表现都因文化而异，那么无视文化差异的智力评价标准是否合理？智力的判断是否应当考虑个人也考虑社会和文化？从个体发展史看，皮亚杰的四个发展阶段是以儿童数理—逻辑思维为关注对象的，但这些发展阶段是否也适用于儿童在非数理—逻辑思维领域里的发展？不同的知识领域使用不同的符号系统，需要不同的操作机制。……这些不同领域的学习是否可以相互迁移？如果答案是否定的，那么一个统一的智商是否能准确表达个人的智力？等等"。译者在介绍这两本书共同的理论基础之后，进一步阐述了该书所展示的多彩光谱学校或教室的典型特征。《多元智能理论与儿童学习活动》一书，提供了8个领域的100多个活动，而且在每一个领域的活动前面都列出了决定成功的"关键能力"，尤为可贵的是这些关键能力都是经过实验研究、文献查阅或与专家商讨而确定的。这对于我们培养学生的基本能力，极富启发意义。《多元智能理论与学前儿童能力评价》一书，设计了一套依据新型智能发展观，发现儿童智能多样性的评估方法。"这套方法和评估材料的特点是：它用一系列涵盖各个领域的、与儿童日常生活联系的学习活动，让儿童真实地完成任务，在此过程中来识别和培养儿童"。这种更具自然的评估方式，有助于教师了解儿童不同于他人的能力和个性化的学习方式，从而成为教育改革的有力工具。此外，该书还在实验观察的基础上列出了一张"活动风格检表"，以反映儿童在某一领域中与材料的互动方式和个性特点，为教师进行个别化教育提供了科学的依据。总之，多彩光谱丛书，不仅从观念上为我们落实素质教育，给予了诸多的启示，而且，提供了许多富有创意的经验和策略，具有很强的可操作性。它们的基本思路，不仅实用于学前教育，对其他学段的教育，也很有借鉴价值。

（二）《多元智能与学习风格》

《多元智能与学习风格》是美国哈维·席尔瓦、理查德·斯特朗、马修·佩里尼所著。这是一本将多元智能理论应用于教学领域的重要著作，在台湾，是由田耐青翻译，于2002年由远流出版社出版；在大陆则是于2003年由张玲翻译，由教育科学出版社正式出版。该书在介绍霍华德·加德纳的多元智能理论的基础上，引导读者用席尔瓦—斯特朗“多元智能指标”进行自我评价，为教师提供了将多元智能应用于课堂的方法示范，并使教师能够分析在课堂上所用到的智能类型。进而介绍了卡尔·荣格的心理类型说，引导教育者用“成人学习风格调查表”进行自我评价，为教师提供了将学习风格应用于课堂的方法示范，并使教师能够分析在课堂上所用到的学习风格类型。该书强调整合，它首先整合了上述两种理论，阐述了基于脑科学的四项整合原则；然后又着力整合课程与整合教学。介绍了教师如何审视和重新组织课程，以适应于学习风格与多元智能理论；如何分析某种教学策略突出何种风格与智能，如何设计能够综合两种理论优势的教学单元。该书还介绍了表现性评价及其与学习风格、多元智能的关系，为教师利用评价清单进行多样化评价提供示范，并为评价有效的课堂管理提供指导。最后描述了如何整合学习风格与多元智能理论创造出“一种值得进行的考试”。介绍了为什么要教学生学习多元智能与学习风格，并提供具体方法。

如何使所有学生都达到同样高水平的学业成绩，同时又鼓励和适应学生的多样性？多元智能和学习风格，这两种有效的学习理论为我们应对这个挑战提供了最好的武器。然而，这两种理论各有优缺点，唯有将它们整合成为一个整体才能发挥最佳的作用。

（三）《课堂中的多元智能——开展以学生为中心的教学》

该书作者是美国著名教育家托马斯·阿姆斯特朗博士（Thomas Armstrong），由张咏梅、王振强等翻译，陶礼光审校，中国轻工业出版社于2003年正式出版。托马斯·阿姆斯特朗博士不仅是一位杰出的教育家，而且还是一位才华横溢的作家和演讲家，也是世界各地许多教育组织的顾问。他有28年的教学经验，包含从小学到博士的各个教育阶段。学习与发展是他的主要研究题目，相关著作的发行已逾100万册。《课堂中的多元智能》这本书是“针对在过去14年来将霍华德·加德纳的多元智能理论应用于课堂教学中的主要问题所写著作的基础上完成的。”[①] 阿姆斯特朗撰写这本书的目的在于，希望把他所知的加德纳模式，介绍给广大的教师和其他教学者。以促进教学的不断改革。为实现这一目的，他精心设计全书：

① 阿姆斯特朗．课堂中的多元智能·第二版引言．北京：中国轻工业出版社，2003.

◎ 对于不熟悉多元智能模式的读者，本书可作为多元智能理论的应用介绍。

◎ 可以作为学校中实施改革的教师和学校行政领导们的研究指南。

◎ 对于在寻找新概念以增进他们教学经验的教师和其他教学者，可以作为应变之书。

在每一章末尾设有一节“进一步研究”，书后还有附录，这些材料对深入理解模式有很大用处。

《课堂中的多元智能》在美国问世后，得到教育界的普遍关注，本书的英文版已经被翻译成法语、日语、葡萄牙语、西班牙语等 12 种语言。诚如加德纳为《课堂中的多元智能》所写“序言”的评价，这本书对多元智能理论“做了简洁而真实的说明”，而且“阿姆斯特朗在书中还加进他自己的某些精辟见解：如‘关闭经验’的概念，补充说明了约瑟夫·沃尔特（Joseph Walter）和我有关‘开启经验’（Crystallizing experience）概念”，“阿姆斯特生动地表述了有关 MI（多元智能）班级、教学步骤、课程以及评估的真实面貌。”该书体现了多元智能理论的要点——“在于考虑了不同人之间差异，他们学习方式的多样性，以及对学生评价的多种方式，包括能对这个世界造成影响的无穷多的方法。”面对多元智能理论进入课堂的理论与实践，加德纳充满信心地写道：“让 100 个 MI（多元智能）学校开花”。

我国教育专家认为，《课堂中的多元智能》中译本的问世，为广大教师提供了一条把素质教育真正引入到课堂的可借鉴之路①。

（四）《多元智能教与学的策略》

该书由美国教育专家坎贝尔、狄瑾逊等人撰著，第一版由王成全翻译，由中国轻工业出版社于 2001 年正式出版。第三版则由霍力岩、沙莉翻译，由中国轻工业出版社于 2004 年正式出版。加德纳对此书作出了高度的评价，他说：“本书从教育工作者的视角对多元智能作了极好的诠释。全书荟萃了各种有价值的课堂练习、资料、评价信息和单元知识。书中还包括新近提出的自然观察智能的充分讨论，并提出了许多有益的教学建议。”阿姆斯特朗博士称赞这本书的价值：“这是我所看过的把多元智能理论运用于教学活动的最好的书！该书组织结构简洁，内容丰富，既有理论又有应用，将实际计划和素材融为一体——是每一位教师和学校管理者必备的教学参考书，可以满足每个学生的学习需求。”以

① 梁威．课堂中的多元智能·推荐序．北京：中国轻工业出版社，2003.

上评议确非溢美之词，它既有理论，又有丰富的成功经验，可供采纳。例如，关于“视觉—空间智能”一章的教学策略，其标题是“人人都是艺术家”，简洁地表达了多元智能理论面向全体学生发展的理念，再以个案引入，即“莎拉的故事”，接着是“视觉–空间智能”的定义，然后逐一展开：“视觉–空间智能测验要点、视觉–空间智能的学习过程、创设一个视觉化的学习环境、图形呈现方式、视图化笔记和脑力激荡工具、视觉化、学习材料的视觉变化、棋类和纸牌游戏、建筑、视觉艺术、提高视觉–空间智能的技术、总结、推荐读物”等等。正当人们受到多元智能理论多方面的启示，很想将其运用到教学实践之中时，这本书被翻译出版，很多学校的老师都热情地阅读它，并尝试着运用，对多元智能理论进课堂，起到推动作用。

（五）《多元智能教学的艺术——八种教学方式》第四版

这本书是美国著名心理学家和教育家戴维·拉泽尔（David Lazear）的力作，由吕良环等翻译，中国轻工业出版社于2004年正式出版。拉泽尔在这本书中，提出了若干实用、有创意、激发学生思维的教学策略以及使课堂充满活力、用全新的方式激励和帮助学生学习的策略。他指出，我们至少需要进行三种类型的教学：

1. 为多元智能而教

即将每种智能当作一门学科来教，音乐、语言、艺术、数学计算和推理、身体运动（体育、舞蹈、戏剧）和有助于社会能够有效运作的各种社交技能。教这些学科就需要把握每种智能的发展阶段，理解围绕该学科所积淀的文化智慧、知识基础、实践方法、技能和技巧。

2. 用多元智能来教

即每种智能都可以成为获取该智能领域之外的知识手段。如运用身体动作学习单词；运用音乐教学概念等。

3. 围绕多元智能来教

拉泽尔提出了一个新概念—“元智能”即研究智能本身的智能。就元智能本身进行教学能够使学生了解他们自己所具有的多元智能，以便学会如何对多元智能进行评价和拓展，如何在日常生活中积极地运用多元智能等。

在这样一个需要教师满足学生不断增长的学习要求的时代，这本书提供了多种教学方式，使教师能够有效地与学生进行沟通，发现学生的智能优势，帮助学生利用他们的智能优势进行学习。

这本书探讨了两种多元智能理论融入到教学之中的方式：书的第一部分阐述了8合1教学（8–IN–1 Lessons）和聚集智能的教（intelligence–focused lessons）。第二部分共8章，主要探讨聚集智能的教学设计策略。此外还有附录一、附录二和附录三，其中提供了多种教学参考资料。这些资料有助于读者理解书中的教学案例，也为读者设计自己的多元智能教学计划提供了方便、实用的教学设计工具。术语表则对书中出现的部分术语进行了界定或解释。

在过去的10年多时间，拉泽尔在美国、加拿大、冰岛、澳大利亚和新西兰主持有关多元智能教学的工作室；与新加坡教育部合作长达5年时间，培训当地的教师如何把多元智能理论运用于课堂教学中。

拉泽尔指出，人们在教学中运用多元智能理论使他看到的最大变化之一是，教师和校长现在正在以不同的方式看待学生。"他们对学生、对他们自己都持有一种比较全面的观点。过去教师经常使用的标签式语言已经被弃之不用，他们现在更多地是关注为学生的学习清除障碍，而不是认为那些采用非传统的学习方式的学习者有什么过错。我们借鉴多元智能理论开展实践研究以来，与之很有同感。

（六）《发展学生的多种智力》

该书是美国教育家克里斯腾·尼卡尔森·纳尔森（Nelson.K.N）于1998年出版的一本关于多元智能理论的专著。2000年6月由陈树清翻译，云南教育出版社正式出版。全书包括导言、从多种智力起步、使用多种智力来提高教学效果、使用多种智力进行小组学习、使学习个性化的多种智力教学、使用多种智力教授读写技能、多种智力教室——主动学习的理想之地、多种智力的评估方法，总结了纳尔森把加德纳创立的理论运用于中小学校教学实际的成功经验。诚然如她在该书导言中所说，这本书在体例上不同于其他介绍多元智能理论的书籍，那些"已出版的有关多种智力的许多书籍，都分成一个个挺好挺整齐的章节，每个章节都以一种智力来命名。"她认为教学实际并不是这样简单的，"教育学生就意味着，要承认他们中间的每一个人都是独特的、复杂的和高度个性化的。"她总结的内容，更为贴近教学实际。陈树清认为："今天，在我们积极地探讨和具体落实素质教育之中，《发展学生的多种智力》这本书向我们提供了如何从学生的实际出发，采取多种不同措施，促进学生们的多种智力得以充分发展的实用性很强的方式与方法。由于作者本身从事中小学教学多年，她在本书中所讲的大多为具体的做法与切身体会，这一点对于在教学第一线的中小学教师来讲，倍感熟悉和亲切。"诚哉斯言！

除以上译著外，这两年大陆还翻译出版了有关实践多元智能理论的个案。例如，《成为一所多元智能智能学校》和《多元智能与学生成就：六所学校的成功案例》。《成为一所多元智能智能学校》是美国著名教育家托马斯·霍尔所著，由郅庭瑾译；《多元智能与学生成就：六所学校的成功案例》是美国教育专家琳达·坎贝尔和布鲁斯·坎贝尔合著，由张敏等译。这两本个案均由教育科学出版社于2003年正式出版。这些学校运用多元智能理论进行教育改革，历时都有5至10年。他们的成功经验告诉我们，多元智能理论有效地改变了教师们的教育观念、教学环境、课程设置以及评估方式，并且能够不同程度地提高学生的学习成绩，对于刚刚进入多元智能实践研究的我们，无疑具有深刻的启迪作用。

上述译著，既有加德纳本人关于多元智能理论的重要论述，又有关于多元智能理论应用的著作，还有典型案例，从理论与操作两个层面上，对大陆的教育工作者借鉴多元智能理论，起到明显的、积极作用。新近，关于多元智能理论的译著，仍在不断涌现，“多元智能热”还在升温。

二、我国教育专家关于多元智能的论著相继出版

2003年，是大陆教育专家关于多元智能论著大量问世的一年。这一时期的著作大部分都是介绍多元智能理论的，只有一小部分是在借鉴多元智能理论实践研究基础上、结合我国教育“国情”撰写的论著。

（一）系统介绍多元智能理论的著作

2003年1月霍力岩编写的《多元智力理论与多元智力课程研究》由教育科学出版社正式出版。该书用很大篇幅介绍了多元智力理论：阐述了多元智力理论产生的时代背景与理论背景；多元智力开发理论的基本内容（智力的含义与结构以及筛选智力的主要依据）；多元智力理论的主要含义与积极意义。该书的第二部分阐述了多元智力理论关于课程的研究，其中有光谱方案、新汇流课程方案、艺术推进方案；在此基础上列举了若干个案，例如有奇异学校、新城市学校、欧汉森小学、库克小学以及台湾的镜和中学等。该书的第三部分是在比较中认识多元智力理论与课程，阐述了多元智力课程理论的主要启示及对作者引发的思考，并对21世纪教师的形象，发表了自己的见解。

《多元智能理论解读》是钟祖荣与伍芳辉合著，由开明出版社于2003年10月正式出版。全书共分7章，即多元智能理论的形成，多元智能理论的主要内容，8种智能的阐释，多元智能理论与教育观念的变革，多元智能理论与教学改革，多元智能理论与评价改革，多元智能理论与学校发展和教师发展。该书既是作者对多元智能理论读后的解释，更是他们多次举办多元智能讲座的产物，固有较强的现实针对性，比众多翻译书籍更为简明通俗。作为一部普及多元智能理论的培训用教材，出版之后业已发挥了梳理多元智能理论的脉络、促进教育观念转变和普通学校及其广大教师发展的积极作用，从而受到广大教育工作者的欢迎。

（二）借鉴多元智能理论开展实践研究的初步成果

《多元智能：理论、方法与实践》是吴志宏主编的力作，以华东师范大学教育学院为中心，借鉴多元智能理论实践研究的初步成果，上海出版社于2003年3月正式出版。该

书凝结着研究者创造的心血，展示了他们的智慧与经验。全书分为三个部分，每一篇都提炼了鲜明的研究与实践的理念。特引录如下：

理论篇——研究理念：追求有智慧的教育，倡导个性化的学习。

实验宗旨：让课堂更有活力，让孩子更加聪明，让发展更为全面，让教学更富创意。

行动纲领：多元个性、互动、反思。

实施准则：人人都有智能长项，个个都有发展潜力。

评价准则：确立多元多维的标准，立足问题情景的评价。

方法篇——通反省意识自我世界，借助他人获得内在领悟。在了解中沟通，在理解中合作。聆听音乐，欣赏音乐，创作音乐。用心灵的眼睛感受空间，用内在的视觉描绘世界。通过肌肉增进记忆，运用身体体验知识。数学源于生活，推理需要逻辑。创设丰富的语言交流环境，发展有效的听说读写技能。

实践篇

上篇课堂实录及其评析

每堂课培养多种智能，每种智能通过多门学科培养。教师用多种方式呈现信息，学生从多种渠道取得成功。

用动作表达，用身体说话。由假设至结论，科学的探究；从部分到系统，整合的思索。

用言语思维，用语言表达。

下篇教师研究心得

特定情景下考察智能，解决问题中发展智能。反思过去的经验，认识自己的强项。我有我的智能强项，你有你的发展空间。认识自我，发展自我，超越自我。尊重差异，培养多元观点；解决冲突，发展社交技巧。

上述理念的提炼，深深刻上了实践研究的印记，既是实践者促进教育观念转变的记录，又将启迪借鉴多元智能理论的后来人。将多元智能理论八项智能内容，转化为改进教学的方法，很有理论见地，这是“用多元智能来教”的体现，与有的实践者将多元智能目标化，迥然有别，既符合加德纳本人的原意，也强化了多元智能理论的操作性，这正是“多元智能理论进课堂”的需要。特别是，实践研究的关键在于激活教师的创造潜能，使他们乐教、会教，该书总结了教师借鉴多元智能理论的体会，总结了他们的初步经验，使我们已经可以领略到多元智能理论受到实际工作者欢迎的原因，值得理论工作者深长思之。

《多元智能与教学策略》由梅汝莉主编。它是“借鉴多元智能理论开发学生潜能实践研究”课题的成果之一。近年，关于多元智能理论的书籍，不断介绍到国内来，其中也不乏有关教学策略的论著。康贝尔（Campbell）等人撰写的《多元智能教与学的策略》，就是一部代表作，现已印制了第三版。这部著作的特点是以8种智能为基本框架，阐述开发这些智能的教学策略。虽然有许多策略对我们很有启发，但是，与我国基础教育的教学实际却不尽适应。我国基础教育的教学，是以课堂教学为中心的，设有具体的课程，如果不能与课程相结合，特别是如果不能与学科课程相结合，多元智能理论不能进课堂，那就很难发挥实效。我国全面推行素质教育的经验和教训告诫人们，要使素质教育落到实处，非进课堂不可。这也启发我们在借鉴多元智能理论时，不断寻找多元智能理论与我国基础教育的结合点，与课程改革的结合点，特别注意将其与课堂教学相结合。这就要求我们借鉴多元智能理论时，必须“以我为主”地进行选择，甚至进行合理地改造。经过几年来的实践研究，我们初步探讨了该理论与中国中小学校课堂教学的六个结合点：

1. 多元智能理论对教学目标决策的启示

论及教学目标必然涉及两方面的内容：一是制约教学目标决策的培养目标；二是直接的教学目标。多元智能理论在反思传统培养目标的基础上，创建了面向现代多元化社会实际的、也是面向学生未来发展的、开放性的和开发性的教育目标，以培养具有独特个性的创造性人才。为了实现这一培养目标，加德纳曾明确提出以“深刻理解并学以致用”为直接的教育目的，即教学目标。希图将知识的传授与能力的培养，统一在整个教学过程之中。多元智能理论构建的教学目标，正适应了社会发展的需要，具有强烈的时代精神。我国新一轮的课程改革，正在构建新型的教学目标，多元智能理论追求的教学目标，对我们进行教学目标的决策，无论从内涵上，还是从方法论上都有很多富有价值的启发。

2. 多元智能课程建设的实践研究

它包括多元智能理论的课程观，所创建的主要的课程类型及其对课程资源的开发等内容。加德纳清醒地意识到，教育改革的成功，课程改革，居于举足轻重的地位。他认为应该“密切注意课程发展的趋势”①，并指出：“教育不仅只是教与学，还要决定该教什么、如何教、为什么要教与学?”② 即应当认真而审慎地创设课程。加德纳提出的“少就是多”的课程设置原则，与知识爆炸时代对课程改革的紧迫要求是一致的。“零点项目”关于《多彩光谱》课程，不仅对学前教育的课程设置具有积极意义，而且对我国初等教育的课程改革同样具有积极意义；多元智能理论的《学校实用智能》对我们初中学校甚至高中学校提高教学质量也很有启发作用；至于多元智能理论在高中推行的“艺术推进项目”，我们着力借鉴来改进我国高中过于偏重数理化知识的传授，忽视学生人文情怀培养的弊端。

---

① 加德纳著，鲁燕萍译．学习的纪律．台湾：台湾商务印书馆股份有限公司，2000.64.
② 加德纳著，鲁燕萍译．学习的纪律．台湾：台湾商务印书馆股份有限公司，2000.95.

总之，多元智能理论的课程策略，几乎覆盖了基础教育的各个学段，将其与我国的教学实际结合，对于不同学段的课程改革，不无借鉴作用。

3. *是发展智能强项为主，改善智能弱项为辅的教学策略*

因材施教，对中国来说并不陌生，孔夫子在两千年前就创立了这一重要的教学原则，而且取得了卓著的成就。就其实施情况而论，孔夫子的因材施教包括两大内容：其一是各因其材，即从学生的实际出发施教，以达成原定的教学目标；其二是各尽其材，即尽其所能地发展学生的优势，使他们能够成为某方面的杰出人才，他曾为实现这一目标设置四科施教，培养造就了驰骋春秋战国时期政治学术舞台的大批人才。但是，中国确立近代教育制度之后，个别教育被班级授课制所取代，孔夫子倡导的因材施教几乎丧失了存在的土壤。不过，我国的学校教育仍然注重因材施教，只是这时的因材施教远不是孔夫子倡导的内容了。我国著名教育家陈元辉先生曾经说过，在统一的教学目标下的因材施教，犹如在桌子底下踢毽子，桌子有多高，毽子就只能踢多高，各尽其材没有提到教育的议事日程上来。今天，随着多元化社会的到来，多元智能理论充分论证了人与人之间的差别，使因材施教原则能够建立在现代科学的基础之上。就教学策略而言，多元智能理论强调发展人的智能强项，在某种条件下可以以长补短，在另一种条件下则应该以长避短。我们在借鉴多元智能理论的实践中，从中国现有国情出发；认为对大多数学校来说，主要应该选择以“发展智能强项为主，改善智能弱项为辅的教学策略”，也就是“扬长补短”或“扬长避短”。

4. *多元智能理论将真正理解并学以致用视为教育的直接目的*

但是，怎么才能正确理解这个瞬息万变的世界呢？它认为：“多元化的心智应该从多元化的角度了解这个世界。”[①] 换句话说，每个人拥有的多元智能既是教育的内容，更是教育用以沟通学生与现实世界的津梁、渠道和手段。简而言之则是既可以“为多元智能而教”，更可以“用多元智能来教”。这就为构建多元情境化的教学策略，提供了新的思路。那么，引领我们构建多元情境化的教学策略有哪些内容呢？其一，多元智能深化了实施这一教学策略的理论依据，使我们能够更为理性地构建这一教学策略。其二，多元智能理论给多元情境化教学功能进行了全面的定位。其三，多元智能理论提出了构建多元情境化教学策略的基本原则。学习和掌握有关功能与原则的论述，就有可能使我们能够超越传统情境化教学肤浅、低效的“花架子”误区。其四，本章概括阐述了我国在课程改革实践中尝试创建的“用多元智能来教”的教学方法和教学模式。应当指出，随着实践研究的深入，我们现已将“多元情境化的教学策略”，增加了“互动”的内容，因为没有“互动”，不可能有真正的多元情境化的教学。至于如何理解“互动”，怎样保证“互动”的有效性，我们将另文阐述。

---

① 加德纳著，鲁燕萍译．学习的纪律．台湾：台湾商务印书馆股份有限公司，2000.284.

5．“如何思考”及以问题为导向的教学策略

多元智能理论为达成真正理解并学以致用的教学目的，要求教学活动指导学生学会思考，借以提高他们的理解能力。以问题为导向的教学策略正是促进学生学会思考的重要策略之一。我们通常认为“深刻理解”某门学科，就是对该学科体系谙熟在胸。多元智能理论所谓的“深刻理解”并不尽然。而是以“如何思考”和“如何解决问题”作为深刻理解的重要标志。就我国基础教育的教学而言，似乎经历了“三部曲”：第一部是关照学生“知道什么”，第二部是关照学生“思考什么”，第三部则是多元智能理论倡导的“如何思考”。前两部，都是注重知识的结论，而“如何思考”才是对学生思维过程的指导，这恰恰是我们特别需要注意和改进之处。如何引导学生学会思考呢，以问题为导向，是一个不可或缺的策略。该书有幸借鉴了美国亚利桑那大学梅克教授的多元智能问题连续体，它使我们有可能建立以培养能力为核心、以问题为导向的教学和评价模式。

6．多元多维评价

它是多元智能理论的中心内容之一，是其引领教学改革的“杠杆”。该书讨论的评价，属于微观的教育评价范畴，即以学生发展为对象的教育评价。它在多元智能评价与传统评价简略比较的基础上，阐述了其实施评价的原则与手段。对于与教学关系密切的学业评价工具——专题作业、过程作品集和学习档案等评价工具，则介绍了它的基本模式和要点。多元智能理论还赋予评价学生多元智能状况及其发展的任务，并且探索了一些可供操作的方法，这些内容尚处于比较稚嫩的阶段，尚未列为“借鉴多元智能理论开发学生潜能实践研究”课题的主要内容。当前借鉴多元智能理论的评价实践，侧重在如何促进学生发展的研究上，初步试行的是多元多维的学业评价与非正式的评价。取得一定成效的则是问题连续体设计的关于能力发展为中心的评价，它对改进教学设计也发挥了重要的作用。

三、教育期刊关于多元智能的文章大幅度增加

（一）《人民教育》发表了《多元智能理论二十年》

2003年在研究和实践多元智能理论的热潮中，有一个引人注目的事情，那就是《人民教育》杂志全文发表了加德纳在美国教育研究协会上发表的演讲——《多元智能理论二十年》。这不仅因为文章的发表打破了《人民教育》杂志的常规，表现了前所未有的开放程度，更因为这篇文章透露了关于多元智能理论研究的重要信息，足以启发人们对这一理论的深入思考。

1．进一步揭示了多元智能理论的科学依据

诚如加德纳本人所言，“在20世纪80年代初期，来自遗传心理学和进化心理学的可靠证据很少”，因此，他提出的多元智能理论，有着明显的人为推理的痕迹。众所周知，

恰恰是这些“人为的痕迹”，使不少心理学研究者怀疑该理论的科学性。令人欣慰的是“20年来，大量来自于神经心理学研究的有力证据表明，的确存在着不同的智能。这些证据对于证明多元智能理论的正确性，是非常有力的。”

多元智能理论的科学性能够获得进一步的证明，这与它创始人的科学造诣直接有关。加德纳在这篇文章中，再一次阐述了他个人其所以能够创立多元智能理论的缘由：其一，他原本是一位酷爱音乐的人，对艺术始终情有独钟，使他对艺术领域运用思维的特点，有较深刻的体验。当他学习发展心理学和认知心理学时，很快就“发现它们基本上不涉及艺术”，这使他敏感到现存发展心理学和认知心理学明显的缺憾。其二，也是最重要的原因，那就是他具有神经心理学抑或脑科学方面的深厚修养。据他本人说，他在即将结束博士研究生学业的时候，接触到“诺曼·格斯温德（Norman Geschwind）的神经学研究领域”，继之师从诺曼·格斯温德，攻读博士后，并就此“开始了20年神经心理学领域的工作，试图理解人类能力反映在大脑中是如何组合的。”在创立多元智能理论之前，加德纳已经于1975年出版了《受损害的智能》（Shattered Mind）一书，“记录了大脑的不同部位是怎样承担不同的认知功能的”。后来，他又打算写另一本书，描述人类不同能力的心理学，也就是“颅相学”的现代版本。1976年，加德纳已经列出了该书的提纲，暂定名为《智能的种类》（Kind of Minds）。这本书虽然至今没有问世，但却是多元智能理论创立的标志性著作《智能的结构》（Frames of Mind）的前身。多元智能理论创立之后，尽管“脑科学和遗传学方面的知识，以爆炸般的速度增长着”，加德纳始终以最大的努力“追踪以上领域的接连不断的新发现”，使他更为确信自己研究的科学性。加德纳回忆了多元智能理论的研究过程，向人们再现了建构这一理论的科学精神，他说：“由于伯纳德·凡·李尔基金会的支持，使我能够在许多年轻同事的协助下，进行广泛的研究。我将它看成人生的一个机遇，把过去我和其他人对于不同群体认知能力的观察发现和研究成果，加以总结和归纳。其中包括对正常的和天资聪颖的儿童认知能力发展的研究，以及对脑损伤病人认知能力受损情况的调查。我曾经每天上午研究脑伤病人，下午研究认知发展。按照当时的日记，我试图将这两种研究的结果综合起来。我的同事和我搜集了大脑研究、基因学、人类学、心理学的文献资料，努力寻求最理想的人类能力的分类法。”从加德纳和他的合作者所涉猎的情况，不难发现，多元智能理论在其孕育过程中，就具有现代科学的重要特征——高度的综合性，致使它大大超越了以往学科“边界清晰”的窠臼，这恐怕正是人们经常怀疑其科学性的又一缘由。但是，可能正是这一点，使多元智能理论获得了开拓21世纪新科学所必须具有的重要品格——跨学科的综合性，这不能不引起我们高度的重视，更应当引起仅以近代实证分解科学为基础的某些心理学理论的认真思考。

2. 进一步重申了多元智能理论的本质特征

加德纳在文章中意味深长地说：“我决定将人类的这些能力（Faculty）命名为智能而

不是能力或者天赋。表面上看起来只是一个较小的词汇的替代，但却非常重要。我坚信，如果我写一本名为《七种天分》的书，它不可能像《智能的结构》一样得到如此广泛的关注。”又说：“你们可以发现，我在许多书的标题中，用了“Minds”这个词。”显然，加德纳提出的“智能”是一个界乎于“天赋”与现实“能力”之间的东西，那是什么呢？就我们现有的常识可知，应当将其称为“潜能”，即是在先天禀赋基础之上、后天环境作用之下的、人的发展的可能性。就此，我们是否可以认为多元智能理论是以人类潜能为主要研究对象的智能理论呢？要想使受教育的个体形成有价值的能力，既离不开人的“禀赋”，更有赖于人的“潜能”，恰恰是“潜能”搭建了从“禀赋”到“能力”（或素养）的津梁。

人的多元智能是怎样表现的呢？这又是一个无法回避的问题。

加德纳从人类这一“种群”出发，指出“我们人类拥有一组相对独立的智能”，所谓“一组”，就不是单一的，而是多元的。他认为只有突破仅将数学—逻辑智能和语言智能视为智能的局限，才可能“实现对人类个体的完整的评价”。多元智能的共同性，是就人类“种群”的角度说的，即“我们所有的人都拥有这些智能”，而不是传统心理学所说的“一般智力”。至于人类的个体，尽管所有的人都拥有多元的智能，但是，由于“遗传和生活经历上的差异”，其“智能的强项和弱项的剖面”却是“不一样”的。加德纳明确而肯定地说：“人类的大脑和人类的心理是具有高度差异的实体”，“人类的心理和大脑由很多部位、器官和智能组成，它们中的每一个都按照自己的规则相对独立地运作”。据此，我们似可认为多元智能理论是一个以差异为特征的潜质理论。

3. 回顾了多元智能理论在教育上的运用

加德纳指出：“这个心理学理论并不能导出直接的教育含义。但是如果人类个体的智能层面不同，利用此理论设计一种教育体系，还是有意义的。”他自己曾积极投身于教育改革，在文章中回顾了多元智能理论创立以来，在学校教育中所开展的重要实验，例如，“多彩光谱”项目，“学校实用智能”研究以及在高中阶段开展的“艺术推进项目”等等。

加德纳对教育界运用多元智能理论的实践予以充分肯定，但是，他也指出：多元智能理论，“不应该是也绝不是教育的目标。教育目标必须反映出人类自身的价值观，而这价值观绝不可能简单地来自于科学理论。一旦人们思考自身的教育价值观念，并且表明了自身的教育目标，则我们假定的多元智能的存在，就能提供极大的帮助。如果你的教育目标包含对学科的理解，这种帮助尤其明显。在这样的情况下，调动我们确定的数种智能，帮助你实现那个崇高的目标，是完全有可能的。”这是一个很有价值的忠告，对我们当前借鉴多元智能理论改革课堂教学的实践研究，具有直接的启示意义。

最后，加德纳对多元智能理论的发展，同时也是对人类对智能的研究，提出了许多富有创意的设想和建议。

《多元智能理论二十年》一文在《人民教育》杂志上发表，是中国大陆教育界与加德纳广泛而直接沟通的标志，意味着这一研究将以更大的力度发展。

（二）其他教育刊物关于多元智能理论的文章大幅度增加

据称《中国期刊全文数据库（CJFD）》是世界上最大的连续动态更新的中国期刊全文数据库。我们连续三次查阅该数据库全国重要期刊、从1994年至2003年12月以来发表的有关多元智能的文章，经整理，共有121篇。千禧年之前只记载了一篇文章，发表在《上海高教研究》1997年第8期上，题为《多元智能论的启迪》。2000年发表了4篇，2001年发表了11篇，2002年发表了45篇，2003年发表了60篇：呈明显上升趋势。

121篇文章中，借鉴多元智能理论进行课程改革、教学设计以及学科教学的约占35%，居第一位；借鉴多元智能理论阐释“三个面向”，特别是素质教育和教育改革的文章约占18%，居第二位；借鉴多元智能理论进行教育评价改革的文章，约占14%，居第三位；借鉴多元智能理论阐述新型学生观和学生教育的文章，与评述多元智能理论的文章均为9%，并列第四位。此外，发表的文章还涉及教师专业化、职业教育、幼儿教育、特殊教育、高等教育、学校文化建设、学校德育、家庭教育等内容，几乎覆盖18个领域的教育问题，足见千禧年来，多元智能理论引起了我国教育界的普遍关注。这种现象似可称为“多元智能热”了。

上述教育期刊表现的“多元智能热”，有一明显的特点，就是学校领导、教师等实际工作者的文章，比以往有所增加。这也从一个侧面显示了大陆借鉴多元智能理论研究，是以实践研究为重点的。关于智能本身的理论研究，发表的文章中影响较大的力作当数杨雄里院士于2002年在《教育理论与实践》刊物第二期上发表的《脑科学和素质教育刍议》，从“脑科学”和“素质教育”两个层面上对世界智能研究的趋向进行了概括，对多元智能理论的诸多观点给予了分析和肯定。在一定程度上，为借鉴多元智能理论开展实践研究提供了理论依据。

四、大陆第一次召开以多元智能为主题的国际研讨会

2002年8月16日－18日在北京召开了“多元智能开发与评价”的国际研讨会，这是我国首次以多元智能理论为主题召开的国际研讨会。

此次国际研讨会，既是中国教育学会“十五”教育科研规划重点课题“借鉴多元智能理论、开发学生潜能实践研究”暨DIC国际合作项目第二次学术年会，也是一次国际学术交流会。原国家教育部副部长柳斌在会上致辞，再次表达了对中国基础教育改革的期盼。教育家陶西平在大会上做了“借鉴多元智能理论，促进学生潜能开发”的主题报告；北京教育学院梅汝莉教授以“多元智能与中国基础教育改革”为题，汇报了近年来实践研究的基本情况，总

结了初步的经验;原国家教育部专职委员和副总督学郭福昌作了大会总结报告。本次会议特聘中国教育学会会长、教育学家顾明远和世界心理学联合会副会长、心理学家张厚粲对多元智能理论的实践研究,进行了学术点评,大家反映受益匪浅。

这次会议有来自美国、加拿大、葡萄牙以及台湾地区的专家学者,还有来自全国13个省市120个单位的374位代表,可谓盛况空前!这次国际研讨会是围绕三方面内容展开的:其一,介绍国外和境外多元智能理论的最新研究成果;其二,总结两年来大陆借鉴多元智能理论开展实践研究的基本情况与经验;其三,展示交流各实验区和项目学校的研究经验。

(一)介绍国外和境外多元智能理论的最新研究成果

1. 介绍多元智能理论及其智能档案夹:进入学习者内心世界的窗口

大会特邀美国哈佛大学教育研究生院 Evangeline Harris Stefanakis 教授(中文名字为依文杰),她以“介绍多元智能理论及其智能档案夹:进入学习者内心世界的窗口”为题,阐述了多元智能理论及其评价。她明确指出:“多元智能是适用于个体学习者的理论”,阐述了多元智能的评价,指出这一理论可以帮助教师“运用来了解每一个学生”,要求教师“彻底改变学习和评估的观念”,“从‘谁聪明’变成‘每个学生在哪些方面聪明?’”。她认为“评估的意思是‘坐在正在学习的学生旁边,推断他的多元智能’”。继而,她介绍了智能档案夹,阐述了它的独特作用,指出建立智能档案夹要求改变老师与学生的关系,老师必须由站在学生的对面或高高在上,转到坐在学生的旁边,直接观察学生们独特的学习方式。对于依文杰的报告,与会者开展了讨论,认为“坐在学生旁边”的理念,旨在实现个性化的教育,但是,在人数众多的班级授课制条件下,如何将集体教学与个性化教学相结合,仍然是一个需要从中国国情出发进行深入研究的问题。

2. 多元智能在课堂

美国著名教育家托马斯·阿姆斯特朗(Thomas Leigh Armstrong)就《课堂中的多元智能》做了精彩的报告。阿姆斯特朗在大会上现身说法,以物理学中的波义耳定律为例,运用8种智能作为教学的切入点设计教学,从而达到了深刻理解的目的,给与会者留下了深刻的印象。波义耳定律是物理教学中的经典定律,传统教学主要采用两种方式进行表达,一种是用数学—逻辑智能的表达方式,一种是语言智能的表达方式。运用数学—逻辑智能的方式表达,即“$P\times V=K$”,其中P代表压力,V代表体积,K代表衡量(衡量中包括恒定的质量和温度)。众所周知,运用这种表达方法,可以进行必要的计算,以解决各种实际问题,十分有价值,所以是我们中学物理教学必不可少的表达方式。此外,人们还常用语言智能的表达方式,那么波义耳定律就是“具有恒定质量和温度的气体,其压力与体积成反比。”这种解释也十分清晰。以上两种表达方式,是我们熟悉的传统的表达方式。

但是，难道只能用这两种方式阐述波义耳定律吗？这样的表述适合每一个学生吗？特别是，这样的理解深刻吗？阿姆斯特朗继之又用其他智能的表达方式解释了该定律，他的发言生动地展示了"用多元智能来教"的教学设计，加德纳提出的8种智能成为可供教学采用的多个"切入点"，这种教学策略，不仅能够帮助具有不同类型学习风格的学生，特别是不太适应语言及数学表达方式进行学习的学生，使他们能够成为有效的学习者。而且，更为重要的是"用多元智能来教"还可以帮助学生提高思维能力，使他们学会多视角地思考问题，达到深刻理解的目的。这对即将服务于多元化社会的学生来说，都是亟待学会的一种思维方式。阿姆斯特朗的发言在很大程度上，启动了我们对"多元互动情境化"教学模式的探索。

3. 多元智能的问题连续体

美国亚利桑那大学DISCOVER项目负责人琼·梅克（June·Maker）教授，在大会上报告了"问题连续体"研究的发展。她回顾了创建该理论的历程，指出最初他们是针对七种多元智能提出了关于问题解决活动的结构，并发现被实验的人在每一项智能上都能展现出核心能力，而且思维过程与众不同，并开始认识到解决问题策略的重要，认识到多元智能理论是将创造性视为智能整体的一部分。他们力求将上述思想变成能够实际操作的工作，这便创建了多元智能的"问题连续体"。这个连续体，经过15年的实验，创立了以培养和评价学生能力特别是创造能力为目的的模式。这个连续体以"问题定义"为中心，以"方法"为中介，以"答案"为结果。根据问题解决的情境进行分类，标示着学生能力发展的不同水平，从而构建了五个层次的问题类型，称为"问题连续体"。这个"问题连续体"既称为多元智能的"问题连续体"，也可以称为DISCOVER的"问题连续体"。

梅克的研究是在Guetzals & Csikszentmihalyi研究的基础上发展的，原来只有三类问题，她补充了第三和第四类问题，形成了五个发展层次，大致如下表（见表1-2）所示：

表1-2　问题连续体系概述表

类型		问题	方法	答案
第一类	教师	已知	已知	已知
	学生	已知	已知	未知
第二类	教师	已知	已知	已知
	学生	已知	未知	未知
第三类	教师	已知	一系列的	一系列的
	学生	已知	未知	未知
第四类	教师	已知	开放的	开放的
	学生	已知	未知	未知
第五类	教师	未知	未知	未知
	学生	未知	未知	未知

梅克教授运用这个“问题连续体”观察评价学生的多元智能，她已积累了2000多个案例，现在，DISCOVER问题连续体在好几个东方国家进行实验，泰国的研究中心已经提出了泰国的模式。

第一个层次的问题类型，是“问题”和“方法”师生均为已知，“答案”教师已知，而学生未知，要求学生根据掌握的方法来解决问题。例如，4+7=？就属于这一类的问题。这类问题在我国的教学中应用十分普遍，它有助于帮助学生巩固所学的知识。这类问题对学生能力培养的力度最小，但却是不可缺少的基础性训练。第二个层次的问题类型，是“问题”师生已知，而“方法”却对学生隐蔽，要求他们独立寻找解决问题的方法，显然，提升了对学生能力培养的要求。例如，请学生填写下列数模，使纵横数式均能成立。

10	7	
2	1	

第三个层次的问题类型，要求学生运用一系列的方法来解决问题，其答案相应也是一系列的，也就是说方法和答案都是多元的。对于教师来说均为已知，对于学生来说，只知道到问题，而不知道多元的方法和答案。这类问题通过方法的拓展，加大了能力培养的力度。由“一系列”的方法，产生“一系列”的“答案”，从而突破了标准化测验的窠臼，使学生的思维方式由线性向非线性的多元方向发展。第四个层次的问题类型，要求方法和答案均是开放的。第五个层次的问题类型，不仅方法答案开放，而且问题也是开放的，学生必须在问题解决之前，先定义问题，要求他们具有“发现问题”和“定义问题”的能力。

加德纳和梅克对以往所进行的创造力培养，在肯定的同时也提出了异议。梅克在《多元智能：Discover项目和研究》[①]一文中指出：“那些熟悉过去培养创造性能力方法的人，也许知道人们经常强调的是学科范围以外的创造性能力的培养和评估。例如，关于创造性能力测试的常见题目是：举出一块砖的各种可能的用法……尽管这些活动对学生来讲很有趣味，但是没有证据表明学生能把所培养的创造性迁移到实际生活和学科领域。”这个意见是十分中肯的。多元智能理论，特别是Discover项目，对开发学生的创造力，从理论与实践结合的高度进行了长达十五年的系统研究。问题连续体的设计，着眼于人的思维发

① 论文集．多元智能开发与评价的研究国际研讨会，2002.29－34．

展，尤为关注人的创造思维的基本结构，并将这种研究始终与学校的学科教学密切结合。Discover项目总结了2000余个案，对人的思维水平进行了发展层次的分析，指出最低水平的教学内容，是数据和事实，也就是“能够被我们感官所验证的具体的特殊的信息”。问题连续体中的第一类问题就属于这一水平。第二类问题则不同，它进入了概念的层面，既要理解概念的内涵，也要理解概念的外延。它需要“类”或“群”的知识，要求学生掌握“类”或“群”的共同特征，这样才能真正理解概念，运用概念。第三类以上的问题，尽管不断地开放，需要运用大量发散性思维。但是，梅克指出仍然需要运用概括，不过要求人的思维水平提升了，是“关于两个或多个概念之间关系的陈述”，这些问题“为表达概念间的联系提供了一种方法”。从发展水平说，学生必须由理解概念，发展为理解原则和规律，要求学生具有综合的能力。梅克认为思维内容的最高水平是理论。她说理论是“一组可检验的相互联系在一起的关于规律的陈述，或高水平的概括。”理论对人认识的作用决不能低估，它可以“用一种简单和有效的方式解释和预测所观察到的大量的现象和试验结果。它们包括了（思维的）所有水平，并且表达了概括之间的关系……”。总之，学生思考问题的“内容水平越高，其整合化的程度也越高。信息不再很容易地划分到传统的学科领域，而是变得更加相互联系与相互依赖”。

综上所述，梅克将思维内容的水平依次分为事实——概念——原理原则以及多项概念的综合运用——理论。她的解释既揭示了问题连续体与思维发展水平的大致对应关系，也阐述了问题连续体与教学内容及知识内容的对应关系，初步探索了创造力培养的逻辑顺序，这就便于我们将其运用到教学领域中去，开发学生的潜能，培养他们的实践能力甚至创造能力有了一个可操作的工具。

北京十二中、九十二中学、丰台二中、山东省诸城市第九中学等学校，都将问题连续体引入了课堂教学。浙江省慈溪市宗汉学区内的中小学校，他们从中国教育实际出发，将以八个智能为纲，改为与学科教学相结合，初步构建了问题连续体教学模式，有效地提高了教师进行教学设计的能力。构建问题连续体教学模式的探讨，对于提高该学区整体教学质量，发挥了很好的作用，并使原创性的多元智能“问题连续体”，在中国大陆发生了重大的变化。从某种意义上说，这也是群众的一种创造。

陈爱苾老师结合中国教育实践研究的成果，撰写了《课程改革与问题解决教学》一书，总结了这一研究的初步成果。

此外，本次国际研讨会还有加拿大魁北克省的教育专家米歇尔（Michel Gravel）教授做了关于多元智能的管理与评价的报告，台湾多元智能本土化研究项目组负责人田耐青博士做了关于多元智能在台湾的研究报告。

（二）实践研究的展示与交流

本次大会收集了187篇论文，除大会专题报告外，还分四个小组开展了专题研讨，在小组共有60余位发言。

大会展示了实验区提供的活动展板，并且开展了实地参观研讨。小学参观的是北京市东城区和平里第四小学。这所学校原为北京市艺术教育的特色校，借鉴多元智能理论开展实践研究之后，组织了研究多元智能教学的教师团队，他们以“构建发展学生潜能的课堂教学”为中心，进行了主题综合课程的探索，借以切实提高教学质量，向全面优质的学校迈进。实验是从一、二年级入手，教师在新的教育理念指导下，首先把课堂学习的主动权还给学生，让学生做课堂学习的主人。与此同时，学校注重课堂教学环境的变革，班级组织形式的变革和学校物质环境的“多彩化建设”。他们建立了“智能化教室”和“家庭合作学习小组”，鼓励并指导学生用自己喜欢和擅长的方式进行学习、提出问题、展示自己心爱的作品，并在此基础上建立了学生“个人成长记录袋”，帮助学生从小就学习认识自己“我是谁?”

该校十分重视课程改革，在认真学习《基础教育课程改革纲要》和《新课程标准》的基础上，认识到新课程改革对课程结构进行了重大调整，提出小学以综合课程为主。多元智能理论强调知识的综合融通，以便提高学生解决实际问题的能力，这与新课程的理念正相一致，并为他们构建综合课程提供了重要的思路。

我国新近公布的综合课程有艺术、科学等门类。所谓艺术则是音乐、美术、舞蹈等学科内容的综合；所谓科学则是数、理、化和自然地理等学科的综合。和平里四小借鉴多元智能理论所构建的综合课程，从理论基础到综合的方式都有新意。就理论而言，他们实施课程综合的目的是多元智能理论关于深刻理解的教学目标，该理论认为一个重要的概念可以用不同的学术符号讲解，这种多元切入的教学，有助于促进学生对知识的深刻理解，深刻理解的最高标志则是“问题解决”，凡要解决真实性的问题，就需要学生掌握综合的知识；多元智能理论倡导“适性教育”，采用多元表达的方式实施教学，有助于适应不同学生的学习方式。正是建立在这种新理念的基础上，该校大胆进行了综合课程的开发，并创立了三种不同的综合课程形式：第一种是学科内的多元综合，这类似多元智能教学策略的“8+1”模式，即任何一门课都可以根据需要，用适合8种智能结构的方式来学习；第二种是主题综合课，即确定一个主题，众多学科从自己的学科特点和教学目标出发围绕这一主题展开教学，例如他们曾以“春天”为主题设置综合课程；第三种形式是以问题解决为中心来综合各门课程，他们则是以解决“玩具世界”的诸多问题来整合各门课程。为了实现课程走向综合的目标，该校组建了教师的“智能团队”。

在2002年国际会议期间，他们的第二门主题综合课——“春天”正好告一段落，向与会者进行了汇报。智能团队老师们将语文、数学、自然、美术、品德等学科整合在一起，引导学生通过对春季自然景观和社会生活的观察和体验，具体了解由于天气气温变化所引发的动物、植物和人们生活在春天发生的变化，组织学生在实践感悟中运用多种智能，广泛收集知识资源，运用语言和绘画等艺术手段描写、赞美春天，抒发热爱自然，热爱生活的情感。“春天”这一主题，成为各学科综合的聚焦点，而每一门学科又都按照《新课程标准》组织教学。学生们在3月6日惊蛰到来之日，召开了“迎春班会”，指导并提升学生观察春天的意识和方法；4月5日清明节，组织学生进行郊外有关春天的“田野调查”；在正常教学时间内，他们开展了有关春天的单元教学观摩课达14节之多；在整个综合课程进行过程中，他们都拟定了各种形式的形成性评价方案……

实施“春天”综合课的两个实验班，历时一个月时间，出现了学生为抒发自己的情感，为解决生活中实际问题，主动探索和理解知识的生动局面。就可视的成果而论，学生们记自然日记76本，制作自然历6篇，种植白菜头15个，饲养动物5种，收集和学习描写春天的字词累计3000个，诗句、短文、春联400首，创作短文100多篇，自编应用题120多道，创作儿童画60多幅：真是一个丰收的“春天”。最值得我们重视的是学生问题意识和质疑能力的提高，他们面对春天发问：春天为什么会有沙尘暴？为什么花到春天就开了？语文老师教我们的诗都是歌颂春天的，但是，我在春天经常感冒，春天到底好不好？……稚嫩而有趣的问题，不断吸引儿童探究的热情，激发他们创造的冲动，创新精神就在教育与生活沟通的环境中生发。

老师们的课程观念开始发生了变化，过去，各学科教师的目光集中在本学科的教学大纲和学科的内容上。致使老师们在借鉴多元智能理论开展教与学的活动中，曾经有过担心，怕“种了人家的田，荒了自家的苗”。通过“春天主题”综合探究课的实践，老师们有了新的认识，单纯地理解语文课发展的就是语言智能，数学课训练的就是数学—逻辑智能是片面的。学生在对知识的学习探究过程中，一种智能的发展需要多种学科的知识和广泛信息资源作依托，任何一门学科都应当主动为学生创造全面开发多元潜能的机会。智能团队老师们不仅课程观发生了变化，学科之间开始互促、互补。自然、美术学科进行了合作教学的初步尝试，学生绘制气温变化饼图和坐标图，创作短文、诗句、自编应用题等已超出了原学科知识范围。而且，老师们开始认识到要开发学生的多元潜能，必须首先开发自己的多元潜能，不能再固守原有学科的知识和能力范围。他们相互学习，这个团队正在向“学习型组织”迈进。

综合课程的运行，对教学管理也提出了挑战，机械的课时安排，往往需要根据需要调整。过去，教案要求一环扣一环地写和实施。现在，学生自主课堂开放式的教与学，原来对教案设置的要求就很不适应了。课堂教学对老师能力的挑战更为严峻，例如，自主探究式的学习，为一大部分孩子提供了探究知识、表现自我的机遇。对学生发展的要求是“上不封顶”，学生中的差异会越来越大。教师用什么方法去关注和调动那一小部分弱势群体，使他们不低于基础教育要求的底线，这又是在差异教学中急待研究和解决的问题。

本次国际会议组织中等学校集体去北京市郊区的昌平三中参观研讨。昌平区，原为北京农村，改为区是农村城镇化的产物。昌平三中则是该地区一所基础相当薄弱的学校，借鉴多元智能的实验主要在初中部展开。这所学校由职业教育改为普通教育后，急需整顿。该校校长隋彦玲认真分析校情：生源差、学生厌学、老师信心不足、设备差……在诸多困难之中，她认识到长期以来实施的统一的教学模式不适合这类学生，如何有效提高教学质量，是该校发展的“瓶颈”。她决心以发展带整顿，在发展中整顿，终于选择多元智能理论来突破教学质量提高的“瓶颈”。他们吸纳了加德纳关于“学生最容易获得与自己的能力和兴趣相关联的知识”的见解，作为设计“适合学生”的教学策略的依据。多元互动情境化教学，在这所学校逐渐形成了一种有效的教学模式，受到师生普遍的欢迎。

该校向国际会议的代表展示了他们的课堂教学，有一节英语课是这样上的：

“我给大家介绍一位新朋友，他喜欢穿漂亮的新衣服，还非常友好，你问他什么问题他都会回答的。不过，大家别着急，先让我来问他……”

这是在主题为“Clothes”的初一英语课上，老师为新句型的学习而设计的第一个场景。

“哇！真有意思！”于是，同学们在好奇中观看、聆听，渐渐理解了句子的意思。

而向“新朋友”争先恐后的提问中，虽大都是在模仿老师刚刚用过的句子，对单词、句型的学习却在自然而然中进行着。

第二个场景：各组用刚学的句型就自己的画或玩具练习对话。（材料是学生响应老师的号召，依各自的爱好作的人物画、卡通画，或自己家的娃娃、毛绒玩具等。）练习中遇到新词汇，就由各组查字典解决。

第三个场景：以小组为单位编一个小对话，尽可能利用自己的智能强项。这是带有创造成分的巩固练习。于是，唱歌、图画、形体表演等形式精彩呈现。……

难怪学生会觉得“有意思，合胃口”，因为，“是在轻松的氛围中，不知不觉地学习了原本枯燥无味的知识。”但应该说，老师是在还知识丰富多彩之原貌，又让学生在不经意中“用有趣的方式，学会了很难的课。”

难怪美国著名心理学家阿姆斯特朗赞许道："……尤其感到印象深刻的是刚才的英语课，非常生动，非常有效。对我来讲，我能感到同学和老师在学习中体验到了很多乐趣。……我还感到，课上通过他们的情感，他们的音乐，还有学生之间的交流，已经把知识融汇到书中的知识里去了。应该说，知识和活动的设计已经达到完美的平衡。"原国家教委专职委员、副总督学郭福昌充分肯定了昌平三中的领导和全体师生的努力，在短短的时间里使一所基础薄弱校发生了这样大的变化，他说："隋校长报告的题目是《扬起风帆待远航》，靠什么扬起的风帆，是靠多元智能理论开展的'科研兴校'，帆是扬起来了，关键是待远航"，他鼓励大家继续深化改革，创建优质教育。

国际会议之后，昌平三中继续努力深化教学改革。首先，老师的观念变了，他们开始从学生的不良行为中发现学生的潜能。该校主管教科研的张慧敏老师披露了一则实例："中考语文考了92分的张南，谁能想到，初一时，他是令班主任和任课教师头疼的末等生，连四句诗都不肯去背，而且常在课上伴鬼脸逗人笑。老师发现他这一'表演'强项后，就充分提供其小品表演的机会，使他受到激励。于是，在一节《走近鲁迅》的复习课上，他主动要求背下了鲁迅先生的小说《一件小事》。"其次，教师的教学能力也提高了，该校语文组编撰了《多元化初中语文教学设计》一书，初步总结了语文教学发生的深刻变化。最为受益的还是学生，他们希望多元智能课能够伴随他们整个中学时代，因为"'多元智能'走进了课堂，活跃的气氛改变了往日的沉闷，常常皱起的眉头被自信所取代；书本上不动的死知识仿佛有了立体形，仿佛有了生命……"这些稚气的话道出了他们的心声。

农村学校和基础薄弱学校是我国巩固九年义务教育的重中之重，昌平三中的初步变化具有很强的典型性，值得我们认真思考。

五、对"多元智能热"的"冷思考"

"多元智能热"在大陆兴起，需要进行"冷思考"，因为社会上利用来营利者有之，在课堂上搞"花架子"者有之，当然也有嗤之以鼻者。诚如加德纳本人所言："我后来慢慢体会到，人一旦将自己的思想向世界公开，就再也不能完全地控制这个思想了。这就像人不能控制自己基因的'产品'——自己的孩子一样。"[①]更何况在一个开放的时代，人们对多元智能的理解和态度会有种种差异，应当说是正常的事情。但是，为了促进借鉴多元智能理论开展的实践研究能够更健康地发展，对我国教育改革发挥更大的启迪作用，对"多元智能热"进行一番"冷思考"，看来是必要的。所谓"冷思考"，简而言之，就是应当力求正确地借鉴多元智能理论开展实践研究。

---

① 加德纳著，沈致隆译．多元智能理论二十年．人民教育，2003.（17）．

不论是借鉴多元智能理论还是借鉴建构主义理论等国外的教育理论，最基本的原则是：必须在我国教育改革的基本框架内借鉴，也就是必须使之有效服务于我国的教育改革。在借鉴多元智能理论开展实践研究之初，我们曾对其有无借鉴价值进行过审慎的思考判断，认为借鉴多元智能理论至少有如下主要的理由：首先，多元智能理论是当今认知科学和发展心理学最先进的理论之一，有资格作为进入21世纪之初教育改革的重要理论基础之一；第二，在于它与我国近年来教育改革提出的主要政策具有高度的一致性；第三，该理论在美国和其他国家经过二十余年的学校教育的推广实验，积累了比较丰富的操作性的经验，可以用来加速我国教育改革的发展步伐；第四，与我国传统文化和社会价值趋向具有内在的密切联系（我国的教育家从孔夫子到陶行知，都提出并成功地实践过“因材施教”原则，等等），有借鉴的可能性和教育实践的“土壤”。但是，正确的价值判断，不一定能够取得预想的效果，还需要正确的借鉴策略的支持。

那么，应当肯定的借鉴策略有哪些，在借鉴过程中又发现了哪些值得研究的问题呢？这就是我们对“多元智能热”进行的一点“冷思考”。

（一）借鉴必须切实从我国的教育国情出发有所“变通和创造”

我国最大的教育国情是人口众多，学校教学班额大，教育经费和教育优质资源短缺，教育技术手段比较落后，以班级授课制为基本形式的集体教学，可能还要保留很长一段时间，这是我们和西方发达国家实施多元智能教学在客观条件上存在的主要差异。

指出每个学生存在智能的差异性，强调创设以个人为中心的学校，这是多元智能理论的核心观念。这一理念诚然是有道理的，但是如何在我国实施呢？我们认为倡导个性化教学，必须与集体教学相结合。不能简单提出“坐在学生身边的评价”。多元智能理论强调人的智能发展，必须在个体与社会相互作用中实现，集体教育与个性化教育，不仅不是对立的而且可以相资以长。在反对工业化时代教育“标准化”的浪潮中，我们认为，不能全盘否定具有统一性特点的集体教育，特别是在我国班级授课制还是基本的教学组织形式时，更应当研究将集体教育与个性化教育相结合的教学策略，研究集体教育与差异教育相互促进的教育，研究在我国普遍适用的现代因材施教原则。在我国目前的情况下，促进每个学生的发展，主要的、也是可行的策略是什么呢？只有对学生形成差异的原因进行分析，然后才能采取相应的对策。我们在实践研究中发现，造成学生不同学习状况的原因是很不相同的，应当采取相应的教学策略，概括起来大致可以采用如下策略：

第一种情况是，有的学生学习落后是属于知识缺失，从而跟不上集体学习进度。那么，老师和同学帮助他以“勤能补拙”的精神克服困难，补上缺课，追上统一的教学进度，应当说是必要的也是可行的。因此，不能简单地将借鉴多元智能理论与中国传统的“勤能补拙”精神对立起来。

第二种情况是，学生由于智能结构的差异，业已形成不同的学习习惯或学习风格，为了增强学生的自信心，提高教学效能，促进其深刻理解所学内容，则应当采取“扬长补短”的策略，而且，对于大多数学生来说，这似应成为首选的教学策略。多元互动情境化教学模式，就能有效地实现“扬长补短”。

第三种情况是，属于特殊教育的群体，则可以采用“扬长避短”的策略。例如，智残儿童似应“扬长避短”，尽量让他们有一安身立命之技，有时就可以避短而就长。还有某些“天才儿童”，有突出的作为，其“短项”一时难以弥补，必要时，也可以牺牲其短，以就其长。总之，“扬长避短”的情况比较复杂，需要具体问题具体分析和慎重处治。

第四种情况是，世界上也包括我国在内，对儿童智能状况的评估尚无科学可行的方法，特别是对学生智能发展的规律，其中包括所谓智能发展最佳期的认识，都还没有突破性的进展，在这种情况下开发学生的多元潜能，最忌讳主观臆断。但是，又要为每个学生的智能强项创造脱颖而出的条件。在我国目前的条件下最好的理念乃是“机会就是教育”。多元智能理论原创的“多彩光谱”项目是为学前教育设计的，而且主要用来评价学生的智能状况。我们在实践中，却从教育哲学的角度借鉴它，鼓励学校成为“多彩光谱”的乐园，从教育环境和教学策略几个方面丰富学校的教育资源，使各类学生受到“多彩光谱”的熏陶，得以自然而自主地发展。这既可以实现因材施教的目的，又能提高学校的文化品位。

(二) 借鉴必须“急我国教育改革之所急”敢于迎难而上

我国课程改革中最难也最需要的是评价的改革，考试的改革是评价的热点和难点。如何考察学生的能力特别是创造思维的能力，这是在考试中落实素质教育的关键之一。我们在借鉴多元智能理论时，根据我国教育改革的需要进行了必要的选择，着力研究了考试改革的有关问题，特别是如何考察学生能力的问题。

多元智能理论反对传统的评价理论和方式，尤其反对“一次考试定终身”，甚至提倡大学入学可以以作品取代考试。在大学教育已经进入普及化发展阶段的国家，也许具有采用这类评价的条件。对于我们国家来说，大学入学率在争取达到20%的时期内，考试恐怕仍然需要保留。因为它是目前体现教育公平原则，防止教育腐败的重要举措之一，轻易地削弱考试，对中国教育发展可能会造成难以估量的损失。中国对此最有发言权，因为中国教育既有1300年的考试历史，也有与之几乎相同漫长的运用其他形式选拔人才的历史，更有“文化大革命”取消考试的沉痛教训，在没有寻找到更好的可以替代考试这种评价方式之前，我们应该着力研究“考什么和怎么考”，逐步进行考试自身的改革。对于其他阶段的教育来说，考试也是一种评价方式，也需要对“考什么和怎么考”进行改革。我们借鉴多元智能理论的评价研究，“急我国教育改革之所急”，把多元智能理论创建者加德纳大力抨击过的考试，作为研究的重点，而且发现多元智能的问题连续体对解决这一问题，提供了很有价值的启示。

1. 考什么？这是考试改革，也是评价改革的主要问题

多元智能理论提出的智能观，突出了“问题解决”在智能中的地位和作用，与素质教育倡导培养学生创新精神和实践能力的要求是一致的。新近我国召开的人才工作会议，明确提出人才培养要以能力为导向，与上述理念也是一致的。加德纳本人和其他多元智能的研究者，倡导真实性评价，其目的是为了能够对学生以解决问题为标志的智能，做出正确的评价，也就是对学生的实践能力甚至创造力做出正确的评价。这对考试内容的改革，无疑具有启发意义。但是，“考什么?”的改革仅有先进的理念是远远不行的，必须有体现先进理念的可行办法。梅克教授创建的多元智能的问题连续体，恰恰是以检测学生能力特别是创造力为中心的一个评价工具。我们根据我国考试改革的需要，重点研究了多元智能的问题连续体，努力探索如何通过考试内容的改革来检测学生的能力，并以考试作为促进学生能力发展的有效机制，也就是说将考察学生的能力作为“考什么”研究的重点之一。

山东省诸城市第九中学历史教研室，认识到问题连续体“将教学活动的多边因素：教师与学生；问题、方法与答案；设疑与解疑等有机融合在一起，随问题的逐步深入，使学生能力逐步提高，符合历史学习的认知规律。”在刘萍老师的组织下根据课程纲的要求决定“围绕‘知识点’、‘能力点’切入问题”，以下是他们结合历史学习的基本要求和对近几年全国高考试题的分析，将“切入点”列表如下（见表 1－3)：

表 1－3

切入点	知识点、能力点	举例说明（高考题）	备注
历史人物	所处时代、社会身份、主要活动、历史评价	1.1994 年：墨子题 2.1995 年秦皇汉武题 3.1992 年：杨贵妃题 4.1993 年：顾炎武题 5.1998 年上海：朱熹题	主要集中在中国古代史，注意人物与时代相结合

续表

切入点	知识点、能力点	举例说明（高考题）	备注
历史事件 历史事态	时代背景、过程或内容、结果或影响、评价或认识	1.1993年榷场题 2.2000年郑和下西洋题 3.1997年民族工业题 4.1996年法国大革命与二月革命比较题 5.1993年工业革命题 6.1998年美国与拉美独立战争题比较 7.2002年文综旅顺、大连题	1.99年洋务运动题、95年上海戊戌变法题都是开放题，有两种观点、答案 2.2002年上海明治维新题提出三种观点
历史组织机构等	时代背景、性质或功能、活动、影响	1.1996年上海耶稣会题 2.2000年维新派与义和团题 3.2000年广东民主党派题 4.2000年凡尔赛－华盛顿体系题	2002年广东欧共体题
历史制度纲领、政策、路线、条约等	时代、背景、创造者、内容、价值、地位	1.1995.1996年上海秦集权、宋集权题 2.1993年顾炎武科举题 3.1990年土地纲领题 4.1995年农村生产关系题 5.2000年英法俄日体制题	
历史文化成果（建筑、文献、文物、技术、思想、艺术等）	时代、背景、创造者、内容、价值、地位	1.1996年唐文化题 2.1998年明清文化题 3.1996年上海四大发明题 4.2002年春季文综元代漕运题 5.2002年文综全国题丝绸之路及宗教艺术	2002年上海秦·砖与西汉·瓦题

经过认真分析，他们认识到，高考改革已经开始将知识与能力相结合，这是一个很好的开端，应当坚持和加以发展。他们期盼高考逐渐成为实施素质教育的“指挥棒”。

该教研室在平时的教学训练中将问题连续体与多元智能相结合，作为促进学生掌握历史知识和形成能力的“抓手”，提出在运用时注意三大原则：灵活性、实用性和趣味性。他们在历史课堂中，将历史与语文、时政、地理甚至自然学科相结合，采用看历史录像、电影片段、读诗词歌赋、讲人物传记、分析当代国际国内大事、写历史小论文、创办历史小报等手段，进行问题连续体的设计、解决，既引发了学生的求知欲，又培养了学生的综合能力。例如，在高一历史教学中，为了提高学生兴趣，尽快适应高中历史学科学习的特点，他们创办了历史小报《史海拾贝》配合教学进度，转载了大量历史人物、事件的资料，刊登了历史漫画、谜语，有关诗词、对联，特别为学生发表个人见解提供了一个小舞台，称做“史论纷纷”，把学生的优秀历史论文、独到见解广泛传阅于各班，激发了学生的参与性。高二学生在学习《世界近现代史》时教师设计撰写了评价“拿破仑”的论文，高一美术班学生学习《一战期间中国民族资本主义发展》教师设计用漫画的形式勾勒民族工业发展的历程和特点，学生作品很有创意。学习《抗日战争》时，他们将二战后德、日两国对侵略战争的不同态度转载两篇文章《下跪》、《和平之犬》到历史小报上让学生在学史中认识历史、认识现在和未来；他们还让高三学生试做了2001年上海高考题“请你以一个中国中学生的身份给日本中学生写一封信，揭示日本侵华的史实”，学生感触颇深。学习《中国近现代史下册》时，结合有关内容的学习指导学生再次回味《长征·七律》、《六盘山》、《沁园春·雪》、《中国人民解放军占领南京》等多篇毛泽东诗词，进一步深化对中国近代史曲折道路的理解。诸如此类，多元智能、多种形式、多种思维激发了学生的兴趣、思维，加大了学习动力，使历史课堂丰富多彩，又效果显著。

近年来，全国高考普遍采用了“3 + X”的模式，加强学科能力的考查，国家教育部考试中心发布的《文科综合能力考试要求》提出了“记忆”、“理解”、“应用”三个基本能力。因此结合以前历史科《考试说明》及文综能力要求，针对如何问、问什么、如何答，他们进行了问题连续体的设计和解决。下文即为该校刘萍与廉虹关于《新航路开辟和早期殖民活动》（世界现代史上册）的问题设计：

第一层次问题：

1. 新航路开辟的经济根源、社会根源、客观条件及历史意义。（运用历史识记能力）。

2. 请在地图上画出航海家的航海路线、标出西班牙、葡萄牙开拓的殖民地。（识记、空间思维能力）这一层次练习“问题”教师、学生都已知，方法是运用历史识记、空间思维能力记住便可解决，对学生能力培养力度较低。

第二层次问题：

1. 商业革命、价格革命对欧洲资本主义发展的作用表现在哪里？

2. 殖民地开拓对资本主义发展有何作用？

3. 巨大的财富为什么没有使西班牙的资本主义发展起来？

4. 西班牙的财富对欧洲资本主义产生什么作用？

这几个问题围绕“新航路开辟促进了欧洲资本主义的发展，而为什么没有促进西班牙、葡萄牙资本主义的发展”，旨在培养学生的“理解”能力——理解历史结论，必须弄清促进资本主义发展的几个因素——市场、资本、劳动力、原料、技术等，这是解题的方法和关键。有此思路，解决这几个问题可图示如下：

新航路开辟{商业革命—世界市场；价格革命—资本积累}促进了资本主义发展

殖民扩张{掠夺财富—资本积累；黑奴贸易—廉价劳动力；建立殖民地－市场；大种植园—廉价原料}促进了资本主义发展

西班牙财富用于军费开支、购买奢侈品未能转化为资本投入生产，没有促进资本主义发展。而这些财富转入欧洲进行了资本的原始积累，从而促进了资本主义的发展。因此，将这一概念的内涵理解，对以后世界史的学习便容易得多了。

第三层次问题：

据《明史》，明朝奉行“厚往薄来”政策，对竭诚朝贡者“皆倍偿其价”；（郑和下西洋）“欲耀兵异域，示中国富强。……所取无名宝物不可胜计，而中国耗费亦不赀（计算）”。结合所学知识，比较郑和下西洋与达伽马、哥伦布、麦哲伦在目的与性质、历史影响方面的差异，分析明清时期我国远洋航行事业与西方相比从先进转为落后的原因。

这是2000年全国历史高考题，是一道比较、分析题，比较时应注意从两者的大背景出发；分析时要从明清时的社会环境、对外交往的政策、目的这些历史要素去考虑。我们在利用这一考题后，又将2002年我国的海军舰队首次全球航行成功与以上两次航行进行对比，从而进一步明确不同的时代、不同社会性质的国家远洋航行的背景、目的、影响各不相同，让学生更深刻感受今天祖国的繁荣强大。

第四层次问题：

以教材第6页的注解为练习：对哥伦布及其航行美洲的评价，我国史学界有几种不同的看法：（1）哥伦布是将美洲纳入近代人类文明的社会大家庭的先驱，是对人类社会的交往作出特殊贡献的历史人物；（2）哥伦布是殖民主义强盗，给印第安人带来了灾难；（3）更多的人倾向于用“进步与正义”两条标准进行评价，认为哥伦布航行美洲具有建立在非正义行为基础上的客观的历史进步性。请根据你的理解，说明你的观点并阐述理由，要求表书成文。练习方式是以学习小组为单位，大家讨论，阐发个人意见，形成本组比较一致的看法，然后大家合力完成论文。

这是一道开放的习题，既考察学生的历史分析、概括能力，又锻炼了学生的文字表达能力，还体现了学生的合作、交际能力、内省智能。在教学实践中，各组的文章都很有见地，课堂上进行了交流，效果很好。

在老师精心设计下，学生写出了不同见解的小论文，例如：

这是七组文章中的一段：“15世纪的欧洲资本主义萌芽迅速发展，于是欧洲人便开始狂热地追求货币、黄金，同时由于土耳其人的蛮横掠夺，西班牙王朝便将目光投向亚洲这一‘遍地是黄金’的理想天堂，怀揣一种殖民主义野心，哥伦布开始他的远洋航行。可是无意中他来到了美洲。从此印第安人便开始了屈辱的历史，西班牙人的疯狂掠夺，使无数的人倾家荡产。西班牙人的野蛮屠杀，使他们妻离子散，无数富饶的土地遭到践踏，无数善良的人们被屠杀。印第安人丧弃了家园，沦为奴隶。时至今日，美洲印第安人仍然受到人权主义的蹂躏，种族主义的歧视。这一切都是随哥伦布的到来而相继发生的；因而将哥伦布视为殖民主义强盗亦不为过。”

这是一组同学文章中的片段：哥伦布作为早期航海的领袖，其最大的贡献就是发现了美洲大陆，这可以说是人类历史上最伟大的历史事件之一，哥伦布也完全可以凭借此点彪炳史册，并列于世界伟大人物之林。

首先，哥伦布远航活动的本身，就体现了一种人类勇敢面对自然、挑战自然的力量和勇气，体现了人类无所畏惧的进取精神，这无疑对当时的人们的精神状态由低靡颓废转向昂扬向上，起了极大的鼓舞作用。而且其远航也充分显示了科学力量在人类改造自然中的巨大威力。

其次，哥伦布的远航使世代封闭的美洲纳入人类近代文明的轨道。其远航直接刺激了早期的殖民活动，给美洲带来了先进的技术、民主的制度，科学的思想和近代文明，促进了美洲社会制度的转型。再次，美洲的发现，更对世界历史走向的转折起了点睛的作用。它扩大了世界各民族的交流与合作，消除了各地相互隔绝状态。这为世界市场的形成创造了先决条件；为欧洲资本主义的发展带来前所未有的机遇。殖民掠夺，使得自然和社会资源向着更能发挥他们作用的地区流动，使得大量货币流入欧洲转化为原始的资本积累，刺激了资本主义的发展，更为资本主义的发展创造了原料来源和倾销市场，扩大了世界范围内资本主义生产关系的传播，使得人类社会又前进了一大步。倘若没有哥伦布，或是哥伦布没有发现美洲，便不会有太多的货币流入欧洲成为资本主义发展的强大动力，产生商业和价格上的革命，削弱封建阶级，使二者力量对比发生变化，这必然会导致资产阶级力量弱小而被其压抑，使封建社会持续更长的时间。

虽然实现这一切依靠的是暴力，虽然这其间有着印第安人的血泪控诉，有着黑人奴隶的累累白骨，但人类自从诞生之日起，便作为一个自然界的主体而存在，自然界优胜劣汰的原则仍然适用，人类不会因为某些自然和社会的原因而停止它的前进，人类之间也不可避免地存在竞争，但这些竞争从长远来看是有利于人类整体的前进，虽然这些竞争有时是异常残酷的。

很显然，仅此一例大致可以显露问题连续体对学生能力的关注力度，大大超越了记忆知识的窠臼。更应重视的是，这一工具将能力发展的序列初步展示出来，对于我们检查学生能力的发展水平有了一定的依据，这就有可能设定具有不同水平的试题来考察学生的能力。

2. 探索以能力为导向的形成性评价

多元智能理论，在评价上提倡一条重要原则，即评价的设计与教学设计必须相统一。这就促使我们在研究能力考试的同时，进一步研究如何借鉴这一工具进行有关能力培养的教学设计，力求做到终结性评价与形成性评价相结合。在这方面，北京教育学院的陈爱苾老师进行了有成效的工作，她结合我国教学实际，就多元智能问题连续体的教学设计特点进行了总结，现将她在多元智能培训班上阐述问题设计特点的图表，引录如下（见表1－4）：

表1－4

类型	学习方式	问题结构	方法/答案……	内容	思维	指向	认知目标
一	接受	完整	封闭	单纯	求同	书本	局部
二	↓	↓	↓	↓	↓	↓	↓
三							
四							
五	探究	不良	开放	综合	求异	实践	整体

教师一旦学会如何进行培养能力的问题设计，必将强化教学的研究性，使能力培养与知识学习融为一体，能力的培养也就成为形成性评价的有机组成部分。在一些运用多元智能问题连续体的学校，老师对如何培养学生的能力开始有了“抓手”，初步改变了“课内传授知识，课外培养能力”的状况，能力培养开始进入课堂，老师们逐渐抓住评价这个“牛鼻子”促进学生创新精神和实践能力的发展。

“考什么和怎么考”当然不仅需要解决能力考察这一个问题，借鉴多元智能理论的实践研究刚刚起步，也不可能涉及更多的问题。尽管多元智能的问题连续体，有诸多的长处，但是，诚如加德纳所言，世界上没有一个解决教育百病的灵丹妙药和通向知识天堂的阳光大道，任何一种方法都是具有相对优势和一定局限性的，多元智能问题连续体同样如此。“考什么和怎么考”的研究将继续进行下去。

（三）在借鉴"迁移"过程中，进行再创造

多元智能理论从本质上说，它是认知科学领域内的理论，对教育产生了很大的影响，主要是从哲学层面上引发了教育观念的重大变革。但它毕竟不是直接的教育理论，它虽然实施过若干十分有价值的教育实验，也不能因此将其与一般教育理论等同。在借鉴多元智能理论过程中，特别是将多元智能理论引入课堂时，需要采用许多具体的教学方法和策略，其中有不少教学方法和教学策略，都不是多元智能理论独创的，也不是多元智能理论研究者独创的。而多元智能理论却具有整合与发展之功。例如，《多元智能教学的艺术——八种教学方式》、《课堂中的多元智能》以及《多元智能教与学的策略》等书，它们阐述的教学方式、教学策略或教学方法等，都具有明显的整合性，是广大教师成功教学经验的总结和提升。我们在借鉴多元智能理论开展教学研究时，同样采用了整合的方法，尝试着创建了多元互动情境化教学模式和中国的问题连续体教学模式等。现以多元互动情境化教学模式为例，对在借鉴过程中所进行的具有一定创造性的整合，略加论述。

该教学模式包括三项内容：即多元化、互动和情境化。情境化教学并不是多元智能理论所首创，情境化教学几乎必然促成教学形式的多样化，也就是多元化。至于互动式教学，这也是现代教学理论大力倡导的，而不是多元智能理论原创的。但是，我们在借鉴多元智能理论开展实践研究的过程中，却将上面这些教学方法整合成一个适应我国课程改革需要的、借鉴多元智能理论改革课堂教学的模式。所谓整合并不是简单地"相加"，而是从多元智能理论的视角对已有的教学方法进行创造性的发展。多元互动情境化教学模式的创建就是这样的，我们在教学实践中发现了问题，引发了整合与创造，主要表现在以下三个方面：

1. 为多元互动情境化教学进行功能定位

多元情境化教学传统的功能多为"激情激趣"，以调动学生的学习兴趣。其理论基础则是传统心理学关于形象思维适合儿童理解的学说。而我们倡导多元互动情境化教学模式时，赋予了它多项教学功能，除了保留其"激情激趣"、调动学生学习兴趣的功能外，还有以下几方面：其一，满足因材施教的需要。多元互动情境化教学要求运用诸如"多元智能工具箱"一类教学资源，设法选择适合不同学生学习风格的学习方式，达到使每个学生都能有效学习的目的，即实施"适性教育"。与此同时，也使具有不同智能结构的学生，其智能强项能够获得发展的机会，借以造就不同类型的人才。其二，实现"为深刻理解而教"的目的。多元智能理论认为重要的概念、原理和核心知识，应当运用"多元切入"的方法，只有多角度地认识同一个概念、原理和核心知识，才能促进学生理解的深化。其三，达到融通学科知识，激活学生思维的目的。多元智能理论倡导解决真实生活中的问题，要求学生学会综合运用各科知识，多元情境化，有助于学科知识的融通。这可以帮助

学生学会多角度地思考同一个问题，促进他们思维灵活性的发展。其四，提高学生解决问题的能力。实践告诉我们，一个好主意，是从许多主意中产生的。多元化、情境化，使学生能够获得很多解决问题的“主意”，学会选择“好主意”，这无疑将提高他们解决问题的能力。在借鉴多元智能理论开展实践研究的过程中，我们强调了对多元互动情境化教学功能的定位，大大避免了“花架子”等形式主义的产生。对多元互动情境化教学功能的定位，也是我们评价这一教学模式的重要依据。

2. 提出实施多元互动情境化教学模式的基本原则

借鉴多元智能理论开展的实践研究是在中国学科课程为主的课堂中进行的，按照传统的观念理解，学科课程既有特定的教学目标，又有特定的“话语体系”，用加德纳的话说，就是不同学科拥有自己创造并习惯运用的“符号体系”。仅此两点就表明学科教学具有“统一性”的特点。但是，素质教育要求我们必须面对全体学生，而全体学生则是具有不同智能结构的学生，每个人几乎都有不尽相同的，甚至各有差异的最佳学习方式，这显然具有明显的“差异性”。实施多元互动情境化教学，必须正确处理学科教学“统一性”与学生学习“差异性”的矛盾关系。

我们认为二者并非“非此即彼”的对立关系，它们之间具有“矛盾的同一性”，应当尽量使之获得合理的平衡。在教学策略上，我们主张：其一，学科教学必须提高“适性力”，因为，多元智能理论已经证明学术符号是可以“迁移”的，同一个知识点完全可以运用多种符号来表达，而且，这样做还有可能深化理解。这意味着可以采用不同的教学方式和手段来实现学科教学特定的统一目标，换句话说，学科“统一性”中可以包容“差异性”。反之，学生的学习风格尽管具有明显的差异性，但是任何学生到学校来学习都必须完成社会化的过程，所谓社会化，其中有一重要内容就是应当尽量学会人类创造的各门学科，把握所创设的各种符号体系。学生掌握符号的过程，实际上是实现社会化的重要表现。我们在认识学生差异性的同时，不能忽略了提高学生社会适应性的任务，在采用适合各类学生最佳学习方式的同时，也要帮助他们学懂、学会各门学科特有的知识及其表达符号，否则将降低学生适应当今社会的生存能力。这就是说，在“差异性”中同样包含着“统一性”。如果说提高学科教学的“适性力”，具有“扬长教育”的性质；那么，提高学生学习的“适应性”则有“补短教育”的性质。二者也不是“半斤”与“八两”的关系，应当指出“扬长”是主要的，“扬长教育”既可以达到“补短”的目的，更可以使学生的智能强项得到发展，为国家造就不同类型的人才。总之，因材施教，需要与因科施教相结合。现将实施多元互动情境化教学的基本原则，图示如下：

学科的特点	—	特定的教学目标，习惯的表达方式—统一性
↑	↓	多元互动情境化教学
学生的智能结构—潜能的差异，最佳学习方式的差异—差异性		
提高教学的“适性力”——以扬其长		
提高学生的“适应性”——以补其短		
因材施教与因科施教相结合，“会学”与“学会”相统一		

上述多元互动情境化教学模式的执行原则，是对教学实践进行理性思考后的创造，也是借鉴多元智能理论整合时进行的或一创造。

3. 关于教学“互动”类型和有效性的研究

我国倡导教学互动，经历了一个过程。开始倡导的是师生互动，旨在创建民主的师生关系，借以改变老师“一言堂”的注入式教学模式；后来则提出生生互动，这是引进了国外的合作学习，希冀培养学生的合作能力和品质。目前大多数论及的教学互动，也多为上述两种形式。多元智能理论认为教学互动不仅有学生与生命物质之间的互动，即人与人之间的互动，而且还包括人与非生命物质之间的互动，其互动的类型大大超过了我们现行教学互动的内容。借鉴多元智能理论的实践研究，一方面引导教学互动扩大实施的范围，例如，在学生与人的互动中补充了生家互动和生社互动，希望能够矫正当前异化了的家教，提倡亲情育人和促进学生到社会实际环境中去切实提高其生存能力、以至改造环境的能力。此外，关于学生与非生命物质之间的互动，则提出了如下基本内容：与文本的互动——学会读书；与网络的互动，学会搜集和处理信息；与工具的互动——学会动手；与物质环境的互动——旨在提高学生的情操，并形成“天人合一”文化理念。全面认识教学互动的类型，对矫正忽视读书和忽视实践等顾此失彼的倾向，发挥了一定的作用。

借鉴多元智能的实践研究提出，成功的教学就在于使每个学生成为有效的学习者。生生互动——即合作学习的有效性，始终是研究关注的一项内容，我们发现，现在不少学校已经将这种学习方式作为主要的教学方式，课桌椅都改变了原来的排法，将学生划分成固定的小组，并有明确的分工，诸如谁是主持人，谁是记录员等等。照说有这样一些措施，合作学习应该实施得不错吧。其实不然，有时浪费学生的学习时间，有时使学生厌烦，有时只有部分学生活动，还有一些学生只是“陪动”。究其原因不难发现，在于我们对生生互动的合作学习产生效能的条件，缺乏必要的研究。

合作学习是以“问题解决”为中心的，只有选择了值得研究的问题，特别是富有挑战性的问题，需要引发学生的“头脑风暴”，才值得采用合作学习的方式。需要学生自学的内容，用互动合作的方式，只会浪费学生的时间精力，甚至造成学生厌烦。问题的价值是合作学习有效性的前提条件。多元智能理论关注学生“如何思考”，期盼教学能够开发学生的智慧。思考往往需要一定的时空，匆忙的合作常常无效，缺乏必要情境的合作，也很难产生思想的火花。合作学习引发的“头脑风暴”，必须建立在学生个体认真思考的基础上，从这个意义上说，“自动”是“互动”的基础。教师决不能图一时的热闹，有效的合作学习无疑对教师的智慧是一种挑战。生生互动，离不开师生互动，离不开老师的指导和必要的干预。有的借鉴多元智能理论的学校，在评价课堂教学中学生的活动时，提出了三个维度，即学生互动的广度、深度和投入度，是很有见地的，它可以多少保证互动式教学的有效性。实践证明，吸收有效教学的思想，对于整合多元智能的教学具有积极意义。

借鉴多元智能理论的实践研究，为时不长，仅仅从哲学层面上吸纳了一些先进的理念，对转变教育观念发挥了一定的作用，但是，严格的实践研究还很不够。

回顾百年来我国教育现代化的历程，不难发现，西学东渐，流派纷呈，此起彼伏如转轮，浮躁始终是教育现代化进程中的绊脚石。在“多元智能热”中出现了许多值得认真研究的问题，需要我们以务实求真的态度予以回答，继续进行探索。

（作者：梅汝莉）

第二章 多元智能在香港、澳门及台湾

香港和澳门地区教育工作者对哈佛大学加德纳教授于1983年提出的多元智能理论表示兴趣，是从90年代中期开始的，但是对多元智能理论进行有系统的学术研究并将它付诸实践，只是最近五年的事情。本人认为对多元智能理论研究所取得的成果做一中肯的综述为时尚早，但在研究及实践过程中所引发和必须面对的难题，颇值得我们深思，因此本文着重探讨多元智能理论及其实践值得大家反思的四大问题：

（1）老师如何从现行的活动教学中求变，学会设计符合多元智能理论的教学活动？

（2）评量专家尚且未能完全掌握多元智能的成长规律，教师是否有足够能力制作智能光谱，并据此因材施教？

（3）当学校全面开展多元智能教育时，教师如何回应家长对学业成绩提升的期望？

（4）目前在香港和澳门已开展的学术研究，在哪些方面支持多元智能理论的立论基础？

第一节 教师应学会设计符合多元智能理论的教学活动

一、符合多元智能理论的教学活动设计实例

我在澳门大学教育学院，开设了一些多元智能教学设计课程，老师最感兴趣的问题是：多元智能教育活动有何特征？是不是在设计中唱一首歌、讲一则故事、画一幅图画、做一些肢体动作、观察动植物的生长、做一些小统计、发表个人感受，以及在集体中进行学习，便是多元智能教学活动，毕竟在活动中已经包含了有助于启迪8种智能的元素。面对这问题，我会引用一个例子加以阐明究竟。

这例子是关于儿童非常爱玩的集体游戏“大风吹”。我曾仔细观察数名6至8岁的儿童如何进行游戏，发现这游戏设计是符合多元智能理论的。这游戏的规则是这样的：n－1名儿童围圈而坐，另有一名儿童站在圆圈中央，没有椅子供他坐下，因此他必须让一些儿童离开座位，然后才有机会坐下。由于椅子数目比儿童数目总是少一名，所以一定有一名儿童是没有座位的，游戏便是像如下情景一轮接一轮地玩下去：

甲（站在中央的儿童开始游戏）：大风吹！

围圈而坐的儿童一起说：吹起些什么？

甲：戴眼镜的男孩（或其他特征，唯按规定不能针对个别儿童，必须最少要以两名儿童为对象。）

（所有戴眼镜的男孩必须立即离开自己的座位，争夺其他没有被占据的座位，最后儿童乙争不到座位，她必须站到中央的地方，开始下一轮的游戏。）

乙：穿裙子的女孩（或其他特征，唯按规定不能重复先前提过的指令。）

（游戏便是这样一轮接一轮的玩下去。）

二、符合多元智能理论教学活动设计的基本原则

这个游戏的设计符合多元智能的多元化、脉络（情境）化、及分布化三大本质。首先，游戏需要儿童将三至五种智能作综合的运用。其次，“大风吹”游戏给予儿童一个生活化情境，好让他们在其中进行解决问题和创思活动。第三，儿童一起建构知识，一起协作学习，老师则尽量配合，在人力物力方面努力创建促进儿童学习的支持性环境。

在游戏过程中，儿童学会认知（例如：冬天到，大风吹，吹起树叶和沙尘）、学会做事（例如：帮助老师布置椅子进行游戏），学会做人（例如：尊重同学的感受，不要说出令他人难堪的说话），以及学会与其他人共处。每当某位儿童未能即时想到指令时，我们可以看到其他儿童如何努力地给予提示，从而看到“集体建构、共同学习”的奥妙之处。老师也会从游戏中发现儿童思维的四个特质：流畅性、精进性、变通性及独创性。例如，当儿童将可以轻易观察到的表面特征说完之后，便需要将思维方式改变，避免思维定势，才能有所突破，以下是一些我曾经观察到的例子：

男孩子

女孩子

……

（从一系列的简单指令，可以看到思维的流畅性和变通性）

……

戴眼镜的孩子

穿裙子的女孩子

……

（接着是一系列结合不同特征的复杂指令，可以看到思维的精进性）

……

（稍后，儿童必须有所突破，才能使游戏继续，这展现思维的独创性）

有妈妈的

有爸爸的（其他儿童立即跟进，再一次展现思维的流畅性和变通性）

……

（最后，有些聪慧的儿童想到，指令不一定是具有逻辑判断特性的，只要其他同学乐意离开座位便可。）

英俊的男孩子

美丽的女孩子

……

“大风吹”游戏给老师们的启示良多，对爱玩的儿童来说，游戏是学习，是一种转化“要我学”为“我要学”的一种适性自主学习模式。

第二节　在当前情况下如何实施因材施教

当评量专家尚且未能完全掌握多元智能的成长规律，教师是否有足够能力制作智能光谱，并据此因材施教呢？

一、“光谱计划”与多元智能评价

加德纳教授曾经联同“零点项目”（Project Zero）研究人员，成功开展旨在测量多元智能的“光谱计划”（Project Spectrum），此计划尽可能以自然方式来评价幼儿的心智架构。加德纳于2003在美国教育研究协会的主题演讲是这样评价“光谱计划”的：“我们也体会到，因为需要大量的资金和时间，创造性地进行智能的评估并不是一件容易的事。虽然如果有人愿意努力创建评估各种智能的手段，我会很高兴，但我已经决定不介入智能评估的领域。”

于世纪之交，在笔者的指导下，香港和澳门的一些幼儿园、小学和中学陆续探讨多元智能评量的可行方式，过去数年已有一些学校定期向学生派发一种反映儿童心智分布及其进展水平的智能剖面图——智能光谱（MI - Spectrum）。有些教育工作者会有以下一个疑问：“评量专家尚且未能完全掌握多元智能的成长规律，教师是否有足够能力制作智能光谱，并据此因材施教呢？”要回答这个问题，必须了解这些智能光谱是怎样制作的，制作时要回避哪些误区，以及如何运用智能光谱达致适性教育的目的。

二、《桃李芬芳：多元智能评量与适性教育》的问世与实施

数年前，华人地区的教育工作者，如果希望认识多元智能理论及其在教学的功用，主要是靠台湾和中国大陆学者翻译加德纳和其他美国学者（例如：Thomas Armstrong，David Lazear，Linda Campbell，Bruce Campbell，Dee Dickinson 和 T.R. Hoerr）的论著和经验。我留意到普通的中、小、幼教师，是没有足够的时间和精力去潜心钻研多元智能理论的，所以我便撰写了一本名为《桃李芬芳：多元智能评量与适性教育》的多元智能入门书籍，作为

师资培训之用。《桃李芬芳》开宗明义指出，多元智能教育遵从《中庸》开篇之“天命之谓性、率性之谓道、修道之谓教”思想，老师应该顺应上天赋予学生的禀赋，按适性原则修明儿童的本性。该书重点介绍了一些关于多元智能理论的基础知识：①加德纳是怎样定义 8 种智能的？②各项智能的表征是什么？③各项智能是循什么规律发展的？④在各智能范畴，谁是加德纳认可的典范人物？

各校老师可根据这些参考资料设计校本多元智能量表，小学和幼儿阶段的主要是由教师评量学生在 8 种智能所彰显的潜质、志趣和特长。每个智能量表是由 10—15 个项目组成，全部八个多元智能量表共有 80—120 项目。例如“与人交流时、善用言语”是语言智能量表其中一个可行的项目。老师必须为每一个多元智能项目制定合适的评量环境和评量标准，当各级别的全部老师达成共识后才可以为该级别的学生进行评量。评量方法可以是多元化的，以实作表现为主，个别或小组一起进行评量则视其项目的要求而定。

以“与人交流时、善用言语”为例，评量环境可以界定为在平时上语文课时学生之间交流时的情境，评量标准则宜采用李克特（Likert）三点量表：尚待发展、展现低度兴趣（L）；相当于年级/年龄水平（A）；优势能力、展现低度兴趣（S）。为了增加项目的区分度，老师可以参照中医的“八纲辨症”方式来界定评量标准。首先，考虑全级有哪些学生最有机会被评为（L），哪些学生最有机会被评为（S），这些学生在与人交流时究竟是如何善用言语的，这一步确定了三点量表的“阴”、“阳”两纲，最理想的情况是全级分别约有 15% - 30% 的学生被评为（L）和（S）。其次是思考是否存在着提升那些被评为（L）学生的发展至（S）的可能性。若答案是否的话，这项目的教育性便受到质疑，这一步确定了三点量表的“表”、“里”两纲。最后是从“量”与“质”两个方面考虑哪些学生应该被评为（A），这些学生在与人交流时是如何运用言语的，最理想的情况是大约有 30 - 70% 的学生被评为此等级，这一步确定了三点量表的“寒”、“热”、“虚”、“实”四纲。教师在制定量表的过程中体会到：严谨且艰巨的评量标准制定工作，使量表的建构效度得到最大程度的保证。

三、SMILES——校本多元智能学习评量系统的电脑软件

当然，老师是否真的如我们所期许般评量出高信度与高效度的多元智能数据以制作智能光谱，仍然有待进一步检验查证。打个比方，一位学员跟师傅学习中医诊症，老中医授与四诊方法（望、闻、问、切）和八纲辨症（阴阳、表里、寒热、虚实）准则来判断五脏六腑及身体健康状况。学员遵从指示诊症，但碍于经验所限，在新手阶段还是最好由老中医从旁确定断症是否正确为宜。基于同样理由，我们开发了一套名为 SMILES（校本多元智能学习评量系统）的电脑软件，它犹如老中医的角色一样，协助教师评鉴多元智能原始数据的信度和效度。

扼要地说，SMILES 首先对整个级别学生的原始数据进行项目分析，把欠缺区分度的

项目排除，然后计算每一个多元智能量表的 Alpha - 信度系数。如果八个量表的信度系数皆高于 0.75 的话，那么量表便有足够的内在一致性进行进一步计分程序。SMILES 会按照每个量表的四分位数将学生划分为四个进展水平，然后要求教师调校第一至第二、第二至第三、第三至第四个进展水平的阀值，使各进展水平之间在质的方面有足够大的差异，最后按 Messick“统一建构效度理论”解释八个智能的四个进展水平的含意，以及输出标准参照的智能光谱。

在运用 SMILES 制作智能光谱的过程中，教师在四方面可以得到专业成长：

(1) 关于那些区分度为负值的项目，验视是否对它们所蕴涵的意义了解不足，导致评量的严重偏差；

(2) 关于那些低区分度的项目，验视是否可以在调校评量标准，使学生间的差异更好地反映出来；

(3) 关于八个智能的四个进展水平，在对其解释并制定标准化评语的过程中，验视各进展水平是否跟智能成长规律相符；

(4) 关于如何有效地使用智能光谱，教师探究如何通过智能光谱加强家校合作来开发儿童的多元化潜能。

SMILES 多元智能评量取向，只适用于学前和尚未进行分科教学的小学低年级阶段。对小学高年级和中学阶段的学生进行多元智能评量，老师往往有力不从心之感——一方面是缺乏对多元智能成长规律的认识，另一方面是对学生欠缺多方面的认识。研究人员虽然能够为教师制定适用于评量对象的评量环境和评量标准，学校和教师也不一定愿意投入资源和精力为每一位学生进行多元智能评量。因此，学生自评，辅以教师的辅导和观察，是值得详加探讨的取向。

四、BRIDGES——多元智能开发暨优质教育咨询自评系统

这个有别于 SMILES 的评量取向名为 BRIDGES——多元智能开发暨优质教育咨询自评系统（Brain - based Recommendations for Intellectual Development and Good Education - A Self - Rating System），寓意智能光谱在升学就业所扮演的沟通桥梁角色。虽然“人各有智”是社会共识，但是如果智能真的是人如其面、各不相同的话，那么智能发展便会缺乏共性基础，也就谈不上有智能成长规律。但是，“人各有智”的确是多元智能理论拥护者所期待的特色，如何将评量数据所呈现的“共性”和“个性”恰当地处理好，是 BRIDGES 评量取向的焦点所在。

BRIDGES 是澳门地区应用多元智能理论于中学教育的宠儿，它是按如下研究程序建立起来的：跟 SMILES 评量取向一样，学校必须为每一年级学生制定校本多元智能自评量表。为了增加多元智能量表的变异性，以及扩阔量表所涉及的表征，八个量表是各由 15 项目组成的，皆采李克特（Likert）四点量表模式（1 = 不同意、2 = 少许同意、3 = 颇为同意、4

=同意)，整个量表由120个项目组成，每个量表最低15分，最高60分，最大全距可达45分。全部120个项目按八个智能循环组合成四个子量表，分四次每次15分钟给学生作答，作答前学生被告知此次测试主要是让学校当局找出他们的潜质、志趣和特长所在，方便因材配套之用。

测试完毕后，教师可以将自评数据输入BRIDGES电脑软件。软件会自动地分四个阶段完成系统建设工作：

(1) BRIDGES进行项目及量表分析，抛弃那些区分度为负值的项目，并对区分度低于0.25的项目以星号作出标示。虽然这些低区分度的项目会被保留，但是不会用来解释多元智能进展水平之用。

(2) 确保八个多元智能量表Alpha-信度系数大于0.70之后，BRIDGES会按每种智能的四分位数将学生划分为四个进展水平。接着是调整多元智能进展水平的阀值，务使相邻智能进展水平的智能总分约有6—8分差距——也就是说，如果你在某项智能的进展水平比我高一个进展水平的话，那么你在该智能量表中约有一半项目选项的同意度比我的为高，这就保证了智能进展水平之间在质的方面有足够大的差异。

(3) BRIDGES按八个智能的四个进展水平逐一进行分析，找出那些高区分度项目的众数所在，这便是该智能进展水平最有可能性的回答。BRIDGES自动给出多元智能进展水平分析结果，老师可根据这些结果撰写具有鼓励性和建设性的评语。

(4) 老师将8种智能的四个进展水平的评语输入BRIDGES系统，便可逐一为每一位学生输出标准参照的智能光谱。

BRIDGES自评系统的精彩之处，是它利用了八个多元智能量表Alpha-信度系数达到0.70或以上的机遇，即利用每个智能量表总分的一半有多个变异数进行进展水平分析，得出反映多元智能共性发展的智能光谱，以便老师根据8种智能分布情况及进展水平开展个性化适性教育。传统的量表分析会将各量表总分欠缺内在一致性的变异数看成是评量错误(error variance)，这正是Alpha-信度系数未能进一步提升的原因。但是既然“人各有智”，过往被看待成为评量错误的，在多元智能理论底下则可从不同视角看成学生与众不同之处。BRIDGES除了为每一位学生输入反映智能共性发展的智能光谱，同时输出学生在八个智能方面与众不同之处，老师只需按这些反映学生个性发展的报告跟学生进行咨询，察看这些与众不同之处的底蕴。如果在咨询过程中发现某些回答只是出于学生对项目的误解，老师搜集这些更正数据后，再次输入BRIDGES系统，便可得出一个同时反映共性以供智能开发，同时又能反映学生个性以供升学就业的咨询系统。

总的来说，虽然评量专家尚且未能完全掌握多元智能的成长规律，通过SMILES和BRIDGES的评量研究，证实教师在有评量专家的支援底下，是有足够能力制作智能光谱，并据此尝试开展个性化适性教育的。

第三节 教师要处理好开展多元智能教育与家长对学业成绩期望提升的矛盾

一、倡导“促进学习的评量”

从SMILES和BRIDGES评量取向可以清晰地看到，多元智能教育所追求的是一种尊重学生之间个性差异的适性教育，评量目的因而是朝向促进学生学习与发展的，力求将“因材施教”的“因材”弄清楚，好在“施教”方面达到“启迪多元智能、培养多元才能”的愿景。这种评量模式在学术界通称为“促进学习的评量”（Assessment for Learning），这是有别于在应试教育体系中的“评量学习”（Assessment of Learning），即从各学科领域通过标准化程序考评得来的学业成绩。

民间流传着一种说法，名为第十名效应，意谓在应试教育的情况下，往往出现“高分低能”情况。那些考试成绩排名在前列位置的学生，他们并不一定都是聪明的，也不全是想学、会学和乐学的。那些排名中等水平高一点的学生，却不难发现有相当一部分是聪明的。这效应的产生可能是这样的：在应试教育的氛围下，学生的精力全都放在应付考试中去。庆幸的是，有部分学生尚能抽出宝贵的时间，在考试搏斗期间仍然愿意投放精力在发展他们的潜质、志趣和特长上，因而他们的学业成绩尚可，但是他们的智能光谱比那些成绩优异者更为亮丽、多彩。

实践多元智能教育的学校有必要向家长解释“应试教育”和“适性教育”的区别，说服家长不应只是强调学业成绩的重要性，我们是否可以敞开胸怀，不要再让孩子不由自主地接受大人的洗礼，可否让他们及早立志、实现理想、追求梦想。须知21世纪是后现代终身教育社会，多元智能教育所热切实现的是一种“才华的发挥、命运的掌握”适性终身教育愿景，学生在学习旅途上，学会经营自己，运用睿智丰富自己的人生舞台，从而使人生旅程美满充实。

二、采用后现代“3E教育模式”的探索

自1999年起，香港和澳门一些幼稚园、小学和中学有系统地开展了一系列以多元智能理论为指导思想的校本行动研究。在过去四年，我的研究团队一直以“多元智能课程与教学活动设计”概念架构（参阅图2－1），配合国家教育及课程改革建议进行适性教育研究，采用后现代“3E教育模式”探索素质教育与教育的均衡发展的意涵，在此从多元智能角度将这些意涵按图2－1的四个范畴解释如下（详情请参阅张国祥，2003b，页44－49）：

（1）关键能力的诱发——在学生现有的心智水平，适时、适所地提供符合智能发展规律的环境和经验，将学生的多元化潜能适度萌发、多元化才能适度拓展。

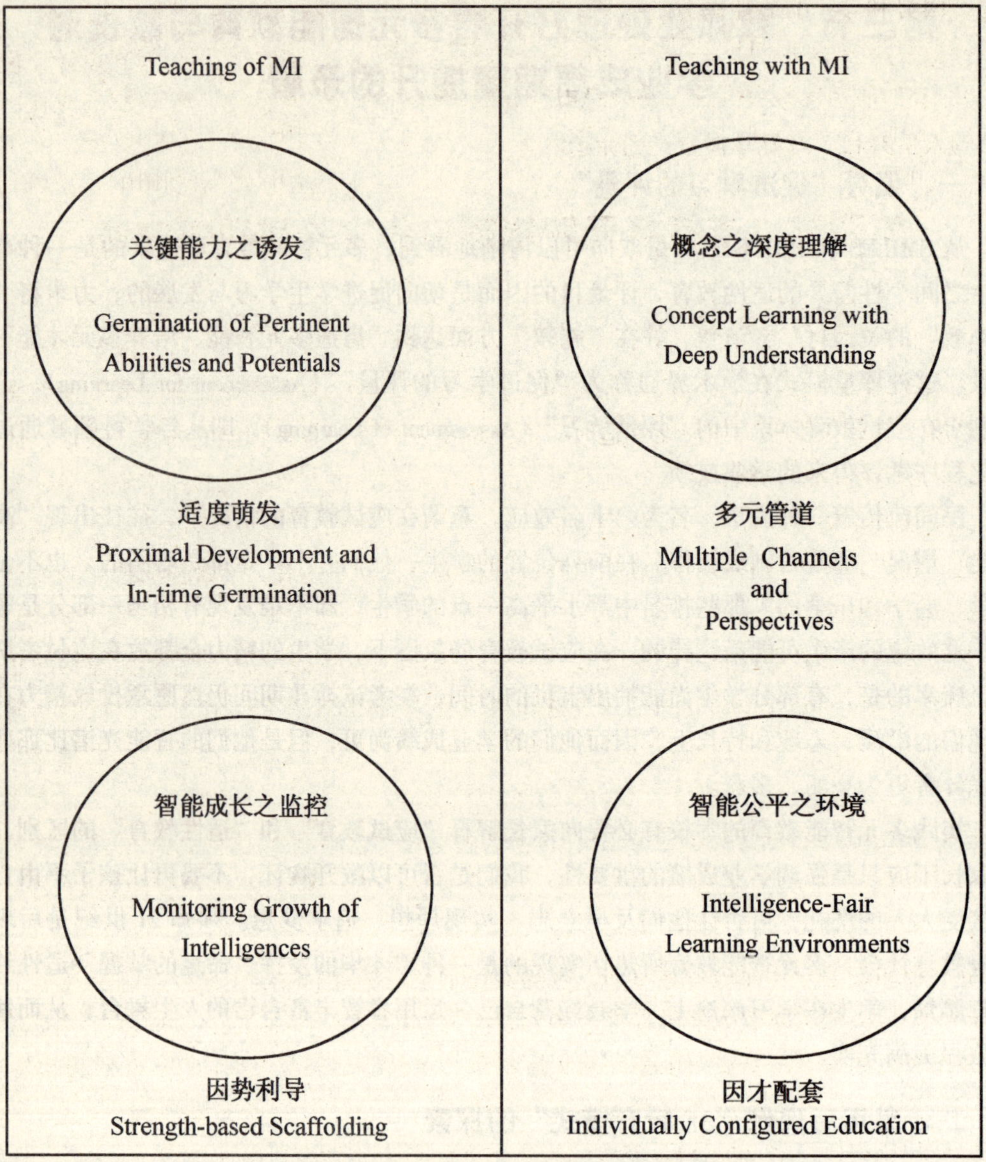

转载自张国祥．如沐春风:多元智能课程与教学设计．香港:晶晶教育出版社,2003.(97).

图 2－1　多元智能课程与教学活动设计

(2) 概念的深度理解——利用多元化学习管道去回应每位学生各具特色的求知方式，使重要的概念能够达到深度的理解。

(3) 智能成长的监控——利用优势智能帮助弱势智能的萌发和成长，根据智能光谱，实施“因势利导”的适性教育。

(4) 智能公平的环境——教学面向每一位学生，课程采“学习旅程”模式设计，设置“因才配套”的适性教育环境，力求导引学生学会经营自己，在悠悠一生中运用睿智丰富自己的人生舞台、好好掌握自己的命运。

第四节　支持多元智能理论的立论基础的探讨

一、关键能力的诱发

这方面的研究有着非常大的发展空间，目前的侧重点，主要集中在那些受到我们文化社会高度重视的关键能力如何能够适时、适当地萌发方面。各种智能的内涵、表征、成长规律、典范人物成才之路，以至智能与智能之间的依存关系，有系统的和本地的研究尚嫌不足。但这并不妨碍家长和教师担当“伯乐”的角色，尽心地发掘有潜质的人才。谨记不可冒进、急进，更不可将各种关键能力齐头并进地盲目开发拓展，不顾各项智能的黄金成长关键期及发展规律。

我们可从传统心理计量角度研究心智架构问题，研究的起步点是多元智能建构的相关系数矩阵（correlation matrix），目前在香港和澳门利用 SMILES 或 BRIDGES 制作智能光谱的学校，积存了大量尚待分析的矩阵资料，从幼儿以至高中一应齐备，这些都是撰写研究论文的好材料。表 2－1 载有澳门中葡职业技术学校初中一年级 8 种智能进展水平的相关系数，这是 BRIDGES 分析原始数据后提供的。这些基于学生自评数据得到的相关系数，数值皆是界乎 0.40 和 0.70 之间的中等水平，“MI 总分＊”一栏显示每种智能约有 40%－50%的变异数是跟其他七种智能相通的，这结果印证了多元智能学习任务的多元化特性，学生也不是通过单一智能进行学习的，教师实在不宜逐项智能对学生进行操练。

进一步检查相关系数矩阵可以检查多元智能的建构效度（construct validity）。跟语言智能相关比较大的是音乐智能（0.63）和人际智能（0.60），相对比较小的是自然观察智能（0.49）；跟逻辑数学智能相关比较大的是空间智能（0.65）和自然观察智能（0.62），相对比较小的是音乐智能（0.41）；跟空间智能相关比较大的是逻辑数学智能（0.65）、肢体—运动智能（0.63）和自然观察智能（0.61），相对比较小的是音乐智能（0.45）和内省智能（0.46）；跟肢体—运动智能相关比较大的是空间智能（0.63），相对比较小的是内省智能（0.43）和自然观察智能（0.44）；跟音乐智能相关比较大的是人际智能（0.64）和语言智能（0.63），相对比较小的是自然观察智能（0.40）和逻辑数学智能（0.41）；跟人际智能相关比较大的是音乐智能（0.64）和语言智能（0.60），相对比较小的是自然观察智能（0.43）和逻辑数学智能（0.44）；最后，跟自然观察智能相关比较大的是逻辑数学智能（0.62）和空间智能（0.61），相对比较小的是音乐智能（0.40）、人际智能（0.43）

和肢体—运动智能（0.44）。从上述智能之间的相关系数，初步从实证角度显示了多元智能理论所涉及智能运用及其展示的依存关系。

表 2-1　多元智能进展水平皮尔逊相关系数（N = 111）

语言	逻辑	空间	肢体	音乐	人际	内省	自然	
语言	1							
逻辑	0.58	1						
空间	0.56	0.65	1					
肢体	0.55	0.58	0.63	1				
音乐	0.63	0.41	0.45	0.57	1			
人际	0.60	0.44	0.51	0.57	0.64	1		
内省	0.55	0.56	0.46	0.43	0.61	0.70	1	
自然	0.49	0.62	0.61	0.44	0.40	0.43	0.50	1
MI 总分	0.80	0.78	0.78	0.77	0.77	0.79	0.78	0.73
MI 总分*	0.73	0.70	0.71	0.69	0.68	0.72	0.70	0.63

* 这是将 8 种智能总分扣除了与其计算相关系数的智能的分数，然后才计算相关系数。

我们也可从当代神经心理角度研究心智架构问题，研究的起步点是脑部运作扫描得来的图片。香港中文大学、香港大学、香港城市大学及香港理工大学于 1999 年开展了一项名为“脑神经科学与语文教学研究计划”，研究题目为“如何学好语文 — 学习过程的科学探索”，其中重点探索：① 语音（母语、英语、普通话）教学对不同年龄学生（幼稚园、小学）的教学效果；② 词汇与文法分开施教及融合施教的比较；③ 系统性和重复性学习的差异；④ 平读、朗诵、唱咏对学生记忆和理解的影响。此计划认为脑是人类认知和学习的枢纽，如果能以最有效的方法刺激及训练大脑思维，学习语文时也许更加得心应手。因此，研究主要探究脑神经科学技术（如脑电图、功能性核磁共振显象）如何有助改进语文教学，解释学习与生理有何关系，以及平读、朗诵与唱咏对学生记忆有何帮助等问题，整个耗资 2000 万港元、研究长达 3 年的教学实验共有约 300 名幼稚园和小学学生参与。

虽然近年许多学者已就脑科学进行了广泛研究，但一般总离不开与生理缺陷、病理诊断及其他医学有关的范畴，上述脑科学研究则将范畴普及至正常学生，以及应用于语文教育的基础，从而发展出适用于香港小学生的“六星期语文学习模式”——先用四星期学习词汇，再用两星期学习文法，以及幼稚园先学英文拼音，稍后才学普通话拼音的高效能语文教学模式。研究证实如果能像《三字经》和《千字文》一样，根据语义的类别把生字归类起来记忆，便能令语文学习事半功倍。至于加强记忆的方法，按韵律读出词句与配乐唱出词句双管齐下方法能有效记忆中文，英文则只须平板地读出便可。最后，本研究发现负责左右脑之间信息传递的胼胝体的厚度与学生的学习表现成正比，以及男女生学习语言的差异——男生在处理中文字时，偏向使用脑部负责视觉的部分，女生则偏向使用脑部听觉的部分，这些成果有待更为深入的验证。

二、概念的深度理解

这是教师应用多元智能理论于课堂实践最具前景和效用的领域。例如在学前教育课程中，有不少概念（例如：大小、形状、韵律、质感、天气、同理心、合群等）是需要幼儿在成长过程中达到深度了解的。但是，幼儿的智能结构，各不相同，多元智能理论提醒教师，可以设计多元化学习渠道让学生将学科内容透彻了解，目标是每一位学生都有适性的学习渠道，并且每堂课都可以透过多种求知方式进行学习。鉴于多元智能的“脉络（情境）化”和“分布化”本质，活动教学应跟学生的生活环境紧密联系，并且多采用“集体建构、共同学习”的模式让儿童进行学习。

多元智能教学可以成为教师教学生活的重要组成部分。虽然教师仍然可以应用目前广泛流传的布鲁纳（Bruner）式教学设计，将概念以不同方式表达（i.e. enactive，iconic，symbolic modes），同时将知识技能以螺旋深化方式贯通起来（i.e. spiral approach），进而在这基础上设计活动和规划课程。但是，实践布鲁纳式教学法时，老师的焦点主要是投放在知识结构层面上，希望以不同认知层次水平的表达方式来解决学生间能力差异问题，而不是像加德纳所提倡的，力求回应每位儿童各具特色的求知方式，提供多元化学习管道实践个性化适性教育（individually configured education）。

多元智能活动设计方针有三：首先，利用九宫格式思考板（Think Board）规划多元学习管道的教学活动，不能只是偏重 2—3 种求知方式进行学习。第二，活动应该在学生感到有切身关系的情境中进行，不能照本宣科，脱离生活实际。最后，活动提供充足机会让各项潜能得以启迪，在“集体建构、共同学习”的环境中培养多元才能，特别是解决问题能力和创造力。这三个方针都是跟智能的“多元化”、“脉络（情境）化”和“分布化”本质有关的（参阅表 2-2 的概念教学例子）。

此外，鉴于多元智能理论着重启迪潜能、培养才能，特别是创造性解决问题能力，“多元智能创思解难教学模型”便被设计出来指引教学活动的实践。图 2-2 的“五角模型”突出了五种有利于问题解决和创作的过程：“找一找”、“想一想”、“问一问”、“比一比”及“做一做”。“找一找”启发儿童的好奇心，“问一问”帮助他们了解有什么有用的资料，“想一想”要求儿童发挥想像力，力求灵活多变，“比一比”敦促儿童将所思所想跟目前实际情况和要求作出分析比较，看看意念是否可行可取，如果答案是正面的话，不妨“做一做”，培养儿童的务实才能。

表 2-2 多元智能概念教学活动设计(大/小概念)

1. 语言: 老师将两个气球,一个吹成大的,另一个吹成小的挂起来。接着引导幼儿进行比较,并出示"大、小"字卡片,让幼儿将气球和字叽进行联系。 老师再将一个气球吹大,继而泄气,复吹大直至吹爆为止。然后与幼儿念儿歌: "吹泡泡,吹泡泡, 吹成一个大泡泡, 当心把它吹破了,嘭!" 可随意将儿歌中的大泡泡改成小泡泡,红泡泡……等。	2. 人际: 幼儿互相手拉手围圈,在老师引导下合作和协调地进行集体游戏。	3. 空间: 老师与幼儿手拉手围圆圈,扮做气球。当气球小时,幼儿集体走向圆心,当气球大时,集体向外展开,从而认识空间的概念。
4. 身体动觉: 老师说:"气球慢慢吹大",幼儿围的圈就慢慢向外展开,老师接着发出"嘭"的一声,幼儿模仿气球爆破时的碎片,快速地倒下。 老师说:"气球破了小洞",幼儿围的圈就向内靠拢,模仿气球逐渐变小,聚在圆的中心,最后像泄了气的气球纷纷倒在地上。	概念:大/小 (幼二年级) 活动:吹汽球	5. 逻辑数学: 幼儿从吹气球的活动过程中,从气球充气过程中的变化,认识"大、小"概念。老师在活动过程中也可以复习数数,例如:吹了多少个大波波,多少个波波爆破了,泄气的波波有多少个等。
6. 自然观察: 让幼儿认识到,气球充气和放气是会影响气球大小的。从气球变大变小的过程中,儿童了解大小的概念是相对的,不是绝对的。若环境和资源许可,老师可引导幼儿将周围所见到的物件进行比较,例如大的苹果,小的荔枝等。	7. 内省: 幼儿反思自己在游戏中的感受和与同伴之间的合作关系。	8. 音乐: 5 66 |5 33| 吹 波波 吹 波波 53 21 |53 5| 吹成一个 大波 波 53 21 | 1 31 | 1 - | 当心 把它 吹破了"嘭"!

转载自:张国祥.如沐春风:多元智能课程与教学设计.香港:晶晶教育出版社,2003.169.

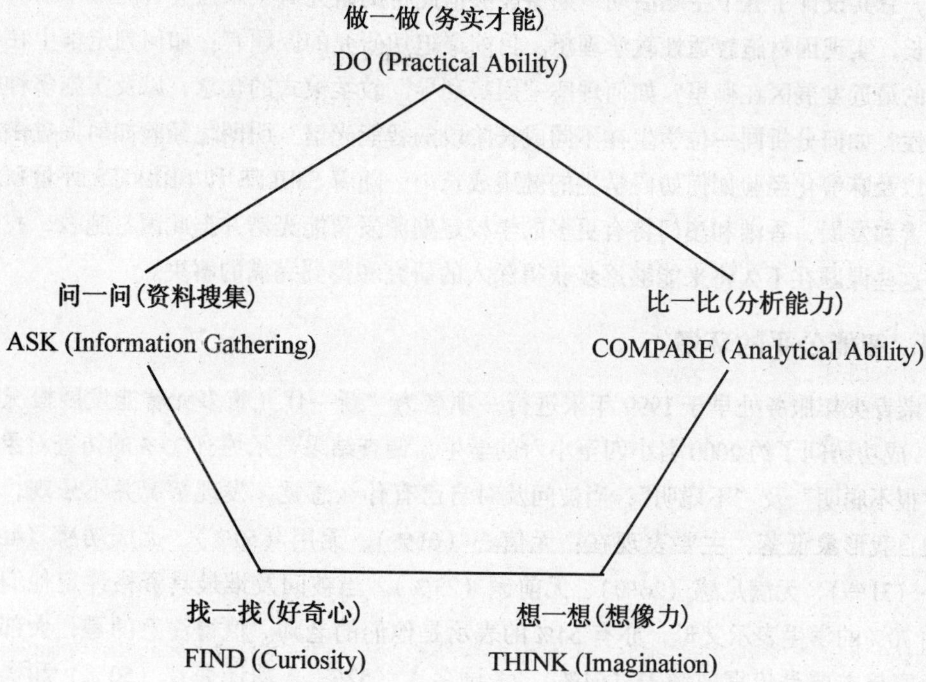

转载自:张国祥.春风化雨:多元智能教育荟萃.香港:晶晶教育出版社,2003.52.

图 2-2　多元智能创思解难教学五角模型

三、智能成长的监控

这领域是应用多元智能理论于教育实践最为困难的范畴。多元智能标榜潜能的可塑性及才能的可发展性，因此反映心智架构的的智能光谱，其智能分布及进展水平如何适应儿童成长及终身学习而产生变化，是极具挑战性的研究课题。多元智能评量必须处理好智能的共性与个性发展，所以智能成长监控这课题，并不如传统 IQ 概念般简单地以智商分数经过教学操控实验后的增减所能比拟的。因此，教师如何根据智能光谱所反映的智能架构，适应儿童各具特色的志趣和特长，设计能促进优势智能持续成长，以及诱导弱势潜能萌发的适性教育活动，是非常值得探究的课题。澳门巴波沙中葡小学曾经对一位小四学生试验智能成长监控，初步证实这种“因势利导”教学模式的成效和可行性。

巴波沙中葡小学班主任首先分析研究对象的家庭背景，总结研究对象对智能光谱所载表现的反应，以及列举各参与评量的老师对智能光谱的解释；继而分析了影响研究对象智能发展的明朗化经验和麻痹化经验，探讨这些经验对优势和弱势智能表现的影响；综合这些诊断性资料之后，班主任最后按实际课程进度提出了符合多元智能理念的补救和增润教学建议，总共设计了五个主题活动，期望能够借此帮助研究对象以强势智能来带动弱势智能的成长，实现因材施教适性教学理想。目前最迫切研究的课题有：如何判定学生在各智能领域的最近发展区在哪里？如何理解“因势利导”教学模式的含意，以及实施多种模式的可能性？如何分析同一位学生在不同成长阶段的智能光谱？明朗化经验如何促进潜能的萌发，以及麻痹化经验如何妨碍学生的健康成长……随着 SMILES 和 BRIDGES 评量系统的不断完善和发展，香港和澳门将有更多的学校定期派发智能光谱并据此因材施教，我们热切期待这些课题在不久将来能够逐步获得深入的研究和得到完满的解决。

四、智能公平的环境

香港青少年服务处早于 1999 年末进行一项名为“新一代儿童多元智能发展概况问卷调查”，成功访问了约 2000 名小四至小六的学生，调查结果显示约有 25%的访查对象认为自己“很不聪明”及“不聪明”；当被问及对自己有什么感觉，发现情况并不乐观，被访对象的自我形象低落，主要表现在：无信心（61%）、无用（50%）、无成功感（46%）、不开心（31%）、无满足感（26%）、无前途（23%）。当被问及谁最具资格评定他们最聪明，约 70%的学生表示父母，亦有 54%的表示是他们的老师。值得注意的是，大部分学生认为家长主要是依靠成绩表（64%）、考试名次（52%）、功课表现（50%）和操行分（39%）评定他们是否聪明的，约有 53%的学生认为父母如果能够多些关心和教导，他们是可以变得更为聪明的。

香港天主教石钟山纪念小学，以多元智能为理论基础，自创多元化课程与评量方法取代传统应试教育课程。该校校长秉持着“要改革课程，不默书不考试，让学生可以多些空间和时间”的想法，力求将学校改变成为“超智校园”，使它成为培养学生学习能力的乐土。校长承诺让老师有充分发展的空间，例如：我们从早会泡制的“早晨美点”——“听话菠萝包”、“活力鲜橙汁”、“润喉皮蛋粥”、“进取煎双蛋”和“千人活力操”等启发创意和思维的活动中可见一斑。在获得香港优质教育基金的拨款后，该校教师于 2001 年用了 3 个月的时间，为小一学生设计了“我爱大自然”和“我你他是一家”的学习环境来促进多元智能的发展，老师自创“超智校园”学生手册和家长评量表，每天让学生、家长和老师有机会交流育儿心得，大大增强了家校合作的机会，师生的关系变得更为密切。

其实，香港和澳门地区有不少学校尝试创设智能公平教学环境。在纪念多元智能理论面世 20 周年出版的《春风化雨：多元智能教育荟萃》一书中，便记载了港澳十所幼稚园于世纪之交在这方面的努力。这些努力包括：

(1) 研究如何从传统教学走向多元智能活动教学；

(2) 研究如何利用多元智能理论设计深度理解的概念教学，期望摆脱以往教师主导的传统教学模式；

(3) 研究如何聆听童声，老师与幼儿共同生成不同主题（如“树叶”、“食物”）的亲子方案教学活动；

(4) 研究如何配合“探索人体结构”主题，充分利用社区资源（如香港科学馆生命厅）进行探究式学习，制作人体模型，实验自主协作学习模式；

(5) 研究如何配合“我爱我的家”主题，充分利用社区资源（如公园、泳池）进行探究式学习，制作环境设施模型，实验自主协作学习模式；

(6) 研究如何配合“家居附近环境”主题，充分利用社区家居附近环境资源（如超级市场、诊所）进行探究式学习，制作环境设施模型，实验自主协作学习模式；

(7) 研究如何突破校舍及环境限制，试验主题方案教学，尽量与社区资源配合，构建“智能公平”的教学环境；

(8) 研究如何应用多元智能理论评量学生智能分布和进展水平，向家长派发智能光谱，并系统地为老师举办一系列的活动，带动教师自我学习，促进教师专业成长；

(9) 研究如何实施小班制教学，充分利用智能光谱的沟通桥梁作用，加强家校合作及联系，力求把每一位孩子带上来。

《春风化雨：多元智能教育荟萃》一书还总结了校本多元智能行动研究的四大特色：

(1) 老师通过不断的行动研究“赋权增能”,结合本土文化,将幼儿教育看待为学校教育和终身教育的奠基阶段,因地制宜地实施素质教育,致力为幼儿一生的发展打好基础；

(2) 幼稚园尽量与家庭和社会紧密结合，综合利用各种教育资源，课程力求“减负强本、一贯统整”，为小学衔接和未来发展创造有利条件；

(3) 幼稚园致力于创设健康的、丰富的生活和“智能公平”学习环境，满足幼儿多方面发展的需要，追求“想学、会学、乐学”的愿景；

(4) 尊重幼儿的人格和权利，按每位儿童的潜质、志趣和特长，以游戏为基本活动，保教并重，实施“因势利导、因材配套”的“因材施教”教学模式，促进每位幼儿富有个性的发展。

可以说，这些特色皆是符合中国教育部所颁布《幼儿园教育指导纲要（试行)》第一部分的总则的。

除此之外，香港赵钧鸿博士在她主持的十多所幼稚园试验并开发成功的《晶晶主题学习资料》，是全中国首套标榜后现代多元智能教育的幼儿课程。这套符合中国教育部《幼儿园教育指导纲要》教材，每本书都是从“主题目的”开始的，清楚标示学习旅程在“情绪智能”、“语言”、“音乐”、“数学逻辑”、“空间”、“身体动觉”、“认知”、“联想和思考”、“创出新意念”、“好习惯”及“亲子乐”等学习方向，皆是亲师必须携手努力的地方。仔细地分析内容发现整套学习资料是由一连串主题学习网络构成——每个主题、子题及分题皆贴近学生生活，螺旋的、渐进的贯通整个幼儿学习阶段，让幼儿学会认知和学习方法、学会做人和处事态度、学会生存和磨炼意志、以及学会与人共处和生活，一步步地为小学学习及往后生活充分地做好准备。所有活动设计符合多元智能“适度萌发”的三项基本原则：① 既适合幼儿的现有水平，又有一定的挑战性；② 既符合幼儿的现实需要，又有利于其长远发展；③ 既贴近幼儿的生活来选择幼儿感兴趣的事物和问题，又有助于幼儿的经验和视野。

虽然港澳地区在智能公平环境的研究和发展，可以用“小成”加以形容，但是仍有需要注意的地方。2002 年加德纳应邀在香港中文大学教育学院演讲，题目是“良工：卓越与伦理兼备的学校教育”（Good Work：When Excellence and Ethics Meet in School）。加德纳提到“良工”必须兼顾到卓越与伦理两方面，它是要考虑到卓越成就背后的道德操守的。个性化素质教育倚仗智能公平环境的创设，需要给予智能展现的时间和空间，更需要老师运用睿智和无私的奉献，儿童方有望适性茁壮成长，这一切道明老师非有道德良知不可。加德纳的忠告对急功近利、追求升学率的教育工作者来说，起着当头棒喝的作用。

五、前景展望

诚如本文开篇所说，对多元智能理论研究所取得的成果做一中肯的综述为时尚早，但如果能够认识到实践多元智能教育时的误区所在，汲取并总结经验后再行上路，实是教育工作者今后可行的方向。

从 2003 年开始，为了更好地将学与教的成果显而易见地呈现在学生、家长和公众眼前，澳门一些小学已开展了“多元智能培育及记录研究”（Multiple Intelligences Nurture and Documentation Study）。这个简称为 MINDS 的行动研究共有下列四个研究目的：

（1）探讨如何以学校为本位创建一个支持学生多元智能萌发和实践适性教育理想的教学环境。

（2）探讨老师如何通过学习记录潜能开发过程来加深对适性教育的了解，从而达到教师专业成长。

（3）探讨老师如何通过记录将学与教过程显而易见地呈现在学生及家长眼前，发挥潜能开发记录的沟通桥梁作用。

（4）探讨如何根据多元智能理论开展“集体建构、共同学习”适性教育活动，启迪多元智能，培养多元才能，特别是创造性解决问题的能力。

我们期望这些有系统的、认真的多元智能应用研究，能够较好地实践我国《中庸》所推崇的适性全人素质教育思想——老师应该顺应上天赋予学生的禀赋，按适性原则修明学生的本性。

（作者：澳门大学　张国祥博士）

下编　实践举要

为多元智能而教

用多元智能来教

——大卫·拉泽尔

第三章 多元智能在幼儿教育中的实践

幼儿教育是国家国民教育的基础和组成部分，随着社会的不断进步，幼儿教育受到了越来越广泛的重视。加德纳的多元智能理论以及在这一理论指导下的幼儿教育实践在当今世界上具有广泛影响，多元智能理论和实践在中国的幼儿教育领域也开始产生影响。本章希望通过南京师范大学的一项研究、一所公立幼儿园和一所私立幼儿园的教学实践，展示最近十年以来多元智能理论的发展状况，以及中国幼儿教育在这一方面的不足和问题。

第一节 幼儿教育与多元智能理论

一、幼儿教育发展的背景

幼儿教育是中国基础教育的重要组成部分，中国各级政府和社会各界都十分重视幼儿教育事业的发展。目前，在园幼儿达2400多万。动员全社会的力量，多渠道、多形式办园是中国幼儿教育事业发展的主要经验之一。随着《幼儿园管理条例》、《幼儿园工作规程》和《幼儿园教育指导纲要》及其他法规、政策的颁布和实施，中国的幼儿教育正在不断走上法制化和规范化的轨道。幼儿教育在促进幼儿发展、解除家长后顾之忧及促进社会进步等方面起到了不可替代的作用。

中国的幼儿教育针对中国幼儿发展的特点，提出了教育性和福利性双重性质，并坚持保教并重的原则。幼儿园主要培养目标是：促进幼儿身体正常发育和机能的协调发展，增强体质，培养良好的生活习惯、卫生习惯和参加体育活动的兴趣；发展幼儿的智力，培养正确运用感官和运用语言交往的基本能力，增进对环境的认识，培养有益的兴趣和求知欲望，培养初步的动手能力；萌发幼儿爱家乡、爱祖国、爱集体、爱劳动、爱科学的情感，培养诚实、自信、好问、友爱、勇敢、爱惜公物、克服困难、讲礼貌、守纪律等良好的品德行为和习惯，以及活泼、开朗的性格；萌发幼儿初步感受美和表现美的情趣和能力。这些目标，涉及幼儿发展的各个智能领域，充分体现了幼儿发展的全面性和和谐性。

长期以来，中国幼儿教育界一直在探索科学的幼儿教育目的、内容和方法。在中国的幼儿教育发展史上，出现过模仿、借鉴日本、欧美及苏联的时期，这种模仿和借鉴对于中国幼儿教育事业的发展起到了促进的作用。在模仿、借鉴的同时，也出现过改革和创新。在中国幼儿教育史上，陈鹤琴、张雪门、张宗麟等先驱都是幼儿教育改革和创新的支持者和实践者。兼容中西、立足国情、实践论证是他们研究和实践的共同特点。今天，不断学习和借鉴国外幼儿教育的先进理论，仍是幼儿教育发展的重要途径之一。当然，中国幼儿教育发展的主要推动力量是成千上万幼儿教育工作者在科学的理论指导下对相关理论和观念的深入领悟与创新性实践，不再是对个别实践模式的简单模仿，因为，任何不顾国情的简单模仿最终都不会取得真正的成功。

二、当前幼儿教育面临的主要问题

现阶段，中国幼儿教育面临的主要问题有：

1. 社会经济体制的改革，带来了办园体制的变化，幼儿教育发展面临新的困难与压力。一些政府部门尤其是基层政府办园职能的削弱，对幼儿教育事业的健康持续发展造成了一定的影响。幼儿教育办园体制的波动对幼儿教育经费的投入、师资队伍的建设乃至幼儿教育的质量都产生了一定的负面影响。

2. 国家提出的办园宗旨、幼儿园的办园理念与家长的要求之间的矛盾日益明显。这种矛盾表现在对幼儿发展目标的定位和教育内容的选择上。中国的幼儿园应具有保育和教育双重职能：既促进幼儿全面和谐的发展，又解除家长的后顾之忧。这是中国幼儿教育法规和政策的基本指导思想。绝大多数幼儿园也明了这一基本思想，并努力加以贯彻和落实。但是，家长的要求也是幼儿园必须加以考虑的，如有的家长特别关注外语学习，有的要求教大量古诗词，有的对幼儿的数学学习有特别的要求，有的则热衷于艺术类科目等等。这样，在幼儿园和家长之间，既有和谐一致，又有矛盾冲突。这些矛盾和冲突如能加以合理引导，将有助于事业发展，如不能得到合理引导，将严重影响事业发展。

3. 幼儿教育应该在面向全体幼儿的同时，关注每一个幼儿，促进每一个幼儿在原有水平上全面和谐的发展。目前，幼儿教育不能只满足于关注大多数幼儿，应切实做到关注每一个幼儿，促进每一个幼儿的健康发展。

4. 在幼儿教育实践中，存在关注文本和计划，忽视幼儿现实表现和需要的情况；存在关注完成任务，忽视幼儿实际发展的现象。如何真正以学定教，以幼儿发展的实际状况决定教育的内容和策略，是当前幼儿教育必须进一步加以研究和解决的问题。

5. 幼儿教育如何真正做到多元化、多样化。多元化和多样化是从两个意义上说的。一是：中国是个人口大国，社会、经济及文化发展的地区差异相当明显。如何从各地的实际出发，因地制宜，选择最适宜的发展道路，幼儿教育才有可能是多元化的和多样化的。这就必要衡量什么是适宜的，什么是不适宜的；什么是合理的，什么是不合理的。二是：幼儿教育的方法和手段应该是多元、多样的。因为幼儿的需求各不相同，现实背景也有差异，资源又各具特色，老师个人状况也不尽一致，因此，幼儿教育的实践一定是多样化的。但现实的情况是，貌似多样化的实践中有许多难于更改的、根深蒂固的整齐划一，这种整齐划一制约了创新。

6. 幼儿老师专业发展的问题。包括如何形成一种有利于老师专业发展的良好机制，如何使老师有不断了解和接受新理论的自觉性和主动性，如何使老师自觉地运用科学理论去解决教育实践中的问题，如何使老师真正具有创新思维和创新能力。

以上几方面的问题，是当前中国幼儿教育中面临的主要问题，这些问题的解决，需要社会的不断发展，需要全民族幼儿教育观念的不断变革，需要法律法规的不断完善和落实，也需要借鉴一些先进的理论。

三、多元智能对中国幼儿教育实践的意义

加德纳的多元智能理论是20世纪后期人类智能研究领域中最具影响的研究成果。他的《智能的架构：多元智能理论》（Frame of Mind: The Theory of Multiple Intelligences）向世人展现了人类智能的一种新的结构形态，也是人类对自身智慧的一种极具创造性的描绘。多元智能理论将智能定义为解决问题或创造出某个社会重视的产品的能力。所有的个体具有不同程度的8种相对独立的智能，如语言智能、数学—逻辑智能、音乐智能、空间智能、肢体—运动智能、人际和内省智能及自然观察智能。

最难能可贵的是，多元智能理论的研究一改过去智能研究依赖大学实验室的状况，将人类学习和智能发展的实验场所设定在教学现场，并让老师、学生及家长共同参与到研究的过程之中。因此，多元智能理论本身内在地具有了教学的指导和借鉴作用。以多元智能理论为主要依据的美国多彩光谱计划（Project Spectrum）向人们展示了多元智能理论在教育实践中的现实成就。多元智能理论及其多彩光谱计划的经验对中国幼儿教育的改革和发展的作用也是毋庸置疑的。

多元智能理论及多彩光谱计划对当前中国幼儿教育的改革和发展的主要意义在于：

1. 教育所追寻的结果，并不只是学习者在传统的标准化测验中的成绩的提升，因为，标准化测验并不能全面和充分的说明人类智能的发展。多元智能理论对教育目标和教育内容的拓展、对幼儿教育的改革具有重要的意义。

2. 智能并非完全与文化无关的，并不是不管个体的来自何种背景都依循共同的发展顺序。在许多活动“领域”，个体的发展反映与文化背景相关。不同的个体在某些领域的发展上可能拥有优势，相反，在另一些领域的发展上可能显现相对的弱势。教育必须关注这种差异，并努力激发不同个体的潜能。这对于真正贯彻落实“面向全体，注重个别差异，促进每个幼儿在原有水平上的发展”的原则具有重要的启发意义。

3. 多样化的、有差异的发展，以及不同的发展领域，需要多样化的活动。根据不同的发展领域，根据学习者的发展特点和需要，创造性的设计和引导相关的活动是十分必要的。

其实，改革开放以来，中国幼儿教育界所倡导的很多思想和观念与多元智能理论的精神不谋而合，如中国幼儿教育倡导“引导幼儿教育全面和谐发展”、“促进幼儿富有个性的

发展”、“充分激发幼儿的潜能”、“关注幼儿的个别差异”、“促进每个幼儿在原有水平上的发展”、“幼儿教育的内容和方法应因人而异”等等。而且中国幼儿教育界在这方面也积累了大量的实践经验。这些经验是中国幼儿教育的宝贵财富，对这些经验的总结和提升是十分必要的和有价值的。如果在总结和提升的同时，能有意识地深入研究和借鉴多元智能的理论和相关的实践，对我国幼儿教育发展将具有重要的促进作用。

四、多元智能理论在幼儿教育中的实践

多元智能理论在幼儿教育界的影响，始于加德纳的《多元智能理论》中译版在中国大陆的出版。但一开始这一理论的影响主要在理论界。到20世纪90年代末，幼儿教育界有关多元智能研究的文献还不多。截止2003年12月，全国幼儿教育4种主要期刊发表的有关多元智能的专题文章共18篇，其中多停留在介绍的层次上。20世纪90年代中期以来，一些大专院校的学前教育专业和幼儿师范学校的教材中已经开始介绍多元智能理论。在中国“儿童发展中心”所办的《父母世界》杂志改版的创刊策划中，主办者提出了以多元智能、新观点为主线贯穿新刊的内容，从第一期起，就鲜明地提出了帮助父母认识儿童的多元智能，帮助儿童发展多元智能的新主张，连续介绍多元智能理论，多元智能的测评方法，促进多元智能发展的教育策略，报道了父母鼓励子女发展多元智能的实例，受到广大读者的欢迎。近10年来，多元智能这个专业词汇在幼儿教育杂志上出现的频率越来越高。1997年4种重要期刊出现“多元智能”这一词汇的频率是平均每期1.8次，2003年为平均每期7.7次。由此可见，多元智能理论在中国幼儿教育领域的影响正在不断增强。

近年来，有关多元智能的科学研究也在不断加强。一些全国范围的规划课题开始关注多元智能理论，或将多元智能理论作为重要的理论基础。一些省部级的规划课题直接以多元智能及其实践作为研究内容。此外，还有很多学会或市级课题将多元智能及其实践作为研究内容。

在幼儿教育实践领域，多元智能理论真正产生影响是在20世纪90年代中后期。有关多元智能理论的实践虽然还没有出现有重大影响的研究计划和研究成果，但在研究和实践中自觉运用这一理论的幼儿园及老师是大量存在的。综观多元智能理论在中国幼儿教育实践中的状况，有这样两种基本情形：

1. 将多元智能的理论作为幼儿园教育尤其是幼儿园课程重要的理论依据

截止2000年，我们所收集到的全国正式出版的幼儿园课程方案（有的自称为幼儿园教材）有23种，其中明确提出以多元智能理论为指导或受多元智能理论影响的有7种，占30.4%。2000年到2003年，我们收集到8种幼儿园课程方案，其中明确提出以多元智能理论为指导或受多元智能理论影响的有6种，占75%。多元智能理论的作用一般在于指导幼儿园课程内容和活动选择，指导幼儿园关注幼儿的个别差异，指导幼儿园为不同发展水平的幼儿提供各种有针对性的活动和经验。近年来，多元智能理论对幼儿园课程的内

容领域及相应的幼儿发展领域的思考和实践提供了新的思路。不同的智能领域与老师经验中原有的幼儿学习领域和发展领域的差异能引发老师创造性的构建和实践。

2. 将多元智能理论作为某一发展领域或课程领域的实践指导

在中国，明确提出并真正全面实施或实践多元智能理论的幼儿园并不多见。但根据多元智能理论的精神，在某一个或两个智能领域开展研究和实践的幼儿园为数不少，根据杂志和网络检索，目前中国大陆开展这类研究的幼儿园有 31 所。在这些幼儿园中，用实验的方法开展研究的有 3 所，大部分幼儿园主要是进行尝试性的实践，在学习和借鉴的同时，进行创造性的实践探索，以对幼儿在特定智能领域的发展及教育有较为全面深入的把握。在这类幼儿园中，有关语言智能、空间智能及数学—逻辑智能的研究居多。

从目前可查寻的有关多元智能理论的实践研究的成果可见，多元智能理论的确开阔了广大幼儿教育工作者的视野，的确引发了广大幼儿教育工作者对幼儿的智能、对幼儿发展的新认识，在一定程度上推进了幼儿教育实践的改革和创新，提高了幼儿教育的质量。

同时，值得关注和必须加以纠正的现象是以多元智能理论为幌子，不顾幼儿的实际发展水平和兴趣，鼓吹和推行在幼儿阶段大量识字和进行与幼儿思维发展水平极不相称的数学训练。更有甚者，少数人还借多元智能理论为名从事某些严重违背科学准则的商业炒作。

第二节　多元智能理论指导下的幼儿园和谐发展课程方案

——南京师范大学的实践研究

一、研究的缘起

“多元智能理论与和谐发展的幼儿教育”是一个运用心理学中有关多元智能的理论来构建幼儿教育理论和推进幼儿教育实践的课题，该课题是江苏省哲学社会科学“十五”规划课题，2001 年 9 月开始启动。在这个大课题中包括了一个子课题：“多元智能理论指导下的幼儿园和谐发展课程方案”。该“方案”有新的视角。主要思路是：

1. 深入、系统地解读多元智能理论，把握这一理论的核心精神，同时，进一步了解这一理论在国外学前教育领域中应用的效果和前景。其中最为重要的是要把握每一种智能的核心线索，这是多元智能理论在教育实践中产生成效的关键。加德纳对有些智能已经提供了核心线索，并且指出了把握每一种智能核心线索的基本路线。值得研究的是在不同的文化背景中，智能的核心线索是否相同，不同的智能如何在个体身上得到协调并凸现智能的优势方面。

2. 研究指向和谐发展的教育理念。幼儿的发展不可能是每一个方面齐头并进的发展，每一个幼儿都可能呈现发展的优势方面，并形成发展领域的不同组合，在各个领域全面地得到发展的同时各领域在发展水平、速率上又存在一定差异，不同领域在幼儿整体的发展中相互支撑，协调发展，这就是幼儿的和谐发展。儿童的智能之间是相互关联的，一种智能的发展经常需要其他智能的支撑，多种智能在发展过程中是和谐统一的，对儿童智能的培养首先应关注智能间的和谐性，而不是优势方面，无视和谐发展的智能开发是野蛮的开发、甚至是对儿童和谐发展的侵害。儿童的每一种智能都有相应的核心线索，应从儿童现实的生活和活动出发去读解和获取这些线索；多元智能的理论只有转化到课程之中，才能称为促进儿童和谐发展的力量。多元智能理论就是倡导幼儿的和谐发展，充分展现幼儿发展的潜能。根据这一思想，可以完善和重构关于幼儿和谐发展的教育理念。

3. 研究指向和谐发展的幼儿园课程。目前，多元智能理论在现实的教育实践中应用研究在国内幼儿教育界已经开始，但尚不系统和成熟。根据加德纳的多元智能理论和D·费尔得曼的与文化相关的发展理论，美国的研究人员和教育工作者已经在幼儿园和小学开始了有关的研究，他们将这一研究取名为“多彩光谱”计划，该研究计划对于本研究“方案”具有重要指导意义。这一课题将关注多元智能理论对幼儿园课程建设和改革的价值，关注多元智能理论对幼儿园教育实践的作用。因此，这一课题试图以多元智能理论为指导，充分利用上述以多元智能理论为基点构建的教育理念，在深入实践的基础上，研究指向幼儿和谐发展的课程理念、课程架构、课程内容体系及课程实施、评价模式，以期形成一个以多元智能理论为指导的指向和谐发展的幼儿园课程方案。

二、研究的主要进展和成果

(一) 用多元智能理论重新构建幼儿园课程的基本理念

经过一段时间的学习、研究和实践，研究者在原有观念的基础上，结合多元智能理论，对幼儿园课程理念进行了进一步深入的思考，对已经开展的实践进行了理论提升，在此基础上，形成了一些用多元智能和其他理论为基本指导的幼儿园课程理念。主要理念如下：

1. 促进幼儿全领域的发展是幼儿园课程的根本目的

对幼儿而言，各种智能的发展水平的确存在差异，但没有一种智能是可有可无的，一个健全的个体，应该尽可能发展每一种智能。幼儿园课程应关注幼儿的各种智能的发展。

2. 判断幼儿的兴趣和需要是课程内容选择的前提

需要首先是由某种匮乏引起的。除了实质匮乏，还有些匮乏来自期望的理想状态和现实状态之间的差异（造成所谓“差异性需要”①）。此外还应注意存在着未被意识到的需要，或某一时间里未被意识到的需要。最后，需要并不只意味着“匮乏”，需要也意味着

① David pratt, Harcourt Brance, Jovanovivh Lnc, Curriculum Design and Development, 1980.50.

“改善”，有些需要对人来说，并不是非要不可的，但有了比没有好，如对于一个山村的孩子来说，没有文化他也能生存下去，但有了文化他会生活得更好。发展的过程既是消除匮乏的过程，也是引导幼儿不断“改善”自身的过程。

需要可以产生兴趣，但兴趣并不限于直接的需要。兴趣可以通过培养产生，并且可以发展为爱好。在学前教育阶段，区分儿童的一时兴趣和他的长期需要、培养儿童对解决问题的兴趣是十分重要的。在儿童还未对知识、技能感兴趣之时施以教育那是浪费时间。没有需要和兴趣就没有幼儿的发展。不考虑幼儿需要和兴趣的课程不能真正引发幼儿的发展。

3. 课程除了应关注全体幼儿的需要，还应该关注个别幼儿的特殊需要

关注全体幼儿，确认每一个幼儿都有被关注的权利，不忽视和拒斥任何幼儿，这是文明社会的教育理念。关注全体幼儿是对只关注部分幼儿的一种进步。今天，在关注全体的现实中，又恰恰要避免因全体而淹没个体。忽视了幼儿的个体需要，也意味着没有真正的满足群体的需要。与此相应，幼儿园课程应该是园本的、班本的，甚至是个本的。根据多元智能的理论，只有建立在对受教育者了解基础上的教育才是有效的、合理的。老师对幼儿的评估不只是对教育的成效的了解，也是对幼儿进一步发展的需要的了解。在幼儿的发展上，并不是不管文化背景和生活经历，所有个体依循相同的历程和速率。幼儿发展上受内在和外在两个因素的共同影响。不同的个体在发展上可能有不尽相同的道路。那种以一般的幼儿发展知识应对任何幼儿园、任何班级甚至任何幼儿的做法是不可取的。幼儿园课程应该从特定幼儿的实际出发，从特定班级的实际出发，甚至应该从每个幼儿的实际出发。

4. 满足不同幼儿的需要和兴趣

在中国目前这种师幼比的班级中，如何真正满足不同幼儿的需要和兴趣呢？就此而言，我们认为，区域活动和其他自由活动在幼儿发展上具有不可估量的价值。区域活动跟全班集体活动相比增加了选择性和自主性，区域活动的材料是开放的，能满足幼儿多方面、多领域的需要。区域活动中含有大量的问题情境，包含了很多探究的机会。幼儿对活动伙伴了有了选择的机会，幼儿也拥有了协调与同伴关系的机会。

5. 多元智能理论强调的学习是解决问题的学习，不是简单的内容识记

幼儿参与的、探究式的学习，是真正指向智能发展的学习。因此，在幼儿课程实施的过程中，让幼儿面对生活情境，学会解决生活中的困难和问题，从多种途径和渠道参与到学习过程之中，充分利用多种感官去学习，促进多种智能的全面发展。教育者为幼儿准备有探究价值的环境，使幼儿的需要和兴趣得到满足。正是从这个意义上说，幼儿园课程设计不只是准备内容，更重要的是为幼儿准备一个可以引发多种智能充分发展的活动情境。

6. 能调动多种智能的课程内容是最有价值的内容

幼儿园课程旨在发展幼儿的多种智能。幼儿园课程是生活性的、游戏性的和综合性

的。很多课程内容都指向多个智能的发展，换言之，幼儿所面临的很多问题情境需要多种智能的协同作用才能得以解决。可以说，幼儿园课程的内容只能发展单一智能的例证几乎是不存在的。我们可以相对的对人的智能作一个划分，但我们很难对指向智能发展的课程内容的发展功能作严格的限定。在课程内容的选择中，我们应该关注那些能引发幼儿多个智能领域得到发展的内容。

7. 不仅要关注幼儿的长处，还要看到幼儿的短处

多元智能理论的确关注幼儿的发展特长。从多彩光谱计划的实践看，不少幼儿真是因为被激发了特长或发展的优势领域而改善了其在集体中的地位，激发了其学业和发展的自信。但我们也认识到，优势领域的发展并不能带动或代替所有领域的发展。而且，就幼儿而言，优势领域不是十分稳定的，不能确定幼儿的发展优势领域一定会在以后得到延续。因此，在关注长项的同时必须关注短项，对短项忽视在一定程度上会影响长项进一步发展。这也就是为什么要强调促进每个幼儿在原有水平上的发展。每个智能领域都有其原有水平，教育应该引发幼儿每一个智能领域在原有水平上的发展。

（二）形成以多元智能理论为指导的活动设计和组织策略

在多元智能理论的指导下，我们开展了较为广泛的教育实践，尤其是在课程实施方面进行了较为深入的探索。我们用多元智能理论建构幼儿园课程，不是另起炉灶，而是在原有《综合性和谐发展的幼儿园课程方案》的基础上，注入多元智能的理念，对原有课程进行完善、发展，这样做，有利于多元智能理论在幼儿园的实践和推广。在研究过程中，幼儿园根据自己原有的研究基础和老师的兴趣，关注几个智能领域的培养，在此基础上不断关注更多的智能领域。在研究的过程中，切实关注不同智能之间的现实联系。在此，介绍几个实践案例。

【案例 1】寻找智能

一个幼儿园课程方案一定有自己的目的。当我们用多元智能的理论去审视一个课程方案时，我们只能暂时搁置该课程原有的目的，或者把原有的目的置换成我们所关注的智能。这样，我们就开始了一项重要的工作，那就是寻找智能。确切的说，是有意识地审察现有课程方案中已经关注的和尚未关注的智能领域，寻找不同智能在解决问题中的协调过程，尤其是关注课程方案中需要增加的有助于幼儿智能发展的机会。由此，对现有课程方案进行多元智能发展方面的诊断，每一个研究人员（包括幼儿园老师）根据诊断的情况，开出一个改变或完善这一课程的“处方”，再根据每个人的“处方”形成一个凝聚集体智慧的综合“处方”，即课程的多元智能改造方案。如很多研究者的“处方”中多关注了在“晨间活动中发展幼儿多种智能”，因此，在综合“处方”中，对晨间活动的时间、空间、内容、材料及组织形式等提出了具体的研究要求，使晨间活动在发展幼儿身体运动、空间、音乐、逻辑推理、相互协商、语言等多种智能的功效得到进一步的扩大。再如，我们原有课程方案中使用多种智能解决问题的情境是存在的，但由于没有有意识的从智能的角度加以考虑和引导，因此，不少活动的组合和展开显得不深、不

透。因此，在改造计划中，我们强调以智能发展为归宿来指导和鼓励幼儿的活动。

【案例 2】半成品活动材料储备

充分发挥半成品的作用，这是近年来幼儿教育领域中人们的共识。但在实践中，对半成品材料的关注还远远不够。有的幼儿园嫌半成品材料档次不高，收集和管理费事。有的幼儿园主要是成品玩具，严重缺乏半成品材料。甚至个别幼儿园还有一种不顾成效，盲目追求活动材料的华丽和昂贵的倾向。我们在研究中，对半成品材料进行了全面的梳理，将半成品材料进行了分类。提出了半成品材料收集、摆放、整理和使用的一些建议，提出了幼儿园、老师家长及幼儿自己在半成品材料收集中的作用，还提出了幼儿园或班级拥有适当的半成品储备的观念。对幼儿来说，智能是在行动中得到发展的，半成品材料的开放性决定了幼儿行动范围的不确定性，幼儿可以根据自己的形象，充分利用半成品开展创造性的活动，在活动中发展其多种智能。在幼儿的想像中，半成品材料是科学的工具也是科学探究的对象，是艺术品也是艺术创造的工具，是数学思维的中介也是情感赋予的对象。因此，适当的半成品储备是以多元智能为指导的幼儿园课程所必不可少的。在我们的实践中，把班级作为半成品储备的主要单位，对消耗性材料应储备一周半数幼儿使用三次的用量，对非消耗性材料储备每次 10 人使用的用量。在使用半成品材料的活动中，关注涉及的智能领域，关注不同材料与特定智能领域的关系。

【案例 3】关注优异的幼儿

在原有的课程方案中，我们有了关注“发展较差”的幼儿的想法和做法。一般说来，很多老师能关注发展较差的幼儿，但没有真正关注发展优异的幼儿。这是面向全体的教育思想的具体体现。但是，我们在用多元智能的理论诊断和分析课程方案的过程中认识到，单单关注“发展较差”的幼儿，并不能真正落实面向全体的思想。发展优异的幼儿同样需要关注，使他们获得更好的发展。有的老师说已经努力关注了发展优异的幼儿，比如经常提供让优异的幼儿帮助“较差”的幼儿的机会，让优异的幼儿获得优先选择活动的机会。其实，这些不是都不是有针对性的策略。我们在实践中，给老师提供五个基本问题，通过引导老师对这些问题的思考，来实现对优异幼儿真正的关注。这五个基本问题上：

(1) 在你班上有优异的幼儿吗?

(2) 他或她优异在何处?

(3) 你是否对他或她加以关注了，是否采取了有效的促进策略?

(4) 你与家长商量过吗? 有没有要求家长协助?

(5) 幼儿的优异领域有新的进展吗? 你对此满意吗?

例如，某实验班上有一位小男孩，在语言、数学及绘画方面都表现了较为突出的才能。老师和家长也清楚的认识到了幼儿的优异之处。该幼儿经常被当作小老师，老师省心，家长也乐意。但老师用这五个基本问题思考后，感到自己没有在促进这个幼儿的进一步发展上有太大的作为，尤其是没有根据这个幼儿的实际状况，有针对性的使用一些行之有效的策略，促进这个幼儿在原有水平上的发展。为此，老师尝试采取了一些策略。例如，结合这一幼儿早期阅读和讲述能力强的特点，经与家长和幼儿园园长商量，由老师每两个星期带幼儿去一次书店，要求幼儿将阅读的书根据自己的理解画成自己的书，供其他幼儿阅读。要求该幼儿组织人员排演自己选定的文学作品等等。

【案例 4】和大家一起活动

在实践中我们认识到，智能是个人的，但发展智能的途径经常是群体的。多元智能理论主张激发幼儿的潜能，发挥幼儿的优势智能，注意幼儿的个别差异。这并不意味着就是要幼儿独自活动。在实践中我们认识到，鼓励集体活动，鼓励幼儿的协作和交流，对发展幼儿的智能十分重要。幼儿就是问题情境的构成部分，幼儿也是问题的提出者，有时，同伴的问题引发了幼儿的思考和探究，同伴的行为给予了幼儿激发和新的想像，同伴的参与和介入使活动任务变得富有了新的刺激，与同伴的讨论能激发幼儿的思维和灵感。在实践中，我们从空间、材料、规则等方面有意识的引导幼儿之间协作活动。有时，幼儿非常需要与成人共同活动。因此，老师、家长及社区人员都是幼儿园课程实施的参与者。再者，幼儿人际智能的发展，只有在与他人的共同交流中才能真正得到发展。

三、还需要进一步研究的问题

我们的研究还在进行，有几个重要问题还有待从理论和实践中深入探究。

1. 如何进行幼儿智能的有效评估；
2. 如何根据具体的内容确定集体活动与个别活动之间关系的性质；
3. 如何引导家长正确认识和指导幼儿智能的发展；
4. 如何理清不同智能领域的核心线索，以便有效的培养相关的智能。

第三节　在多元智能理论指导下的“整体化和个性化教育”

——清华大学洁华幼儿园的教育实践

一、清华洁华幼儿园选择多元智能的初衷

清华洁华幼儿园是北京市一所公立一级一类幼儿园，它依托清华园的人文与自然环境，一贯重视教学研究和教学质量，园中大专、本科、研究生学历的老师已占到教师队伍的88%。

清华洁华幼儿园借鉴多元智能理论并非平地而起。他们长期以开放的心态，吸纳国内外先进的教育理念，密切关注着幼儿园课程改革。清华洁华幼儿园的课程演变前后大约经历了分科－主题－深化主题三个阶段。在改革分科教学阶段，清华洁华幼儿园以陈鹤琴的“活教育”思想为指导，认同幼儿的生活是整体的，幼儿的发展是整体的。他们认为，过细的分科对幼儿来说过早了，太书本化、成人化了。生活世界是科学世界的根基，幼儿教育在整个人生教育中的性质，更多的是“搭建平台”，应该让幼儿走回“生活世界”，从生活中学习，整体地学习。于是他们采取了主题教学，选择符合幼儿发展特点与需要的主题，以单元的形式，组织活动。他们在主题中探索和实践陈鹤琴“活动即教育”和“教学游戏化”。

随着“培养具有创新精神和实践能力的人”的教育目标的提出和新的《幼儿园教育指

导纲要》的颁布，步入主题教学后的清华洁华幼儿园迎来新的挑战。他们反思：利用主题，使幼儿在真实的生活中构建知识经验与能力，营造了个性化学习的环境和动手创造的机会，这条路走对了，要坚持下去，并且要深入发展。然而，以往的主题活动教学活动仍有问题没有解决。例如，各单元的内容缺乏关联，每个单元的结束都不免打断幼儿的学习热情和做事情的持久性；尽管主题来自于幼儿生活，老师教学仍按照计划好的教案，缺少充分的灵活性，幼儿的自主性发挥不够；老师虽然开始关注到幼儿的兴趣，但还未落实到每一个幼儿身上，由于不了解每个幼儿不同的学习方式，就不知如何进行因材施教。以上种种问题都使主题教育难以深入。

清华洁华幼儿园主动适应新形势，又一次把目光转向对国内外相关教育理论。他们重新学习陈老有关“整体教育”的思想，也借鉴了瑞吉欧生成教育经验中课程的随机生成。而当清华洁华幼儿园接触到多元智能理论时，倍感亲切，加德纳多元智能理论中智能的多元性、各项智能的平等性、智能的实用性等观点与当代教育思想相当契合，启发清华洁华幼儿园的教师打开时空，将活动区与智能教育结合在一起，促进了教学方法的多元化。

二、设计思路

清华洁华幼儿园学习多元智能理论后感到：智力是多方面的，以语言和数学教学为重点的教育，忽视了非常重要的其他方面的能力，诸如人际交往能力、实践能力。老师应全面地评价人的智能表现与特征，使教育更加指向“完整人”的培养。同时，正如多元智能理论指出的：每个人身上的8种智能组合是不同的，每个人面对相同的情景或问题所产生的理解及处理方式也不尽相同，这就是人的“个性化”的体现。教育要力求实现对各种潜能的开发，但面对人身上存在的优势智力领域与弱势智力领域，教育者对不同智能的开发允许有不同程度。在多元智能理论指导下，教育更有利于将人培养成完整且富有个性的活生生的人。

在多元智能理论启发下，清华洁华幼儿园树立了“整体性与个性化相结合”的思想来指导幼儿潜能的开发，并确立了整体课程和因材施教的课程改革思路。具体的做法为：运用网络式主题活动课程深化整体主题教学，在其中满足不同幼儿的不同发展特点与学习方式，发扬幼儿优势智能，带动幼儿智能全面发展。

三、网络式主题活动课程

如何在原有主题教学的基础上进一步实现各种教育因素的整合，提高教育成效？清华洁华幼儿园是这样想的：根据多元智能的观点，8种智能（或者是其中某几种智能）往往是通过不同形式的组合，以某种综合的方式在每个人的行为、生活中体现。而智能的定义应该定位在解决问题的能力上。因此，清华洁华幼儿园课程以开发幼儿整体的综合潜能为目标，体现在幼儿的实践能力及创新能力的提升上。在教育内容上，以主题统领8种智能，可以注意到，与从前相比，现在加上了人际智能与内省智能的培养的内容。在教育手段上，鼓励老师运用多元化手段来充分开发幼儿的潜能，运用适宜的方法实现幼儿优势智能领域中表现出的智力特点和品质向弱势智能领域的迁移。在资源利用上，清华洁华幼儿园认识到，人的智力活动相伴于人的一举一动，所以，时时处处都是人的智力活动空间，时时都充满着幼儿潜能开发的契机，处处都是开发幼儿潜能的教育基地，所以，我们不仅要把智能教育贯穿于一日的生活之中，还要有效地整合幼儿园、家庭、社区三方面的教育资源，实现教育在时空上的和谐整合，提高教育成效。

多元智能理论引导清华洁华幼儿园把目标、内容、手段、资源等几个方面结合在一起，形成了教育整合观，接着开始尝试师幼共同建构式“网络主题活动课程”。

网络式主题活动课程结构为：以某一主题为中心，逐步向外扩散形成主题网络，网络中每一次主题（单元）均可分解成下一级单元或具体活动内容；主题式活动内容由老师和幼儿共同确定，老师的计划性（系统活动）和根据幼儿兴趣生成活动（项目活动）的灵活性同时兼顾。课程实施过程在原有基础上，更加强调为幼儿创设宽松、平等、鼓励的开放式环境。即，老师要注意观察幼儿，注意引入幼儿生活中所遇到的感兴趣的问题和事物，帮助幼儿设计多种对幼儿发展有持久价值、生动而使幼儿难以忘记的活动，呈现出互动式的动态布局。

课程整合模式具体如下（见图 3－1）：

这个操作框架贯彻了两个基本思想：

1. 在多元智能理论指导下，实施科目整合，实现多元教育途径在幼儿教育中的综合运用

即，老师运用适宜、自然的方式将语言、数学逻辑、音乐、空间知觉、人际交往、自省、肢体、自然观察等 8 种智能培养及创造实践综合能力培养渗透到教学活动、多种综合性区域游戏活动、日常随机教育及家园共育各环节中。

2. 在多元智能理论指导下，注重幼儿的潜能充分开发

主要体现在：

（1）老师确定大主题方向，在此方向下选择、安排具体活动，但这些都以幼儿当时的兴趣与困惑为前提。

（2）在构建主题系列活动中，老师注意与幼儿一同充分挖掘符合幼儿发展特点与发展需要的实际问题，面对问题，老师充分支持、鼓励幼儿积极思考，大胆尝试。

（3）在开展主题系列活动过程中，老师注意树立幼儿的主体地位，在活动中老师扮演着积极的观察者、引导者、支持者的角色。如，老师注意观察、捕捉幼儿主动思维的闪光点，给予及时的肯定，积极为幼儿建构良好的动力机制：老师运用适宜的指导方法开拓幼儿思路，使幼儿的实践与创作不断向纵深发展；老师为幼儿创设适宜的环境，引导幼儿运用适宜的方式、在适宜的环节充分进行富有个性化的实践与创作。

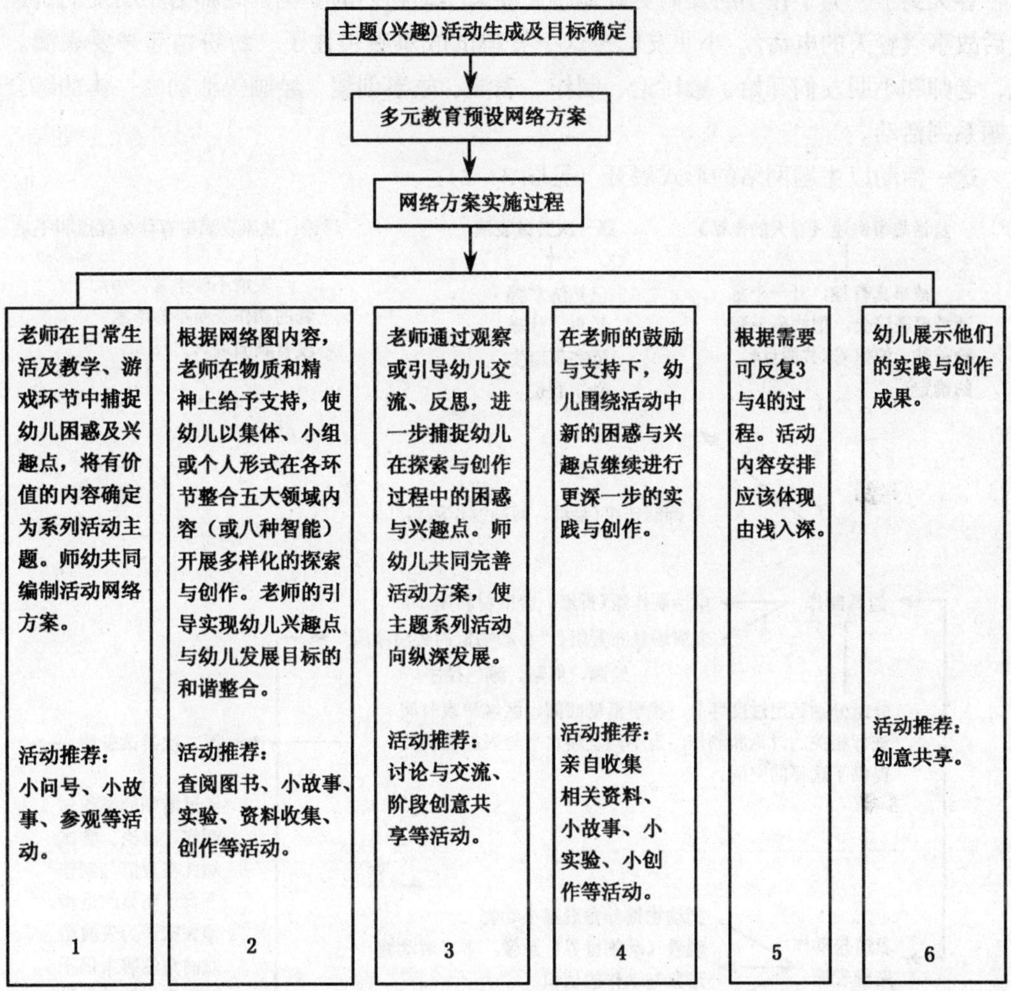

图 3－1 课程整合模式

（4）老师积极反思教育实施效果，主动调整自身教育观念及教育策略。根据多元智能理论，每个人都有优势智能领域，这一点不仅对幼儿是适用的，而且对老师也是适用的。因此，清华洁华幼儿园不仅注意观察幼儿的优势智能领域，而且也注重分析老师的优势智能领域。在充分分析幼儿学习特点与各班老师智能优势的基础上，清华洁华幼儿园主要运用角色游戏、音乐游戏、绘画创作作为课程整合主线或载体对以上操作构思进行了一系列的尝试，取得了比较好的成绩。

下面介绍的是清华洁华幼儿园中二班老师以角色游戏为主线的一项活动：《春天的电话》。

春天到了，为了让小朋友们更好地感受春天小动物们的变化，老师给小朋友们讲述了童话故事《春天的电话》。小朋友们被这一有趣的故事吸引住了，纷纷站起来要表演。由此，老师和小朋友们开始了融讨论、制作、表演、故事创编、绘画等活动为一体的综合性主题系列活动。

这一活动以主题网络的形式展开（见图 3－2）：

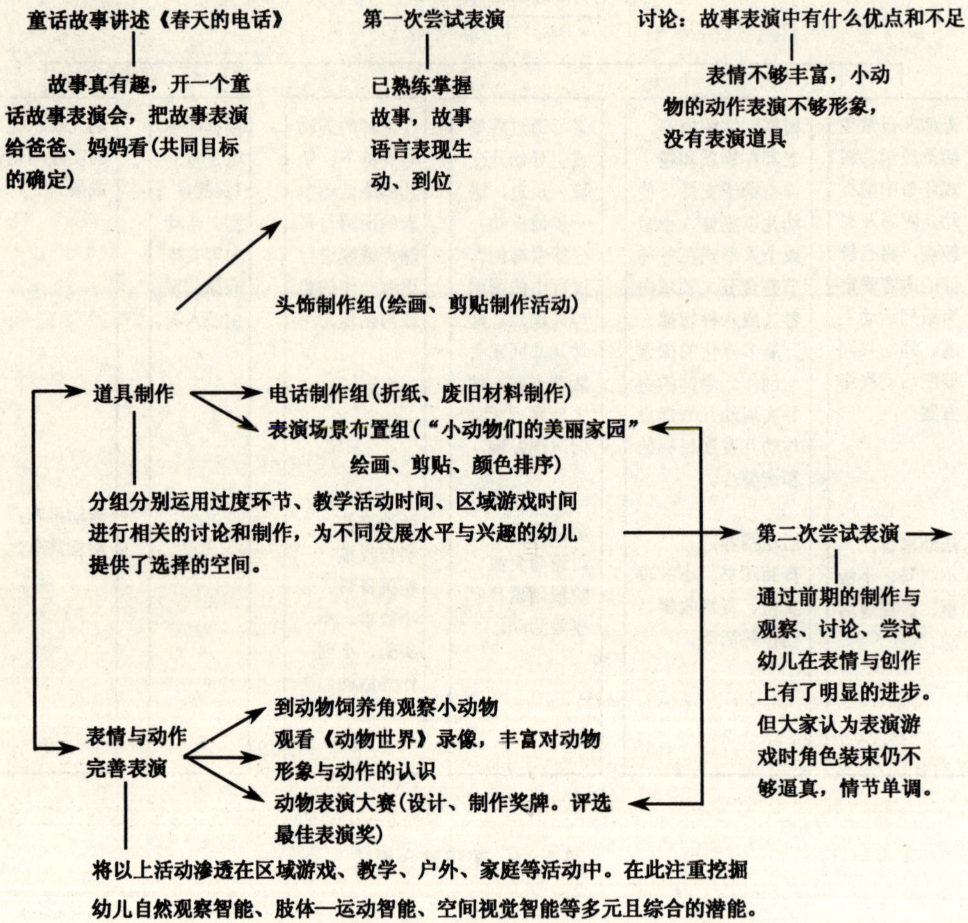

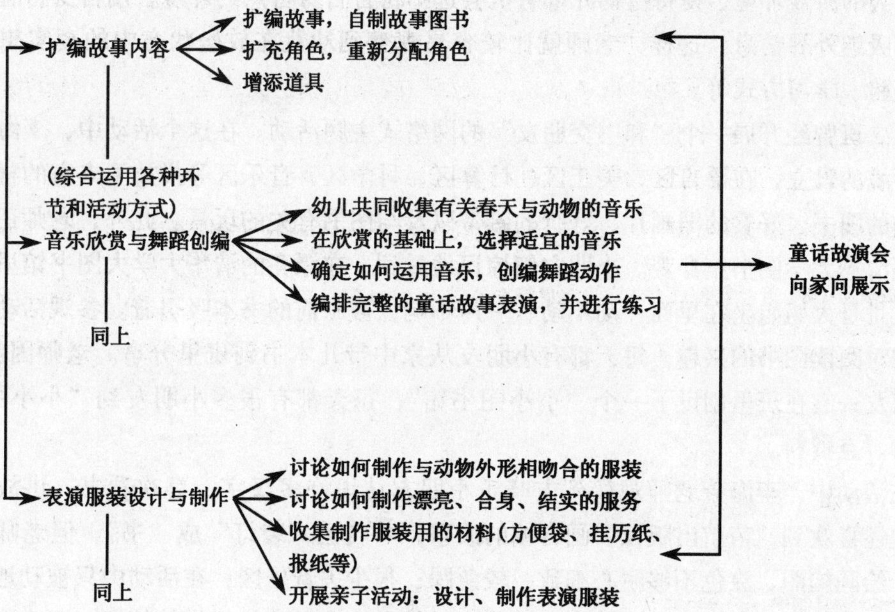

图 3-2

在活动中幼儿为成功地向爸爸、妈妈展示自己的表演，在老师的支持与指导下，利用各种教育环节，以各种形式的活动积极动手动脑，努力解决编排童话故事表演过程中存在的各类问题，最终获得了家长热烈的掌声与赞叹声。

四、在网络式主题活动课程中因材施教

教育的成果最终要落实在每个个体孩子身上。借鉴多元智能理论，清华洁华幼儿园不仅建构起了重幼儿实践与创新能力培养的网络式主题活动课程，而且摸索到使每个孩子都发展的因材施教的方法。

清华洁华幼儿园让每个老师明确“针对幼儿要扬长补短，促其全面发展”的观念，在网络主题课程中先观察个体幼儿智能特色，分析优势智能与弱势智能，然后在观察、分析的基础上，针对个体幼儿制定具体明确的方案，以其优势智能为切入点，有意识地带动其他智能的培养。这种因材施教方案从头到尾贯穿于全园网络式主题活动之中。

让我们结合清华洁华幼儿园大二班老师对方晓千等小朋友进行的因材施教个案，来体验他们因材施教的过程及特点。

（一）在与主题相关的日常游戏活动中观察了解幼儿的兴趣和智能特点

为了便于观察，清华洁华幼儿园首先给幼儿创设了一个丰富多样的、多功能多层次、

自由度大的游戏环境，使每位幼儿都有机会选择符合自身特点的环境，用自身特有的方式同化和吸纳外界信息。这样，老师就比较容易观察到幼儿在放松状态中的真实想法、兴趣、经验、学习方式等。

大二班曾经开展一个“和书交朋友”的网络式主题活动。在这个活动中，李海芳老师注重环境的设立，在语言区、美工区、计算区、科学区、音乐区等投放了丰富的材料，例如有趣的图书、好看的图画片、好听的磁带以及与图书有关的玩具。此外，老师还组织小朋友到清华大学图书馆参观。小朋友们惊讶地看到，在漂亮的清华大学大图书馆里，那么多的大哥哥大姐姐坐在里面一动不动、一声不响，被眼前的书本吸引着。参观活动激起了孩子们对阅读图书的兴趣，每天都有小朋友从家中带几本书到班里分享。老师因势利导，和小朋友一起在班里创设了一个“小小图书馆”，每天都有很多小朋友到“小小图书馆”来看书、查资料。

在活动中，李海芳老师观察到方晓千小朋友认识许多汉字，喜欢看书、讲故事。平时，他还喜欢到“苗苗出版社”画自编的故事，并自己“装订”成“书”。但老师也发现方晓千绘画构图、涂色不够耐心细致、较急躁；很少去音乐区；在活动中只被动地和李力然等个别小朋友游戏。李老师结合日常观察的结果，参考家长提供的信息，逐步形成了对方晓千的智能特点初步分析：

1. 家长的信息提供与希望

方晓千喜欢看书，会念许多唐诗；喜欢听故事，讲故事；喜欢看动画片；喜欢画画，动手制作各种东西；不太喜欢唱歌；缺乏耐心、细心；注意力容易分散。希望以语言为教育切入点，促进音乐、集中注意力等方面的能力。

2. 老师的观察

方晓千认识许多字，非常喜欢看书，在活动区游戏时经常去看书，并喜欢把书中的故事讲给其他小朋友听；喜欢玩表演游戏；教学活动时注意力易分散；在交往方面缺乏积极主动性；喜欢画画，搭积木，但缺乏耐心和细心；在音乐活动中表现得不够自信不够大胆、主动。

3. 对方晓千的智能特点初步分析

从家长提供的信息和老师实际观察的结果看，方晓千的优势智能是语言智能，空间智能、数学—逻辑智能、自然观察智能及肢体—运动智能发展也比较好，相对弱势的智能是内省智能（主要指不够耐心、细心，自控能力欠缺）、音乐智能、交往智能。

（二）根据幼儿的兴趣和智能特点，结合当时主题制定具体的因材施教方案

清华洁华幼儿园要求老师在细心观察、分析幼儿兴趣与智能特点的基础上，确定针对个体幼儿的最佳切入点及具体教育方案。因为只有制定出适宜的教育方案，老师才能更好地帮助幼儿在他自己的基础上获得理想的发展。老师针对个体幼儿制定因材施教方案时遵

循的重要原则便是：以幼儿优势智能（或兴趣活动）为教育切入点，使之贯穿始终，并有意识地将其他智能的培养渗透于其中。

结合当时的主题活动“和书交朋友”，李老师针对方晓千制定了下面的个体方案：

1. 因材施教目标的初步制定

进一步提升方晓千的优势智能　　语言智能，在此重点帮助他提高内省智能、音乐智能及交往智能：

(1) 进一步提升晓千的语言能力。

(2) 培养晓千的耐心、细致的良好品质。

(3) 激发晓千对音乐活动的兴趣，增强晓千在此方面的信心。

(4) 扩大晓千的交往范围，增强晓千的主动交往动力。

2. 因材施教方案的初步制定

与近期班级“和书交朋友”主题活动内容相结合，从方晓千认识许多汉字，喜欢讲故事，喜欢玩角色游戏的特点出发，有意识地激励这些方面的活动，并有意识地把这些活动扩展为引向音乐、自省、交往智能的系列活动。初步设想见以下因材施教方案网络图（见图3-3）。

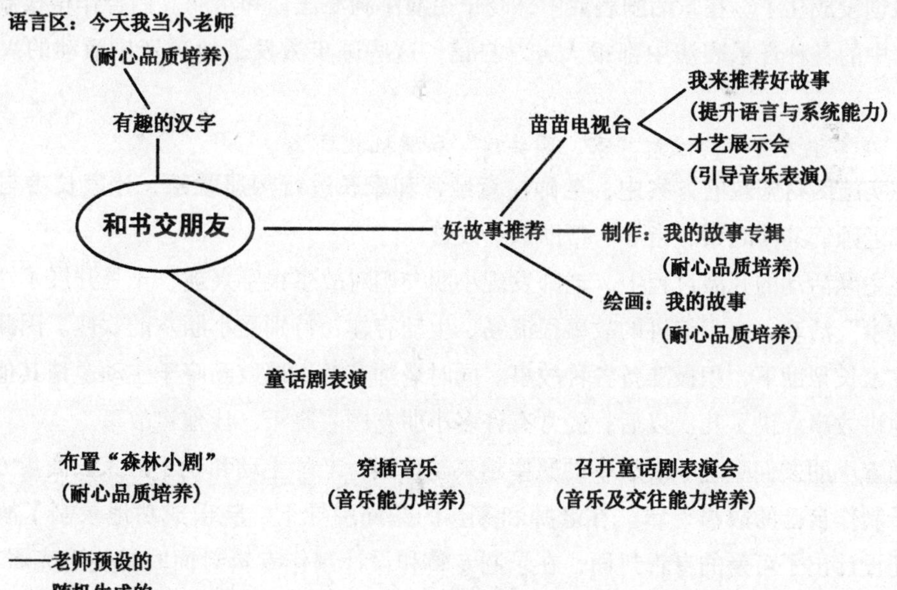

图3-3　因材施教网络图示

（三）随着网络式主题活动的开展，落实因材施教方案

1. 以优势智能带动弱势力智能的发展

随着“和书交朋友”的主题活动的深入开展，老师进一步积极探索个性化教育的方法。在“做好故事推荐”活动中，晓千讲的故事“小熊拔牙”引起了大家表演的兴趣。为了表演好童话剧“小熊拔牙”，小朋友们设立了“布置背景板组”、“表演组”、“制作道具组”，每个人根据自己的兴趣选择小组。晓千选择了“表演组”。在大家都很认真投入、不断精益求精的氛围影响下，晓千也不断克服急躁的心理，细心、耐心地进行重复的练习。

为使童话剧更生动有趣，表演组的小朋友们提议把音乐表演唱融到童话剧中。他们从家带来了“刷牙歌”，并编排出优美的舞蹈。然而，晓千在其中却显得很被动。针对这种情况，在一次才艺展示会上，等晓千朗诵完古诗“朝发白帝城”后，老师建议他给大家表演唱“刷牙歌”，他摇摇头。于是老师建议说，你可以邀请几位小朋友和你一起表演。他高兴地点点头，邀请了几位小朋友。唱完后，大家鼓起掌来。

在这样的氛围中，老师建议再来一首，晓千兴奋地点头，又和小朋友们手拉手一同表演了郊游。经过小朋友们的共同努力，童话剧“小熊拔牙”编排成功了，班里的“森林剧场”也创设成功了。在童话剧表演中，晓千扮演小狗汪汪，和小朋友们合作得很愉快，并且在其中的各种音乐表演中都很大方、自信，这些进步激发了他对音乐活动的兴趣和信心。

2. 在实施方案中，注意“家、园共建”和随机教育

在实施因材施教的方案中，老师注意经常和家长进行沟通联系，让家长参与到活动中，和老师们共同观察、指导、帮助孩子改善。

在主题活动的开展过程中，老师发现小朋友们对故事很感兴趣，于是开展了“我讲有趣的故事”活动。晓千编讲的故事很流畅、生动有趣，特别受小朋友的欢迎。因此，晓千经常在家长帮助下，积极准备各种故事。同时老师有意识地鼓励晓千主动邀请其他小朋友来听他讲故事。讲了几次以后，经常有许多小朋友围着晓千，让他讲故事。

随着小朋友们听晓千讲故事的愿望越来越强烈，老师主动和晓千的家长商量方案，鼓励晓千制作自己的故事专辑。在老师和家长的共同引导下，晓千成功地录制了故事录音带，还设计出了可爱的专辑封面，在录制专辑和设计制作专辑封面时，晓千克服了急躁、粗心的缺点，感受到了只有耐心、细心才能做好一件事情。而且，晓千通过讲故事活动，结交了很多朋友。

随人、随地、随境的随机教育对于老师落实方案也发挥着不可忽视的作用。在语言区开展的“我当小老师”的活动中，轮到晓千当老师。他主动教小朋友认识汉字的时候，别处的小朋友也围过来，晓千很高兴。老师看到此景，随机建议晓千在教完小朋友后，让其

他小朋友当老师，让晓千自己倾听学习，如果其他小朋友说错了，就请他指出错误。在这次活动中晓千很配合，做到了认真倾听，在耐心、细心方面都有较大的进步。

3. 在落实方案时，尝试连续性个案观察记录分析

清华洁华幼儿园要求老师注重系列个案观察记录分析，以有效实现因材施教。记录中应有该幼儿的实际言行，有老师的指导方法，必要时交待观察背景，有分析和反思，以及反思后的新措施。老师的观察记录以某个别幼儿为重点，直到该幼儿明显进步了，再转入下一个观察对象。

以下选自李老师在方晓千因材施教中所做的观察记录。

时间：2002.9.2 我给大家讲故事

午餐后，方晓千拿起一本书轻轻地读着，旁边的小朋友侧过身认真地听了起来。方晓千见旁边的小朋友在听他讲故事，声音就大了一些。

晚餐时，方晓千边吃饭边说话，老师提示道："小朋友想听你讲故事，抓紧时间吃完饭后，去给他们讲故事，好吗？"方晓千点点头，认真地吃起了饭。方晓千吃完饭后，拿起一本书走到里面活动室对小朋友们说"想听老师讲故事吗？""想！"小朋友说。"那你们就坐到老师这边来吧！"立刻有几位小朋友围坐在他身边。

方晓千小朋友能认识很多字，喜欢看书讲故事。因此，我通过引导他讲故事给同伴的方法，使他结交了更多的朋友。而在以往，他大多是和万子昱、李力然等个别小朋友在一起玩。同时对他养成良好的进餐习惯也起了良好的作用。

时间：2002.9.10 我当个好老师，也当个好学生

最近，在语言区开展了"我当小老师"活动，其目的是想引起小朋友们对认识汉字的兴趣。方晓千先教大家识字，然后请小朋友轮流到上面当老师。当小朋友说错了，他立刻予以纠正。活动后，我对大家说："方老师不仅教得好，而且当学生当得也好，能认真听老师讲。希望继续努力。"方晓千听后，特别开心。在此次活动中不仅提升了方晓千的语言智能，而且培养了他的自省及交往智能。

时间：2002.9.22 我向大家推荐好故事"小熊拔牙"

近日，老师们在"苗苗电视台"开展了"老师向大家推荐好故事"活动。今天，方晓千向大家推荐了"小熊拔牙"的故事，吸引了大家。方晓千讲完故事后，有的小朋友不由自主地模仿起小熊牙疼时痛苦的样子。于是，我建议大家把"小熊拔牙"的故事编排成童话剧。大家非常高兴。方晓千也高兴地说"那我演小狗，汪汪汪！"毕镜萌故意粗声粗气

地说："我是熊妈妈。"这时万子昱说："那我们还要制作道具，布置背景呢！"我说："我们要准备哪些道具？"方晓千举手说"要准备头饰！"郭天健说"准备小熊吃的蜂蜜！"……于是方晓千推荐的故事"小熊拔牙"成为了我们编排童话剧的内容。方晓千特别喜欢讲故事，他的故事很受小朋友们的欢迎，但他在集体活动中很少积极举手发言，注意力容易分散。因此，我从他的兴趣与优势智能（喜欢讲故事、喜欢进行表演游戏）入手进行了引导，这在提升他的语言智能与内省智能上取得了比较好的效果，他做到了认真倾听、积极举手发言。

时间：2002.10.22 制作我的故事专辑

这几天，方晓千经常主动找我说想给小朋友讲故事听。于是，我建议他把故事录下来，制作他的一个故事专辑。他非常高兴。在录制故事时，虽然有多次的重复练习与调整，但他始终很认真。根据他的兴趣，他的故事专辑里录制了两个故事"小熊拔牙"和"小熊请客"，其他的故事（因讲这些故事时的语调、音色等需要再雕琢）将陆续录入。方晓千在美工区还设计、制作了故事专辑封面。此次活动提升了方晓千的空间智能，尤其是提升了语言智能与内省智能。

通过结合当时主题"和书交朋友"的活动，李老师对晓千因材施教，取得了良好的效果，还总结出一套以优势智能为教育切入点，和谐地渗透其他智能培养的方法和步骤，其中的要点是：设立开放的环境，了解家长提供的信息与希望，老师细致观察，初步分析幼儿的智能特点，制定因材施教目标和因材施教方案，在实际中执行、记录、修正。

清华洁华幼儿园的老师对杨雪妍小朋友的因材施教所采用的也是相似的步骤：

1. 家长的信息提供与希望

杨雪妍在家中喜欢进行手工制作，如剪纸、画画。她手很巧，制作出来的手工作品精巧、可爱。杨雪妍喜欢听故事，也很喜欢弹钢琴，但不够自信，不敢在集体面前说话，让老师们着急。希望老师们共同配合，帮助杨雪妍变得勇敢、自信。

2. 老师的观察与分析

杨雪妍是一位文静、内向的小女孩。平时话不多，经常是独自默默地做着游戏，很少主动与人交流沟通，但是她心灵手巧，非常喜欢做手工、画画，活动区游戏时大都去美工区；喜欢外出旅行；杨雪妍性格有些内向，很少举手发言，偶尔发一次言，声音也是小小的；在平时的游戏活动中，经常只和张天瑜玩；喜欢与老师接近，但有些拘谨，经常是老师问一句，她答一句，但谈完话后，她很开心，乐于听老师劝告。

3. 杨雪妍的智能特点初步分析

从家长提供的信息和老师观察的结果看，杨雪妍的相对优势的智能是空间智能、自然观察智能，相对弱势的智能是内省智能（主要指不够自信）、语言智能与交往智能。

4. 因材施教目标的初步制定

使杨雪妍的优势智能——空间智能有所提升，重点培养其弱势智能——自省、语言及交往智能，积极促进其全面和谐发展。

5. 因材施教方案的初步制定

(1) 加强家与园沟通；

(2) 以自然观察智能与空间智能为切入点，在各种活动中有意识地渗透促进其空间智能、内省智能、交往智能、语言智能发展的活动。如：外出旅游经历介绍；老师当“苗苗电视台”嘉宾；老师们一起来学习手工制作。

6. 因材施教方案的实施

以杨雪妍的优势智能（空间智能、自然观察智能）为教育切入点设计组织一系列的活动，不仅在幼儿园一日各环节中有意识地为杨雪妍创设能表达自己、宣传自己的空间，而且主动与家长沟通，家与园共同为她创设这样的锻炼机会；请杨雪妍家长为班里提供杨雪妍去西部旅游时的照片资料及总结杨雪妍西部旅游感受的文字资料等，为开展杨雪妍向大家介绍旅游经历的活动做好准备。

经过家与园共同配合努力，杨雪妍的朋友慢慢地多了起来，并且在不断的锻炼中，她渐渐克服了胆怯心理，自信了许多，敢在大家面前表现自我。她的内省智能、语言智能及交往智能得到了提升。

多元智能理论不仅使老师们深刻理解了为什么要因材施教，而且提示了如何实施因材施教的措施。老师们开始以多元的角度去分析、理解每一个幼儿，以宽容的心态接纳和信任每一个幼儿，以优势智能为主线带动其他智能的培养，促进每一个幼儿在他原有水平上的发展。老师们相信幼儿园里没有“笨孩子”，他们是各具智力特点、有不同学习方式和发展方向的可造就的幼苗。

清华洁华幼儿园的一位老师在与其他老师分享她应用多元智能理论的经验时说：“其实我知道，我们每位老师都会有自己的教学经验和需要，从不同的理论中汲取有价值的东西，至于汲取什么，如何评价它，如何将它付诸实践，是一个见仁见智的过程，对我来说，这正是多元智能的有益之处－它可以帮助我们更好地去理解和接受与自己不同的人，也能够促进我们更多去包容和帮助不同需要的人，而这个世界不正是由于他们多样性而显得更加美丽么!”

第四节　以评价为手段促进幼儿多元智能的发展

——北京汇佳幼儿园的教育实践

一、多元智能理论引进汇佳

（一）朴素的教育观念使汇佳的定位在开始的时候就能适应社会的发展需要

汇佳幼儿园是北京市一所私立幼儿园，以培养“适应现代社会和未来社会正常、和谐发展的儿童”为教育理念，在教学实践中，着重于通过个别化教育，使每位幼儿得到发展。

在个别化教育方面，汇佳幼儿园着重从以下两个方面入手：一是师生比例：汇佳幼儿园认为，师生比例既是幼儿教育中的软件，又是硬件，只有保证一定的师生比例，先进的教育理念和教育方法才能收到实效。所以，汇佳幼儿园一直坚持1：2的师生比例，每班老师均在5名以上。二是教育内容的选择：汇佳幼儿园认为，适合孩子的教育才是最好的教育，其中适合孩子的发展水平很重要。所以，在相同内容的投放上，根据孩子的发展水平投放材料，一定程度上适合了孩子的个别状况。

（一）现实中遇到的问题使汇佳寻找理论上的支持和引导

在实践过程中，老师们也遇到了问题，尽管在准备教学内容、投放教具的时候，老师照顾到了孩子在发展水平上的个别差异，但总体的教学效果并没有达到预计的水平，突出表现在孩子对课程内容的兴趣上，有些幼儿对活动内容仍然不能完全投入，是老师的教育技巧不够？是课程内容的难易程度不合适？还是其他原因？老师们一直非常困惑。

2000年9月，汇佳幼儿园开始接触多元智能理论，其中有一个很重要的观点：儿童的智力是多元的，在人的智力结构中，多种智力处于同等重要的地位，不存在优劣之分，作为教育者，应该对儿童在不同智力领域表现出来的优势同等重视。

老师们在反思中发现，他们在考虑不同幼儿发展水平和速度上的差异上投入的精力较多，但在考虑根据幼儿在不同智力领域的发展优势来调整环境和课程方面不够重视。这从根本上解释了为什么总有一部分幼儿对老师们的教育内容不能投入，根本的问题在于教育内容的选择性，当幼儿没有了选择，按照老师的思路去活动的时候，即使内容的难易程度符合幼儿的发展水平，也不会引起孩子足够的兴趣，因为他从根本上对活动项目不感兴趣，或者在活动项目上不占优势。

根据对多元智能理论的理解，老师们从评价入手，在实践中应用多元智能理论。并初步探讨多元智能理论指导下的课程模式。经过三年的实践，借鉴国内外已有的教学经验，逐步确立量化评价与非量化评价相结合的评价方式，以区域活动为主体，以主题活动为线索的多元智能课程体系。

（二）从评价的角度看多元智能

在教育过程中，价值取向是影响教育过程的重要因素。其中怎样评价儿童的发展是至关重要的一环。多元智能理论在一定程度上修正了老师们的价值观，从而为更好地实施科学化的教育奠定了基础。

1. 多元智能理论从根本上为老师们个性化、个别化的评价提供了重要的理论依据

根据老师们的理解，多元智能理论是实现个性化评价的根本前提，只有从观念上承认儿童的个性化和个别化，才能给儿童客观、公正的评价，而客观、公正的评价是实施科学、民主教育的前提。

2. 从评价入手应用多元智能理论，实施多元智能课程，从根本上解决老师观念与行为不一致的问题

一种课程模式所蕴涵的教育价值，往往因为老师观念上的差异和观念与行为上的误差而使教育效果大打折扣。从评价入手实施多元智能理论，实际上是先从老师的观念入手实施教育改革。对幼儿评价手段、评价工具的不同，使老师意识到应该从哪些角度看待儿童。

观念上的改变促使老师寻求行为上的范本，实施证明，通过评价活动的先期实行，老师意识到对儿童的评价应该从哪些方面着手，但课程的滞后，一定程度上阻碍了老师评价过程的客观、真实性。这就促使老师寻求与之相匹配的课程实施模式，这为多元智能课程在汇佳的全面铺开奠定了基础。可以说，没有评价活动的展开，汇佳不可能在两年的时间内全面展开多元智能课程模式的探索和实践，并取得了显著的成果。

二、量化评价与非量化评价在汇佳幼儿园的应用

参照多元智能理论的主要观点，汇佳幼儿园制定了一套较为完整的评价量表，内容涉及儿童八项智能的发展，方式涉及日常观察、与课程同步评价、阶段性测查等，评价结果的表现形式有量表、描述性语言、直观的成果等。这是汇佳在评价工作中应用多元智能理论的第一步。

在评价量表制定和使用一年以后，老师们又完善了档案袋在幼儿评价工作中的作用，使量化与非量化评价在更大范围内结合起来，为老师、家长客观、公正地评价幼儿提供的进一步的条件。

（一）多元智能评价量表的制定

根据多元智能理论的观点，老师们从8个角度分析幼儿发展的智能倾向，从中抽取8种智能倾向中较为关键的品质，作为评价的内容（见表3－1），将在汇佳幼儿园的全体幼儿在各项智能上的得分平均值作为准标准值（由于不一定是真正的标准值，所以这样称呼），每位幼儿在各项智能的得分与标准值相比较，得出幼儿在此项智能发展的水平。

表3-1 评价内容

评估内容 \ 智能领域	数学逻辑	语言沟通	音乐旋律	空间视觉	自我认知	人际沟通	自然认知	身体运动
1	对数字和逻辑关系的兴趣	倾听	感知	空间知觉	自我认知	爱周围人	运用感官感知事物	大动作：走、跑、跳等
2	分类	理解	欣赏	空间视觉	情绪	礼貌	阅读与自然相关的读物	平衡
3	排序	讲述	兴趣	颜色知觉	自信	交谈	户外活动	协调
4	时间	交谈	表达倾向	完形知觉	独立性	问题解决方式	探究性活动	力量
5	图形	说话	表现:乐器	作品立体感	坚持性	合作	对动植物的兴趣	技能:拍球
6	数概念	发音	表现:形体	艺术活动类型	竞争意识	社会交往	对科学实验仪器等的兴趣	技能：踢毽
7	观察	词汇	表现：演唱	艺术活动兴趣		冲突解决	对自然现象的兴趣	技能：跳绳
8	判断	阅读	创造	想像力			观察习惯与能力	小肌肉：折、剪、撕、穿珠、建构
9	推理	书写					与他人交流观察结果	用肢体动作表达自我
10	文字			逻辑推理能力				

(二) 评价量表的使用

评价量表的第一次使用是在2000年末，老师根据量表中的内容设定一定的情景，引导幼儿在情景中完成既定的任务，通过完成任务的情况，评价儿童在此领域的发展状况(见表3-2)。

表3-2 评估内容举例（3-4岁 数学逻辑）

项目	编号	内容	评价标准			方法
兴趣	1	对数学逻辑的兴趣	不愿意参与数学逻辑活动	能在老师引导下或同伴影响下参加活动	积极主动的参与数学活动	观察/测查
分类	2	按名称	不能叫出物体名称并不会分类	能正确分类但不能叫出名称	能正确叫出名称并进行分类	观察/测查
	3	按大小	能根据成人提供的范例进行分类	能按语言提示进行大小分类	能手口一致点数并按大小分类	观察/测查
	4	按用途	能按范例对用过的物品分类	能按语言提示对常见物品进行分类	能独立对常见物品进行分类	观察/测查
	5	按指定特征	能在成人帮助下按物体特征分类	能按语言提示对有明显特征的物品分类	能独立按事物的特征进行分类	观察/测查
排序	6	按大小	知道最大和最小，但不会 排序	会排序但不能说出排序的规则	会排序并能说出排序的规则	观察/测查
	7	按长短	知道最长和最短，但不会排序	会排序但不能说出排序的规则	会排序并能说出排序的规则	观察/测查
	8	按特定规则	不能发现规律，不会排序	会排序但不能说出排序的规则	会排序并能说出排序的规则	观察/测查
时间	9	白天黑夜	白天和黑夜两个概念不分	知道白天或黑夜，但概念不清	有白天和黑夜的时间概念，能正确区分	观察/测查

续表

项目	编号	内容	评价标准			方法
图	10	正方形	不认识正方形	认识正方形但不能指认对应的实物	认识正方形并会指认对应的实物	观察/测查
	11	三角形	不认识三角形	认识三角形但不能指认对应的实物	认识三角形并会指认对应的实物	观察/测查
	12	长方形	不认识长方形	认识长方形但不能指认对应的实物	认识长方形并会指认对应的实物	观察/测查
	13	直线	不认识直线	说出名称但不能指认实物	说出名称并能指认实物	观察/测查
	14	曲线	不认识曲线	说出名称但不能指认实物	说出名称并能指认实物	观察/测查
数概念	15	1和许多	不能辨别1和许多	知道1和许多，但不知道两者的关系	知道1和许多的关系	观察/测查
	16	多和少	多少的概念不清	用重叠法能分出多少	能目测分出多与少	观察/测查
	17	点数4以内	不会数数	会唱数但不会手口一致点数	会手口一致点数	观察/测查
观察	18	比较观察	不能集中注意力进行观察	用比较实物的方法得出观察的结论	会目测比较观察，并能得出正确结论	观察/测查
推理	19	根据图形特征推理	不会推理	在老师引导下能进行推理并得出结论	通过观察和简单推理能得出正确结论	观察/测查

根据幼儿在各项智力领域的得分，我们算出全体幼儿总的得分，算出平均数，作为评价的准标准值，幼儿各项智能的得分再与准标准值相比，可以大致发现幼儿各项智能的发展水平（见图3-4）。一段时间的测评结果汇总，可以发现幼儿智能倾向。

以下是对智能结构分析图和分析及建议的具体说明：

1. 幼儿智能结构特点

从以上图表中可以发现，菲菲（幼儿名字）的多项智能水平均高于本年级幼儿的平均水平。其中尤以数学—逻辑智能、自我认知智能和肢体—运动智能最为明显。其他智能如

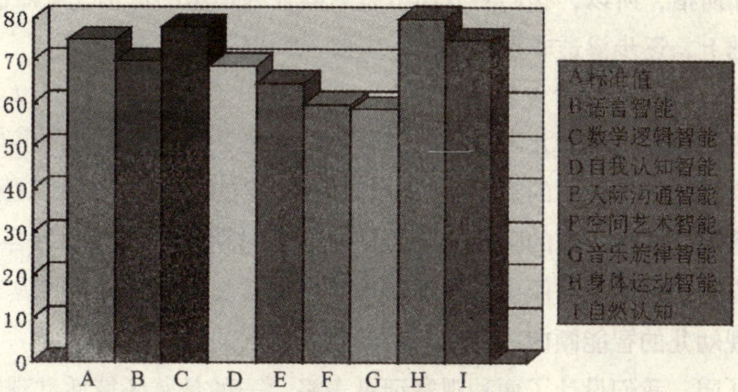

图 3－4　智能结构分析图

人际沟通、空间视觉等均处于同年龄幼儿的平均值以上。值得注意的是，菲菲在语言沟通智能方面明显弱于其他智能项目，音乐旋律智能较其他智能相比稍显弱势。这也与教师平时的观察结果是一致的。

由于以上结果是本次评估的结果，我们会在日常活动中继续观察，同时结合其他形式的评估方式对幼儿的发展做出更为客观、全面的评价。

2. 教育建议

根据以上结果，本班教师计划在以下方面制定针对菲菲的教育计划：

(1) 继续鼓励菲菲在数学逻辑、自我认知、身体运动方面的成绩，使这些活动成为孩子骄傲和自豪的资本。

(2) 提高班级环境中数学、自我、身体运动等方面材料的难度，以对菲菲在这些方面提出更多的挑战。

(3) 引导菲菲用语言、空间艺术等形式表达和表现自己在数学、身体运动等方面的成就，促进孩子优势智能对弱势智能的推动作用，使孩子在更广阔的领域内实现发展目标。

(4) 希望家长在日常生活中，观察孩子的兴趣点，发现孩子的优势，多与教师沟通交流，为菲菲创设更为适宜的教育环境。

(三) 量化评价与非量化评价的结合

通过量表的方式对幼儿进行评价，客观地说，还是传统的评价模式，它不能从根本上解决评价的片面性，但是，考虑到以汇佳为代表的中国幼儿老师的实际情况，她们无论从知识、教育技能，还是从观念和行为上，与多元智能理念所要求的老师素质还有一定的差距，过多依靠主观评价不但不能很好地把握幼儿发展的现状和倾向，还有可能使老师自己陷入迷茫，不知所措，所以，我们一方面沿袭老师较为熟悉的量化、阶段性评价方式，另一方面在此基础上，逐步渗透非量化评价，主要强调以下两点：

1. 量化阶段性评价与日常观察相结合

为使老师更准确地把握幼儿发展现状和趋向，调整老师观察记录的书写方法，变随机观察为主动、有目的、有计划的观察。每位老师在一定的时期内，固定观察一位或几位幼儿的主要活动状况，并在一定的阶段结束后，对这段时期幼儿的活动内容和数量作总结，发现幼儿在一段时期内的活动倾向，发现幼儿的兴趣点。经过长时间的观察，结合量化评价的结果，发现幼儿的智能倾向，为幼儿创设更为适宜的教育环境。

在汇佳幼儿园，我们设计了两种观察记录表格，一种是“区域活动观察记录表”（见表 3－3），用于老师在某个区域活动中每天的记录，需要老师在每个区域中都为孩子准备一张记录表，如果班级总共有 10 名幼儿，共设 8 个区域，那么至少需要 80 张观察记录表。这样比较方便老师的操作。观察项目包括观察对象姓名、对象在此区域内的活动时间、活动种类，如在数学区域中，幼儿可能进行排序游戏、计算游戏等，老师还需要具体描述活动过程。

一种是“区域活动月评价表”，用于老师在某一阶段结束时，对幼儿做出阶段性的评价，是一种总结性的表格。老师使用此表时（见表 3－4），需将此阶段（如一个月）内幼儿在不同区域的活动时间做汇总，计算出总的活动时间，然后用各个区域的活动时间除以总的活动时间，得出各个区域的活动时间占总活动时间的比率。从而发现幼儿在不同这里领域中的兴趣和发展状况。

一般来说，观察记录得出的数字与老师日常观察的结果应该是一致的，如果不一致，老师就需要思考是哪方面的原因导致这种差异，从而调整自己的教育行为。

【案例分析】

观察对象：聪聪（国际园 K3B 班）

观察时间：2003 年 3 月

观察区域：数学逻辑；总计时间：20 分钟；所占百分比：10%；

典型案例：认真地和老师玩五子棋，老师佯装不太会诈他，不料他很聪明，很快胜了老师，对自己的胜利表示万分高兴，表示要和更多的老师比试。

观察区域：语言沟通；总计时间：30 分钟；所占百分比：15%；

典型案例：“春节联欢晚会现在开始，第一个节目，请许老师为大家表演讲故事，大家一起欢迎她。”面带笑容地请老师上去表演，边递麦克风边说，“请”。

观察区域：空间视觉；总计时间：40分钟；所占百分比：20%；

典型案例：“星期六，爸爸带我去玩游戏机了，特别好玩，所以今天我就把它画下来。这张纸就是游戏厅，这边是把枪，这边是摩托，那边还有跳舞的。”（边说边画，空间感很好！）

观察区域：科学探索；总计时间：40分钟；所占百分比：20%；

典型案例：“老师，快想办法，我们磨不出米粉了，因为太干。”（老师出主意）聪聪埋头认真地挑出大米，把它和小米一粒一粒地分开，放入盛水的杯子里。

观察区域：日常生活；总计时间：30分钟；所占百分比：15%；

典型案例：“童童，今天是你的生日，你不记得啦？那让我来为你庆祝吧！你想要蛋糕吗？鸡蛋呢？当然也要吃青菜啦！不挑食才是好孩子嘛！你都过生日了，又长大一岁了，要吃更多的青菜了，但不能吃树叶吧?!”“哈……”

观察区域：机械建构；总计时间：30分钟；所占百分比：15%；

典型案例：“哎呀，这个吊车真难搭，我的钩子都掉下好几回了。”（小朋友帮助他）聪聪认真地睁大眼睛，看小朋友组合安装，小朋友走了，他将安装好的拆开，自己又装了一遍。

观察区域：社会理解；总计时间：10分钟；所占百分比：5%；

典型案例：“我和奶奶坐地铁时，有个红头发的人，戴个大眼镜，不给我们让座，老师不是说尊老爱幼吗?”……

—老师分析：

聪聪是个好强且淘气的孩子，从这段时间的观察来看，他的智能发展较为均衡，其中，科学探索区域和空间视觉区域是他最近比较偏爱的，社会理解能力方面还需进一步引导。更为精确的分析需更长时间的观察。

表 3－3　区域活动记录表

适用情景：适用于对幼儿做即时的观察记录，主要观察幼儿在某区域的活动情况。从而发现幼儿对每个区域的兴趣、操作情况，发现区域建设中的问题。

区域名称：________　时间：____年____月____日　观察老师：________

幼儿姓名	活动时间	活动种类	过程描述
区域内活动排位：			
简单分析	幼儿对本区域的兴趣： A、非常感兴趣　B、一般　C、不感兴趣		
	对区域具体活动的兴趣：		
	老师引导计划：		

表 3-4　区域活动月评价表

适用情景：适用于对个别幼儿做每月的观察总结，主要用于发现幼儿在相对较长的一段时间内主要的活动内容和兴趣倾向。为老师有针对性地指导和材料的投放提供条件。

时间：___年___月—___年___月　观察老师：______

幼儿姓名	区域	总计时间	活动种类	典型案例	比例
	数学逻辑				
	语言沟通				
	音乐曲调				
	空间视觉				
	探求兴趣				
	日常生活				
	积木搭建				
	社会理解				
总计时间					100%
区域排位					
智能分析					

2. 量化阶段性评价与课程相结合

多元智能理论中倡导的一种观点是：评价要在真实的环境中进行。在老师们的评价过程中，注重从两个方面来考虑：

(1) 量化评价的内容向日常课程内容的延伸：评价内容作为课程的一部分。

(2) 课程中贯穿评价意识：在课程进行过程中，强调评价意识。要求老师将课程内容中的关键因素提炼，作为评价标准，在实施课程中注意随机评价儿童。

以上两个方向的实践正处于初始阶段，还需要进一步完善。

三、多元智能对汇佳的影响

(一) 老师观念与行为的转变

老师们始终认为，影响教育最重要的因素是老师素质，而老师素质中最重要的因素则是老师观念。经过近三年关于多元智能理论的实践和理论研讨，老师观念的转变有目共睹。

1. 儿童观

通过三年的理论学习和实践经验，汇佳的儿童观趋于科学化。在以往的教育实践中，老师的儿童观侧重于民主、人权方面，如尊重幼儿的人格，尊重孩子的想法和观点等；经过多元智能理论的培训和近三年的实践活动，老师开始有意识地从儿童发展的水平和特点考虑课程设置和环境的创设。

2. 评价观

基于对幼儿的全面理解，基于对幼儿智能结构和对幼儿智能发展特点的了解，汇佳改变了以往对幼儿的评价内容和评价方法。

从评价内容上，汇佳注重从多元智能的各个方面对幼儿给予综合的、全面的评价；从评价方式上，汇佳开始有意识地在日常生活和活动中，观察幼儿的活动内容、活动方式、活动范围等，并从幼儿的行为、语言、表情等发现幼儿发展的现状和倾向。

3. 课程观

从简单的照搬教案，到考虑知识的系统性，到从幼儿发展的实际出发，以多元智能综合课程为主的课程实施模式。

4. 教学观

从针对多数幼儿的单一课程到针对所有幼儿的综合课程，从以集体教学为主，个别和小组教学为辅到以个别和小组教学为主，集体教学为辅的教学形式的转变，突出表现了汇佳在教学的理解上已经发生了根本性的转变。

从观念到行为，汇佳已经能从多元的角度思考问题，并尝试用多种方式促进幼儿多元智能的发展，虽然刚刚起步，但对于习惯用一种方式、一刀切观点来看待孩子智力的老师来说，这已经是很大的进步。以此为起点，老师们在多元智能理论上的实践，必将以评价为契机，带动整个教育过程的进一步发展。

（二）幼儿发展

1. 发展的机会

伴随着实验研究的进展，孩子在幼儿园里有了更多发展兴趣和能力的机会。汇佳不再要求儿童以相同的方式接受相同的活动内容，幼儿有了自由选择活动、选择活动方式、选择玩伴的机会。孩子们的发展空间比以往更为宽广，形式更为灵活。

2. 发展的成果

在对汇佳的四个实验班的幼儿经过分析，并与其他班幼儿经过对比之后，老师们发现，实行多元智能课程实验班的幼儿在以下方面有明显的变化：

(1) 幼儿更能专注于某一件事。在同一个班级的3－5个不同的活动区内，孩子们可以自由选择自己的活动，较为投入地进行自己的项目，基本可以不受周围环境的干扰。专注程度比以往有显著提高。结论主要来自老师的观察和对幼儿活动项目、活动时间的分析，更为科学、严谨的分析有待进一步深入。

(2) 幼儿的兴趣更广泛。对比以往的课程实施模式，现行课程模式和评价模式使幼儿对课程内容更感兴趣。幼儿不但能够参与老师准备的活动，还能在此基础上提出自己的建议，和老师一起商量决定活动的内容、开展的形式、表达方式等。

由于对活动主题感兴趣，有时活动方式和活动内容又是幼儿自己选择的，在很大程度上，幼儿的兴趣更为广泛，对原本不太感兴趣的领域更为关注，能够越来越多地参与到多种智力领域的活动中去。

(3) 幼儿的独立意识和解决问题的能力有所提高：多元智能理论强调幼儿在各个领域发展的可能性，与此相应，老师们在课程实施中强调让幼儿按照自己的方式发现问题、解决问题。开始的时候，汇佳担心太过放手会影响幼儿的发展，但经过三年的努力，老师们发现，幼儿不但没有停滞不前，反而比以往表现出更为突出的发现问题的敏感性和解决问题的能力。

（三）汇佳幼儿园多元智能课程体系的整合和完善

在多元智能理论的指导下，汇佳幼儿园在原有课程模式的基础上，结合多元智能理论，整合本园课程内容，调整课程实施模式，初步确定汇佳多元智能课程体系，使之成为孩子适应社会的发展、学会认知、学会做事、学会共同生活、学会生存的基础。汇佳幼儿园以多元智力理论为基础，整合8项智能和5大知识领域，形成汇佳特有的课程体系和以集体活动、区域活动和小组活动相结合的课程实施形式。

虽然汇佳幼儿园以评价为切入点实施的多元智能课程实践取得了一定成绩，但也存在不少问题，以下几点是他们认为在以后的教育实践中需要改进的：

1. 加深对多元智能理论的理解，使多元智能的理念和方法成为汇佳思想中不可分割的部分。

2. 评价工具的使用：老师仍然习惯于用传统的量化评价工具，不善于用观察等评价方法，表现在以下几个方面：不善于观察，不能从孩子日常的行为、语言、动作、表情等方面准确发现孩子的发展状况；用观察法得出的结论往往只是孩子聪明不聪明等一般结论，而不是就不同智能方面做出的更具体的结论。

3. 根据评价的结果调整课程设置、调整环境设施、创造更有利于幼儿发展的教育环境方面存在很大的困难。

对幼儿客观、科学、积极的评价是促进幼儿发展重要因素之一，而客观、科学、积极的前提是良好的老师素质，当前中国的幼教老师资队伍良莠不齐，传统的观念和做法总是不知不觉中影响老师的行为和态度。老师素质的提高和评价工具的科学完善是达到此目标的途径，所以多元智能理论在汇佳的应用必须两项工作同时抓紧。

小　结

本章尝试通过南京师范大学的一项研究、一所公立幼儿园和一所私立幼儿园的教学实践，展示多元智能理论在中国幼儿教育领域的发展状况。虽然有限的案例不可能反映这一领域的全貌，但我们所选的几个案例还是具有一定的代表性的。从这些案例，我们可以看到，多元智能理论在幼儿教育领域已经受到重视，眼下虽然还处在开始阶段，但发展得相当迅速。

在初级阶段，首先，多元智能理论的影响还是相当有限的，大多数幼儿工作者对这一理论还不大了解，甚至完全不了解。其次，中国学者，尤其是中国的幼儿园老师，对多元智能理论的学习还很粗浅，虽然有一批幼儿园老师对这一理论已有所了解，但真正了解其理论细节、通悉其理论脉络的老师为数寥寥，因此，在利用这一理论来进行观察、设计课程、进行总结的时候，这一理论所起的作用还是非常有限的。在处理幼儿教育中碰到的具体问题时，还做不到融理论与实践为一体，更谈不上根据中国的幼儿教育实践为多元智能理论做出创造性的发展。

有鉴于此，我们应当进一步加深对多元智能理论的研究，特别应当注重把这一理论与中国幼儿教育实践结合起来，通过中国的幼儿教育实践发现具体问题、解决具体问题。随着中国社会的统筹协调发展，随着全社会不断加深对幼儿教育重要性的认识，随着中外学术日益密切的交流，我们有理由希望，多元智能理论在中国会发挥更大的作用，并且这一理论也会由于吸纳中国幼儿教育工作者的实践经验而得到丰富与发展。

（虞永平撰写第一、二节，项灵羽撰写第三节，任桂霜撰写第四节，本章由项灵羽统稿。）

第四章 多元智能在小学教育中的实践

多元智能理论传入中国已经有十多年的时间了，但是受到教育理论界广泛关注，并在基础教育领域进行大量的实践，还是近几年的事情。我们本着实事求是的态度，根据所掌握的材料，对小学教育阶段借鉴多元智能理论进行教学实践的情况给予客观的描述。这种描述基本是按照小学教育阶段实践过程来进行的。首先，我们真实地描写了小学教育工作者接触多元智能理论后教育理念的变化；其次，我们如实地记录了小学教师借鉴多元智能理论结合各自学校实际进行实践的全过程；最后，我们客观地进行了实践后的反思。

第一节 从多元智能的视角重新认识小学教育的任务

一、小学教育工作者接触多元智能理论后的初步思考

（一）多元智能理论与小学教育结合的宏观背景

多元智能理论能受到小学教师的欢迎，能在小学教育阶段进行多方面的实践，是中国基础教育改革的大环境为其提供了契机。为了使教育更好地为中国现代化建设服务，中国政府于1993年颁发了《中国教育改革和发展纲要》，从而进一步揭开了20世纪90年代乃至21世纪中国教育改革的帷幕。

从政府层面上，中国政府做出了一系列决定。例如：1999年6月，在第三次全国教育工作会议上，做出了《关于深化教育改革全面推进素质教育的决定》，提出了素质教育要以提高国民素质和民族创新能力为宗旨，着重培养学生的创新精神和创新能力。2000年1月，教育部颁发了《关于在小学减轻学生过重负担的紧急通知》。2001年6月，召开了全国基础教育工作会议，国务院做出了《关于基础教育改革与发展的决定》、教育部颁发《基础教育课程改革纲要（试行）》，并于2001年9月，在部分实验区开始了新课程改革实验。这些规定为中国的教育改革和素质教育的实施指明了方向。同时，也敦促教育一线的工作者寻找新的教育理念，并努力把它转化为教育行为。

在实践层面上，近几年来，各地的小学教育工作者积极进行教育改革，创造出如“愉快教育”、“成功教育”、“和谐教育”、“主体教育”、“挫折教育”、“创新教育”、“特色教

育”等一批体现素质教育思想的教育模式和学科教学整体改革经验。这些改革在深度与广度上一直在持续发展，促进了教育观念的更新，为进一步全面推进素质教育奠定了基础。

但是随着教育改革向纵深发展，仅仅停留在这一水平上，还远远不能适应社会发展对教育的要求。这些尝试只是不同程度改善现行教育中存在的某一方面或某些方面的弊端。如何做到减负不降低质量，如何在小学阶段为学生今后具有解决问题的能力和创新精神奠定基础，使学生的发展更有潜力，成为困扰教育工作者的问题。小学教育工作者开始对各种教育理论进行反思和整合，逐渐向开发每个学生的潜能，塑造孩子们健全人格方向聚焦。这一切，又为多元智能理论在中国的传播和小学阶段的实践提供了土壤和基础。同样，中国的基础教育改革也需要多元智能理论这一全新的智能观作为理论依据。

（二）小学教育工作者接触多元智能理论后的初步思考

2000年1月，教育部发布的《关于在小学减轻学生过重负担的紧急通知》中，明确规定：小学一二年级不留书面作业；小学除语文数学外，不得组织其他课程考试，每门学科只允许使用一本教科书；取消百分制，成绩评定实行等级制。小学教师们疑虑：不留作业或减少作业能巩固所学的知识，能保证质量吗？我们基础教育的“双基”优势怎么体现？不通过考试怎么评价学生的优劣？减少作业是素质教育吗？部分家长们反对：减少作业、减少内容孩子能不能考上重点中学？

带着这些困惑，老师们开始了“减负”的探索。其实，教师们知道在给学生减负的同时，他们的负担加重了，要走“轻负担，高质量”之路，对他们教学能力的要求更高了。他们开始注意优化学科教学过程的各个环节来保证学生牢固地掌握基础知识，通过增加学生感兴趣课程来开阔学生的视野，激发学生潜在的学习能力，组织多个课外兴趣小组丰富学生的课余生活。这些措施一定程度上满足了学生的学习需要，调动了学生学习的主观能动性，有助于学生素质的提高。但是，老师们依然不甘心，总想找出更好的办法发展学生的各种能力。于是，十几个有志于此的中小学老师，聚集在北京郊区的一所普通旅馆里开始接触多元智能理论。梅汝莉教授是这个活动的发起者。她不仅给老师讲解多元智能理论的内涵，特点及对我国教育的启示，而且以其特有的号召力，鼓动老师们参加“借鉴多元智能理论，开发学生潜能，塑造健全人格的实践研究”。一石激起了涟漪，老师们对这种新型的智能观发生了浓厚的兴趣。请专家解读、买书自学，掀起了结合学校现状学习多元智能理论的热潮。

加德纳著，沈致隆译的《多元智能》、王成全译的《多元智能教与学的策略》和阿姆斯特朗的《课堂中的多元智能》等书成为老师们的必读的书。学习打开了老师的眼界，开始反思中国的教育和自己的教学行为。应试教育不好，但是到底哪儿不好，老师们讲不清楚。多元智能理论告诉人们，人的智力是多方面的。应试教育是一种以语言和数学教学为重点的教育，只注重语言和数理能力的考试，而忽视对个人来讲非常重要的其他方面的能力，诸如人际交往能力、实践能力、创新能力。从多元智能的角度看，这种教育的确有缺陷。多元智能理论认为，每个人都有8种智能，但是每个人身上智能组合是不同的。每个个体都有自己的优势智力和弱势智力。数学—逻辑智能强的人语言和音乐智能未必强。我们怎能只采用千篇一律的“老师讲，学生听”的教学方式呢？怎么能用一种眼光看学生呢？既然智能是多样的有差异的，而且是在具体解决问题的情景中表现出来的，我们怎能只通过考试一种形式来评价学生呢？这种思考给老师们带来惊喜和信心：学校里没有差生，有的只是智能类型、学习方式和发展方向不同的学生。每个孩子都是天才儿童。这种思考帮助老师树立要采用个性化、丰富性的教学和各种活动让每个孩子发展其各项智能的意识，树立全方位地看待孩子的思想。学习和思考也促使老师们重新审视小学教育的任务。同时，也使他们产生了跃跃欲试的愿望。

二、小学教育工作者对小学教育的再认识

1995年3月18日通过的《中华人民共和国教育法》规定，国家实行学前教育、初等教育、中等教育、高等教育的学校制度。初等教育，即小学教育，是国民教育的基础，是人口素质形成的奠基工程。在中国，小学教育的对象一般为6~12岁的儿童。其任务总的来说是为儿童德、智、体、美、劳各种素质全面发展打下基础和为接受初中教育作好准备。具体说，即让儿童掌握人类积累起来的最基本、最起码的文化科学知识，具备最基本的读、写、算技能，学会最初步的生活规范和行为准则。老师们都认同这个任务并在实践中努力完成它。由此形成了中国基础教育的优势：学生的基本知识和基本技能、技巧扎实。

中国的基础教育素以“双基”扎实，享誉海外。我们引以为豪。但是我们发现：中国的基础教育对学生创新精神和实践能力培养重视不够。为了改正我们的不足，中国政府在全面推进素质教育的决定中，明确将创新精神和实践能力的培养作为重点。新一轮基础教育课程改革更加强调培养学生的创新精神、实践能力、科学素养和人文素养；重视教给学生终身学习的基础知识、基本技能和方法；重视课程的生活化和综合化；强调课程评价的发展功能；强调学生主动探索的研究式学习方式。它要求学校教育既要使学生能够掌握终身学习所需要的基本知识和基本技能，又要具有实践和创造能力。短短的两年间，教师的教育理念和教育行为都发生变化，在实践中做了许多有益的尝试，但是常常会出现重视双基和培养实践能力相脱节的问题。如何继承“双基”的传统，又能面对新课程的挑战与时俱进，基础教育阶段的小学教育究竟追求什么样的目标，完成什么样的任务。

多元智能理论给老师们认识这个问题提供新思路。老师们认为小学教育不仅要完成为学生今后各方面发展打基础的任务，而且应该着重开发学生的潜能，培养学生的多元能

力。

首先，老师们从多元智能的视角来理解这个任务。多元智能理论认为人的智能是多方面的并承认智能的生物基础，具有无限的发展潜力，甚至预言，“每个孩子都是一个潜在的天才儿童，只是表现的形式不同。”同时，多元智能理论还承认社会文化对个体智力发展的影响。这就要求教育提供适合儿童智能发展的机会。老师们认识到，对一个孩子的发展最重要的、最有用的方法是帮助他们寻找到一个可以尽情施展才能的地方，让他们在那里做中学，使不同智能结构学生的潜力得到开发，得到满意而成功的发展。这是小学教育阶段应该完成的任务。

其次，以多元智能理论为指导，老师们又结合工作实际，进一步思考小学教育任务的问题。一位从教多年的老师发现，他的学生中，有的在学校时被公认十分优秀，走向社会之后却无所作为，令老师深感遗憾。有的学生在学校里被认为是“差生”，走向社会之后却成就卓著，让老师在欣喜之余还很尴尬。这是否说明我们的教育存在着不利于人潜能开发的隐患？我们的教育是否忽略学生某些方面智能的开发才导致这种尴尬？如果是这样，小学教育的重心就应该转移到培养和开发学生多元智能上来。

最后，老师们又从教育对象的角度分析小学教育的任务。小学阶段的教育对象是6~12岁的孩子。他们的生理和心理发展还很不成熟。从生理发育来看，他们的身高、体重等的发展是不均衡的，生长发育相对缓慢；大脑的重量几乎接近成人，大脑的兴奋功能逐渐减少而抑制功能逐渐增强。从心理发展来看，小学生的有意注意和无意注意都有了发展，有意注意的时间增长了，注意的范围广泛了。他们的记忆开始由机械记忆向理解记忆过渡，记忆的内容与生动、具体的事物或情景相联系进行记忆是这个年龄阶段孩子的主要记忆方法。他们的思维已经从具体形象思维向抽象逻辑思维过渡，自我意识和交往的欲望明显增强。这些特点说明儿童具有很大的可塑性和巨大的尚待开发的多方面潜能。

综合上述分析，老师们更进一步明确了小学教育的任务。小学教育不能仅满足于为学生今后发展打下坚实的知识、技能和行习惯为基础。小学教育肩负着开发学生们潜能，发展智能强项，提升智能弱项的任务。小学教育应该追求学生潜能的“最大限度”的开发，即多维度、多层次地尽其所能地开发儿童的潜能。这既是小学教育要完成的任务，又是小学教育追求的目标。但是，这并不表明我们放弃了“双基”优势，而是在多元智能理论的指导下对小学教育的重新思考和定位。它也是对小学阶段素质教育的最好注释。素质教育是面向全体学生，全面提高每个学生素质的教育。我们要面向全体学生，是因为每个学生都有潜能，都有成功的潜质。之所以要培养每个学生的全面素质，是因为每个人先天就有这些素质的基础，只不过是如何通过开发使其形成良好的结构。

由此可见，多元智能理论所倡导的理念和中国小学教育所追求的目标具有一致性。老师们在良好的大环境下，借着新课程改革的东风，借鉴多元智能理论，开发学生潜能的实践研究开展起来了。

第二节　多元智能理论在小学学科教学中的改革尝试

小学老师所教的学科知识是人类千百年来积累的最基本的、最具稳定性的知识。用变幻的、新颖的方法呈现这些不变的内容是他们的追求。因此，老师们一接触多元智能理论，就被这种智能理论所吸引，接受了它并在各自所教的学科领域进行借鉴和运用。他们上了一堂又一堂受欢迎的课：学生们喜欢，家长高兴、管理者和专家们也欣喜。北京市丰台区东高地第一小学在学习借鉴多元智能理论的过程中，提出了“以多元智能理论为支撑，以课程改革为突破口，以校园环境为依托，以多元评价为手段，以学校、家庭、社会为合力，塑造健全人格，促进学生自我发展”新的办学思路，引领、鼓励教师沿着这条办学思路实践。老师们的积极性和创造才能被激发起来，使东高地第一小学有了很大发展，声誉有了很大的提高。在实践过程中，各个实验区的教育理论工作者亲自到教学第一线进行指导：搞讲座，一起备课、听课、讲评课。在广大教师、学校管理者和理论工作者的共同努力下，实践已经初见成效，在全面尝试的基础上，形成各有特色的实验区。

多元智能小学阶段实验学校的老师们把借鉴多元智能理论，开发学生潜能实践研究的立脚点落实在课堂教学上。他们以极大的热情和辛勤的努力，在学科教学策略和模式、综合实践课程开发、教学评价等方面进行了尝试，在学校德育工作中也有所探索。从本节至第五节我们将选择几个具有代表性特例对实验情况给予如实地介绍。

多元智能理论走进中国学校，表现最活跃的舞台是在学科课堂教学上。小学教师活泼好动，棋、琴、书、画略有精通，具有得天独厚的条件。这为借鉴多元智能，促进学生多元智能的发展，摸索有新意的学科教学策略奠定了基础。教学策略是内涵丰富和外延广泛的概念。从不同的角度，人们会得出不同的理解。本节主要展示的是学科教学的具体教学方法和模式。

一、多元智能课堂教学环节策略

（一）多元导入

导入环节历来是课堂教学的重要组成部分，被看成是激发学生学习兴趣的关键步骤，甚至是关系一节课成败的因素之一。在多年的教学实践中，教师们积累了不少巧妙的导入技巧。多元智能理论为我们提供了导入的新思路：以 8 种智能类型和学生理解事物的方式为起点，调动起学生多种智能，引发学生的思考。在这样的课堂里，讲故事不再是语文老师的专利，数学老师、自然课教师也常常以这种孩子们喜欢听故事的方式导入新课。擅长音乐的老师常以音乐作为所教学科的导入手段。剪纸、折纸不仅出现在手工课上，数学课在讲“轴对称图形”时，老师会说，孩子们把带来的纸折叠，剪成你喜欢的图形。从学生爱听的故事导入，从学生喜欢的手工制作、音乐导入，从人们关注的环保问题入手……老师们用自己擅长的言语智能，将学生的爱好和学习内容联系起来，将实际生活和课堂联系起来，试图从言语智能、身体智能、人际智能等方面激发学生学习的积极性，使课堂一开始便充满了乐趣。这样的课堂导入，增加了教学成功的概率。

实验学校的教师们经过实践，摸索出音乐导入、讲故事、直观教具呈现、动画片和幻灯片引入等方法。下面是几位语文老师的导入实录：

例如，在教《春天在那里》时，有的老师就用《小燕子》这首儿歌作为导入，先让学生边听歌边展开想象，然后，让学生以小组为单位展开讨论：刚才在听歌时，想到了什么情景？春天在那儿？学生一下子就来了兴致：有的说，想到了小燕子飞的情景；有的说，想到了柳树；还有的说，想到了春天的各种花朵，春天就在小燕子飞过的路，在树芽儿里……大家争相发言，个个神采飞扬，他们的思维自然而然地跟将要学习的《春天在那里》的内容相联系起来，为进一步深入学习课文奠定了基础。总之，利用音乐导入，常会使学生的情绪迅速活跃起来，使学生很快进入所学习的内容情境中，这里既运用了学生们的音乐智能，又使学生的音乐智能得到了开发，也使学生的空间智能等得到了很好开发。

在教《琪琪的心事》一文时，有的老师针对故事情节安排学生进行课本剧表演，师生共同评议表演，学生迅速进入课文的情境，为深入理解课文内容打下基础。利用和发展了学生们的身体运动智能。

（二）多元切入理解教材

一旦兴趣激发起来，接下来的环节便是让学生充分地感知、理解教材。从教师的角度看，多元切入理解教材是指教师多维度、多方式呈现教材。从学生的方面讲，多元切入理解教材就是用自己学习风格和智能优势表达对教材的理解。在这两方面，实验学校的老师们做了一些尝试，积累了一定的经验。

北京第二实验小学，在思想品德课上采用多元切入理解教材方式进行教学的。例如：在讲授“保护有益动物”这节课时，师生共同搜集了有益动物（蜻蜓）捕食害虫（蚊子）的统计数字（一只蜻蜓一小时吃840只蚊子），运用数学—逻辑智能概括了有益动物的本质特征；老师又向学生讲述了北京市民的爱鸟活动——将1684只小鸟放飞蓝天，让学生表达听后的心情，学生播放了赞颂的乐曲，这是运用音乐听觉智能来表达对保护有益动物知识的理解；他们还进行了题为“实话实说”的课堂讨论，有的学生提出“牛是有益动物，但是患了口蹄疫，应不应该杀”等问题，这是运用了语言智能及人际关系智能，大大深化了对保护有益动物的理解……不同智能结构的学生，都获得了成功的喜悦（详见图4-1）。

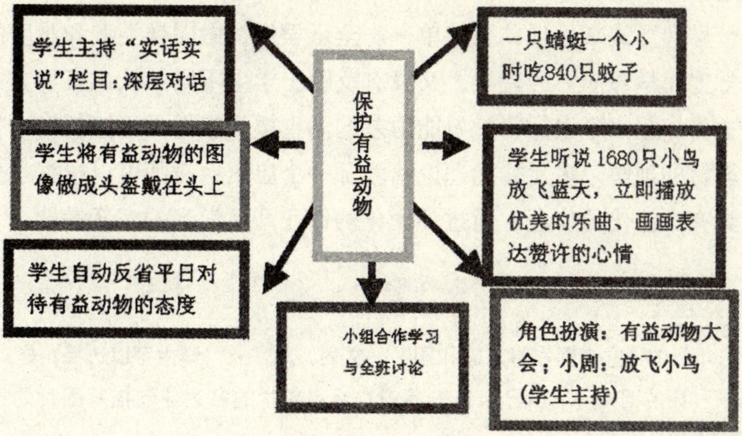

图4-1

这节课的可取之处是，师生运用多种方式进行思考和表达，比仅用语言描述对保护有益动物，体验与理解要更丰富和深刻。但是这并不意味着每一课都要这么多方式进行切入，要结合教学内容灵活运用，能切入多少就做多少，绝不能牵强附会。因为在一节四十分钟的课堂教学中，要把所有的智能全部都整合进去显然不可能。

浙江、北京、上海、山东、内蒙古实验区的老师们还采用游戏和角色扮演、小组合作学习、多元与多媒体结合的方式多元切入理解教材。仅举两例加以说明。

上海浦东新区海桐小学二年级的英语课上，用“猜迷”的方式进行教学。例如：老师用英语说出 fox \ bird \ cow 等动物的特征，学生们猜答案；老师用动作表示某个单词，学生们猜单词。然后，学生自己出谜面、做动作，其他同学互相猜。用这种形式呈现教学内容，既加深学生对知识点的掌握，又发展他们的语言智能、人际交往智能①。

浙江慈溪市宗汉街道永凝小学的老师在《我是一条小河》课中用多媒体手段。“我”是一条什么样的小河？如果让学生根据生活中的小河来回答，答案可能令人失望，于是采用多媒体课件，播放美丽的风景在小河中的倒影和小河流经的地方，听着河水的哗哗声，给学生留下了深刻的印象。多媒体技术将人的空间智能、言语智能和逻辑智能有机地结合在一起，调动了学生多种感官系统参与学习，有利于加大课堂的知识密度，加深学生对知识的理解，发展学生的多元智能。

---

① 吴志宏等．多元智能：理论、方法与实践．上海：上海教育出版社，2003.252.

（三）多元化的作业

布置作业是常规课堂教学的步骤之一，目的是帮助学生巩固所学的新知识。作业毫不例外地用言语符号的形式来呈现，比较单一。全班学生都做同样类型和难度的作业。作业既没有反映出学生间学习能力的差异，又没有反映出学生不同的认识事物方式，致使学习能力强的学生觉得作业水平太低，学习能力差的学生望而生畏，不擅长言语智能的孩子无法表达自己对教材的理解。多元智能理论给教师一个启示：教师可以根据学生多元智能和个性特点布置具有个性化的作业，通过多元化的作业开发学生的多元潜能。

【示例1】

中华路小学五年级的语文老师在讲“颐和园”一文后，其作业（学生可以选择）是：

1. 细心欣赏颐和园的图片（或自己亲自去参观）运用新学的名词佳句描写图片的景色，完成填空（句子）练习（语言能力）。

2. 以导游员的身份，用导游词的形式把颐和园的各个景点串连起来并给小组或全班学生展示（语言智能、数学—逻辑智能、人际交往智能）。

3. 写一篇描写景色的短文（语言智能）。

4. 画一幅画，表现你对课文的理解（空间智能）。

【示例2】《角的类型》的作业

1. 回家找一个圆形纸板或一块大蛋糕，用剪刀、刀子剪切几刀，你们从中能找到什么角，还发现了什么？请实际做一做（数理逻辑智能、身体运动智能）。

2. 请你们思考和观察，现实中哪些地方有或用上了所学的这些角的知识？请画张图画，从图画上可以找到所有的这些角（空间智能）。

二、“问题解决”教学模式的探索

用多元智能进行教学使课堂充满丰富性和多样性，使学生用自己擅长的方式来学习，发展了学生的多元智能。如何保证课堂教学更好地培养学生解决问题的能力和创造能力，体现新课程标准的精神：培养学生提问题、分析问题和解决问题的能力？老师们发现美国亚利桑那大学梅克（J·Maker）教授的“问题连续体”给在课堂教学中有效而有序地培养学生的上述能力，提供了简易可行的新思路和操作框架，同时又便于每一节课教学目标的把握，使其低层目标和高层目标比较清晰。实验区的老师试着用“问题连续体”改革课堂教学模式。梅克教授把问题按解决该问题所需的创造性的程度，按照由低到高的顺序，把问题分为五类。教师和学生对五个层次问题解决的方法和答案也是由已知到未知的。从教师和学生两方面，以问题为中心、以解决问题的方法为中介、以问题的答案为结果，从问题维度是已知还是未知，或从问题的答案是唯一的、系列的还是开放的这些不同层次，构成一个多维度、多层次的问题连续体。

不同层次的问题满足不同层次学生发展需求，对它的回答反映学生发展的不同水平地体现了小学教学目标的追求。“问题连续体”有步骤地、通过层层设置、步步深入、不断地提升学生的思维等级水平，达到了有效地开发学生潜能的作用。通过实践，老师普遍认为，每个人智能都有不同的组合，数项智能组合的结果，表现为解决问题的能力，人的一生都在不断地解决问题中生存和发展，解决问题依靠技能，而每一项技能都是两项以上智能组合的结果，技能培养的最好途径，就是在解决实际问题的过程中促进智能发展和智能组合。问题模式课堂教学，正是引导学生在解决问题的实际过程中来培养学生解决问题的能力，发展智能，促进智能组合。老师们借鉴“问题连续体”理论并结合自己的实际情况进行有效的探索，形成了不同的问题解决课堂教学模式。

(一)“目标导向，问题解决”教学模式

这个模式是由浙江省慈溪市宗汉街道中心小学提出的。该模式是以教学目标为导向，以问题解决为中心，以“问题体系”为基本教学策略，通过揭示目标→依据目标进行问题解决→检测目标，一步一步去引导学生掌握知识、培养能力和创新精神。目标是指一课时要达到的教学目标。问题解决中的问题是依据教学目标和教材的特点、重点、难点来设计的。问题连续体中的五个层次问题都尽量设计到，以便在教学过程中实现传授知识和发展能力的统一。“问题解决”的过程是“提出问题”→探究问题→解决问题。这个过程中，提出问题是第一步。教师通过创造问题情境，培养学生的问题意识和提出问题的能力。“探究问题”强调学生的积极参与，通过学生自主探索和合作学习，运用多种策略来解决问题。这是一个总体的模式，各个学科的教师根据自己学科的特点灵活运用。下面举一个课例的片段具体说明这个模式。

[课例]　长方形、正方形面积计算

它是浙江省慈溪市宗汉街道中心小学数学老师陈巧云设计的。陈老师根据新课程标准和教材设计了“知识、能力、情感与态度三维具体目标，把“问题连续体”贯穿于课堂教学过程中。

1. 问题情境，引发生活中数学问题

在这个环节，老师创设这样一个生活情境：为了绿化校园、美化环境，学校想在一块空地上铺上草坪，这块地的形状如图 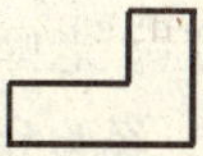 (课件显示)，让学生说该种多少面积的草坪？当学生们听说要帮助学校解决问题时都是一副勇者表现，跃跃欲试，产生了“我一定要学会求面积的本领”欲望，开始思考怎样求这块地的面积。

2. 探索问题，获得解决方案

首先让学生独立探索，自主解决浅层次问题。老师提供给学生的是每人用 16 个面积是 1 平方厘米的小正方形摆成一个长方形，有几种摆法，边摆边记录（附有一张记录表一）。完成这个问题并不难，因为它完全可以凭操作直观看到结果，主要是让学生独立操作中初步体会到长方形的面积 = 长 * 宽。同时，让所有的学生在探索时都体验到成功的喜悦，激发再次探究的欲望。其次 让学生合作探索，共同解决深层次问题。在合作研究之前，老师，让学生用 12 个面积是 1 平方厘米的小正方形合作摆并一个长为 8 厘米，宽为 5 厘米的长方形，想一想面积是多少。再用 11 个面积是 1 平方厘米的小正方形摆并画一个边长 6 厘米的正方形，想想它的面积又是多少?（附有一张记录表二）此时，提供给学生是不完整的操作材料。一部分学生开始时感到无从下手，但回忆起第一次独立操作的情景，他们就开始合作着摆“残缺的长方形”。有的同学从 12 块小正方形中取出 8 块，先摆在长边上画出长，再用这 8 块小正方形往上连续摆五次，画出宽，算出 8 乘以 5 等于 40 平方厘米；有的学生取 10 块小正方形，摆成 5 厘米宽 2 列，再往右连续摆 4 次，确定长 8 厘米，算出 10 乘以 4 等于 40 平方厘米；也有的学生长边上放 8 个小正方形，宽边上放 5 个小正方形（其中一个小正方形长宽共用），以此来画出长方形，并计算出面积；有的学生完全脱离操作学具，在头脑中形成一个长方形表象图来计算……学生们运用自己的智能强项，通过对比、分析、综合和交流由感性认识上升到理性认识，获得问题的最后结论。

整个探索过程，由独立到合作，由直观到抽象，由单一的操作程序到开放的解决策略，贯穿着问题连续体，学生的思维在此逐步开阔和发展。

3. 应用问题，发展智能

在这个环节中，老师先让学生根据新学的知识进行基本练习，巩固新知识，让学生用长方形面积公式解决一些简单的生活问题，比如测量一下书桌的长、宽计算面积等。学生既巩固所学的新知识，又体验到数学的基本实用性。在此基础，老师把学生的思维焦点转向这节课开始时的生活问题。当老师重新展示学校草坪图时，学生们就开始交头接耳地讨论起来。老师适时而问：“学了今天的知识，你会计算这块草坪的面积了吗?”许多学生都说还缺少线段长度的数据。老师就让他们小组讨论在 6 条线段中，你们认为该量出哪些线段的长度，就可以计算整个草坪面积了，体现了量的开放。刚开始，许多学生都认为每条线段都要量，可经过仔细的观察、分析、讨论，他们都找到了一条量的捷径：即量出任意两条竖线段和任意两条横线段的长度，就可以计算出草坪面积。各组学生根据讨论结果，实地去丈量了那块草坪几条边的长度。量完后，老师允许学生可以独立，也可以合作讨论来计算草坪面积。最后，他们凭自己的知识、经验和喜欢的学习方式，得出了四种计算方案。

在解决这一实际问题中，学生不但学会了知识的活用，也使数学—逻辑智能、空间思维智能、肢体运作智能、人际交往智能等都获得递升和发展。最后，归纳整理，讨论问题的应用价值，这一步主要通过学生自己的语言来归纳、总结、整理新知识，完成知识结构的重组，让学生将内化了的新知识纳入已有的知识系统中，构建知识网络。同时，引导学生归纳学习方法，交流学习心得，再一次体会探究乐趣，并提升语言等智能。

在课结束前，老师又一次让学生讨论长方形、正方形面积计算在生活中的应用价值。许多学生都谈到了家中的铺地板、刷墙、门窗玻璃等家庭装修问题中的应用，个别学生也提到了公园、操场、绿化等社会问题中的应用。逐步养成学生关注生活、热爱生活、关注社会、热爱社会的美好情感。

把教学目标作为"纲"，紧紧围绕着目标，运用"问题连续体"策略进行课堂教学是这个模式的显著特点。它的优点是：一方面避免了"问题"庞杂无法统领的情况发生，另一方面处理了好传授知识和发展能力的关系，发挥了我国基础教育的"双基"优势，加强了对学生实践能力和创新能力的培养。

（二）"问题学习"模式

最初，它是北京市西城区西四北四条小学等8所小学的实践研究，是在原西四北四条小学校长胡建华主持下进行的。后来，黄城根小学也加入了此项研究，并生成为"十五"北京市级课题。这些学校的老师通过对西四北四条小学4—6年级学生问题意识和问题解决能力的调查，发现学生的问题意识缺失和自主解决问题能力薄弱。老师们认为这是一种不正常的现象，为什么这些天真活泼的孩子丧失了好问求知的欲望？通过观察，学校工作者反思自己的教学行为，老师们认为，教师比较习惯于让学生回答问题，而不是提问题；当学生提出疑问时，因为干扰了教师的教学设计，因此，很少得到老师的表扬，最多是得到这样的答复，"课下我们再研究"。而教师常常因为忙，也就忽略了学生的疑问，久而久之，学生便越来越不愿意提出问题了。在教学中，教师普遍不重视通过让学生经历问题的研究和解决，从而体验知识的发展与扩展，因为这样会耗费许多的时间，而教学最重要的成果是要看学生是否掌握了教材所规定的知识。在许多老师看来，教师的任务是传授，学生的任务是接受。这种以知识为本位的传统的教育观，反映在教学上就是只重视知识的传授，不关心知识是怎样获得的。这样就造成了今天学生不愿意问问题、不会提问题的现状。没有问题意识，不会解决问题的学生怎么能成为创新人才呢？教育工作者的良知促使他们尝试解决这个问题。

最初，他们借鉴国外的"问题学习法"和建构主义理论进行实践，接触了梅克教授的"问题连续体"后，他们又把这些理论进行了整合，重新对"问题学习"和"问题"进行了界定。他们把"问题"定义为学科学习中的问题和生活中适宜学生解决的相对复杂、相对综合的问题。其特征是：有一定难度，但经过学生努力是可以解决的；突破学科界限，有一定的综合性；是学生在生活里能感受到的；含有多个未知成分，没有教师提供的相关信息，没有现成的唯一的解决方法．“问题学习”是以问题的提出、研究和解决为主线，以自主探索为主要的学习方法，以达到增强学生的问题意识、提高理解掌握运用知识水平和解决问题的能力为主要目标的学习活动。在此基础上，他们提出了有自己特色的教学中“问题学习”的基本模式（表4－1）：

表4－1

阶段	方式	目标
呈现问题	创设情景、问题引入	培养问题意识、明确研究问题
回忆反思	在原有知识经验中查找有关内容	学会利用已有的知识经验探求未知问题
探究研讨	独立探索、合作研究	养成独立思考主动学习的习惯、学会研讨和合作
概括归纳	汇报交流、全员参加	学会用自己的语言表达思维的结果，培养学生概括归纳能力
应用验证	运用新知，解决问题	培养灵活运用知识解决问题的能力

九所学校之一的什刹海小学，老师们以上述模式为蓝本，结合自己学校的特点，摸索出“创设问题情境、自主合作探求、实际应用、总结升华”四步骤的问题解决的教学过程操作模式。

什刹海小学是一所规模很小的学校，生员不理想。一个班级20名左右学生，其中，有智力障碍和听力残缺的儿童。老师们用问题学习的模式尝试着开启学生的各种潜能。

1．创设问题情境提问题

营造问题氛围：教室里设立活动角和质疑本，学生在课间或其他活动想到问题随时记在质疑本上，以便在今后学习过程中得到解决。课堂教学中创设各种问题情境（悬念引入、情境对比、自学质疑、教师引问）和问题训练（教学生提问的方法）。其过程是敢问—爱问—会问。例如：五年级语文老师卢萍在讲授“少年时代的毛泽东”一课时，让有学习条件的学生查找有关毛泽东的故事，自己在课余给学生讲毛泽东的事迹，在第一学时让学生反复读课文，启发学生依照重点词句进行提问，依照故事情节提问。在老师的引导下，学生提出了一系列问题。老师与学生一起对问题进行归类。其中有一个能深化对全文理解答案并不明确的问题：“为什么童年的毛泽东爱读‘杂书’，还能成为国家主席？”老师以这个问题为线索讲解课文与学生一起寻找答案。

2．自主合作探求问题

在这个阶段，教师根据学生的差异，将全班分成几个小组，围绕着“问题”进行个人学习和小组讨论的方式寻找解决问题的途径和方法。卢老师让学生带着上述问题默读课文的相关段落思考问题，每个小组都要讨论寻找答案。学生积极思考，热烈讨论，各个小组争着汇报自己的成果："《三国演义》告诉人们计谋，当主席要有智慧。""《英豪传》里的人物都能做大事，有志向。"这时，卢老师并没有急于发表自己的观点，而是仔细倾听，不时提出一些问题（这些书和他以后成为伟大领袖到底有什么关系，少年时代的毛泽东读书与立志有何关系吗?)，让小组间的观点互相碰撞，互相启发，去寻找自己认为正确的答案。

3. 迁移应用

在这个环节中，教师提出应用性的问题激发学生进一步思考，学生则将所学的新概念和新方法进行迁移并用来解决问题。例如：五年级的陈静老师在讲授"梯形的认识"时，有的学生提出梯形高有几条的问题。在小组讨论中，发现由于受常规思维定式的影响，有些同学认为梯形的高有2条，也有同学认为梯形的高有无数条。老师和学生们一起对平行线、垂线、距离、梯形的高等已知概念进行反复推敲，最后，同学都认为：梯形的高可以画无数条，两底间任何一条垂线段的长都是梯形的高。因为梯形的两个底是平行的。这一结论不仅突破了教材中关于高的定义，而且体现出学生对梯形高的理解达到了加德纳提出"真正理解"水平。在这一过程中，学生分析问题和解决问题的能力提高了。实践应用还体现在教师布置给孩子们不同层次的练习中。

4. 总结升华

在上个阶段的基础上，让学生通过归纳方式来概括总结所学的知识要点，在反思中升华出新的问题并向课后延伸。例如："少年时代的毛泽东"一课，在总结全文的内容时，学生又提出了"这篇课文究竟想告诉我们什么？是单指读书还是指爱国？二者有什么关系?"这就突破教材局限，为挖掘语文丰富的课外资源埋下了伏笔。

这种问题学习模式特色在于：不是拘泥某一种"问题学习"理论，而是结合学校的特点，对各种理论进行扬弃，摸索出适合自己学校情况的"问题学习"模式。

另外，一些实验学校的教师直接把梅克教授的"问题连续体"引入课堂教学：重视一二类问题，强调第三、四类问题，第五类问题能提就提，不刻意编造。

在实践过程中，老师们还发现，无论应用哪一种问题解决模式，教师都要指导学生进行课前认真预习，课堂教学过程中发挥主导作用。这对教师的知识结构和教学能力提出了更高的要求。

第三节　借鉴多元智能理论，开发小学综合实践课

自2001年接触多元智能理论，根据自己学校的特点，东城和平里第四小学成立了“建构发展学生潜能的校园及课堂教学环境”实践研究课题组，并将课题的研究目标定位在课程改革和课堂教学上。两年来，先后开发了以“春天”、“玩具”为主题的综合实践活动校本课程，取得了初步成绩。

一、问题的提出

老师们学习多元智能理论后发现，如果培养学生运用知识解决实际问题的能力和创造能力，完全依赖分学科课程是不行的。尽管分科课程是学生简捷有效地获取学科系统知识的重要途径，有助于突出教学的逻辑性和连续性，有效地促进学科尖端人才的培养和国家科技的发展；有助于体现教学的专业性、学术性和结构性；有助于组织教学与评价，便于提高教学效率。但是，它容易导致轻视学生的需要、经验和生活，容易导致忽略教育的整体性以及当代社会生活的现实需要，从而限制学生的视野，束缚学生思维的广度，不利于“完整人格”的培养和形成。过去的历次课程改革，只是孤立地在某一学科中进行改革，或修改教学大纲，或增删教学内容，往往局限于一门学科的狭隘视野。《基础教育课程改革纲要》明确提出要“改变课程结构过于强调学科本位、科目过多和缺乏整合的现状，整体设置九年一贯的课程门类和课时比例，设置综合课程，以适应不同地区的学生发展的需求，体现课程结构的均衡性、综合性和选择性，综合实践活动课程将成为小学阶段的必修课程。”借着这股东风，教师们开发有利于发展学生综合实践能力的综合实践课程。

二、小学主题综合实践活动课程的开发

“综合实践活动”课程是基于学生的直接经验、密切联系学生自身生活和社会生活、体现对知识的综合运用的课程形态。这是一种以学生的经验与生活为核心的实践性课程。它强调学生通过实践，增强探究和创新意识，学习科学研究的方法，发展综合运用知识的能力。

教师们感到以往的学生的实践活动，无论是在老师们的观念上还是在具体实践操作中，“活动”要么更多地被作为“课外”附加的事情，要么只是“课内”的补充和调节。似乎始终充当着学科课程的“配角”。而真正的综合实践活动，不是其他课程的辅助或附庸，而是具有自己独特功能和价值的相对独立的课程。老师们开发并实施综合实践活动课程，共经历了三个发展阶段：

（一）学科教学综合化阶段

依据多元智能理论，老师们首先尝试在各个学科教学中进行多元化的尝试，教师在教学中使用多元方式切入教材内容、鼓励学生对所学内容进行多元理解、允许学生将自己的理解进行多元表达。

在语文、数学、自然、美术、品德等学科教学中，每个教师注重充分调动学生的多种智能，运用自己擅长和喜欢的学习方式自主的从事课堂学习，在每一节课中力求形成多学科知识的渗透，以此促进学生比较全面的获得知识。如语文教师在讲《落叶》一课时，学生可以根据自己的特点选择不同的方式来表达自己对课文的理解，他们可以表演配乐的课本剧，用图画描绘落叶的作用，用动作演示落叶飘落的形态，用语言讲述自然界季节的变化等等。适合于学生自我智能强项的自主选择的学习，使同学们感到新鲜、有趣，同时也感受到了自我独特的价值。

经过这一阶段的试验，教师们初步理解了促进学生深刻理解的基本方法，并体会到以学生为中心进行教学的优势。但是，一节课需要任课教师掌握多学科领域中的知识并加以整合，这对习惯于传统分科教学的教师而言是很难适应，毕竟在短时间内，一位教师的综合素质不可能迅速提高。为此，参加实验的老师们又开始多学科联动教学的尝试。

（二）多学科联动教学阶段

教师在对课程标准深入理解、对教材进行细致分析时发现，在许多学科中都存在着一个问题，就是相同的内容在不同学科中都有，但是都不深刻。如：有关春天的内容只是在许多学科中都会涉及到。但以往的分科教学多是进行各自的教学，知识间的联系被人为地割裂了，学生很难对春天有一个综合的、深刻的理解，为此课题组实施了以“春天”为主题的多学科联动教学单元。

这个教学单元以自然学科为基础，整合语文、数学、自然、美术、品德等学科，并与团队、课外小组活动进行联合。“春天”综合课程学习的目的是引导学生通过对春季自然景观和社会生活的观察、记录和体验，抓住春天由于天气气温变化所引发的动物、植物和人们生活的变化，组织学生在实践感悟中运用多种智能，广泛收集知识资源，了解自然，激发学生热爱自然，热爱生活的情感。如让学生运用语言和绘画等艺术手段记录、描写、赞美春天。

当3月6日惊蛰到来的时候，课题组召开了“迎春”的班会，教师指导学生对春天进行观察、讲解如何记观察日记，将学生的视野引向了春天悄悄的脚步。4月5日清明节，组织学生到八大处公园进行了一天的实践考察活动，并邀请家长、植物专家和学科教师组成教育团队一同前往。孩子们沐浴着第一场春雨，在八大处公园的花丛、树林、和山谷中，尽情地感悟春的姿色，他们面对着万物复苏、生机勃勃的春天，感到无比的兴奋和好奇。学生对自然界的观察记录中提出了一个个问题：春天为什么刮沙尘暴？为什么老人生病的多了？为什么春天是动物的繁殖期？为什么气温变高了？以后的一个月，教师围绕着学生提出的30多个问题，上了“一粒种子”、“植物妈妈有办法”、“咏柳”、“气温测量与统计”、“找春天编应用题”、“自然观察日记”、“气温的变化”、“四季——春天”、“春天的畅想”等11节实验课。在课程的教学设计上，组织参与实验的教师分析、确立了参与学科的共同知识点和结合点，抓住春天由于天气气温变化引发的动物、植物和人们生活的变化，以春天的自然科学知识和学生的感悟为主线进行学科间的教学衔接，学生根据不同的问题通过查找资料、访谈询问、教师讲解等，了解到沙尘暴的成因，并通过试验明确了必须要植树造林，绿化环境。通过感受节气变化大，老人们易生病，认识到要关爱老人。通过了解春天是动物繁殖期，从唐宋时期起至今均有规定限制捕猎，知道了保护动物，保护环境的重要性。通过观察记录温度，与冬天温度进行对比发现其中温度的高低变化，对数字产生了浓厚的兴趣，感觉到数学与生活的密切联系。通过运用语言绘画等艺术手段描写、赞美春天，激发学生热爱自然，热爱生活的情感。

教师们通过共同组织学生对春天自然界的变化进行观察，各学科充分运用学生获得的实践经验和感悟组织本学科的学习，在教学中各学科的知识与技能逐渐融合，学生受到的教育和获得的知识趋于完整。同时老师们大胆尝试自然与美术学科；语文与自然学科；语文与美术学科合作教学 ，使学科之间达到互补，从而体现了个人、社会、自然的内在整合，体现了科学、艺术、道德的完整统一。在多学科联合教学的基础上，教师们又向课程整合方面进行探索实验。

（三）跨学科课程整合阶段

淡化学科界限，实行整体设计，综合语文、数学、自然、美术、音乐、劳技、品德等学科课程标准，设计开发出“玩具里的学问”单元校本课程，由连续性的22节课组成。课程设计紧紧围绕着学生的生活经验，灵活运用已有知识，在一定的学习情境中解决实际问题、探求未知、掌握知识的更高一级层面。学生通过对玩具的市场调查、参观、搜集、欣赏、介绍、评论、折装、设计、制作、展示、推销等系列的活动过程，运用语文、数学、科技、美术、音乐、劳技等学科的综合知识和技能。在探究式、合作式学习中，感受科学的进步、社会的变化和童年生活的乐趣；了解“产品”的创造、设计、生产、销售过程和价值计算方法；学习写作、口语交际、数据整理、统计、制表、科学原理、造型设计制作、音乐服务于生活、布置展览会等方面的知识和技能；培养学生关注社会、关注生活，通过观察和动手实践活动，发现有趣的现象，引发思考，进行创造性活动的意识；发展学生运用多元智能解决生活中实际问题的思维想像和动手创造能力。

我们实施的“春天”和“玩具”单元综合实践活动课，由于追求的是教师和学生在一种常态下的教与学的过程，学习内容和学生的生活经验紧密相连，给学生营造了个性化学习的环境和动手创造的机会，学生感到与过去的学习不一样，十分新奇和兴奋，参与学习的热情非常高涨。

以“春天”为主题的综合课，一、二年级的孩子共记自然观察日记76本，制作自然历6篇，种植白菜头15个，饲养小动物5种，收集和学习描写春天的字词累计3000个，诗句、短文、春联400首，自己创作短文100多篇，自编应用题120多道，创作儿童画60多幅。

在“玩具里的学问”单元校本课程学习中，同学们进入玩具市场调查后写调查报告和调查记录160多篇，有许多同学还拍摄了录像和照片，收集了各类玩具500多件。设计玩具统计图表17个，提出有关玩具的问题100多个。作文和自编童话故事160多篇，设计产品介绍卡、绘制产品广告60多幅，拆解各类玩具60多种，总结归纳出玩具制作原理8种。自制音乐玩具20多件，自编乐曲50多个。小组合作设计制作玩具和科技小制作40多个，围绕着解决学习和生活中的问题和困难出点子30多个。

学生在进行本单元课总结时谈到：“参加了这次活动，我的收获很多，我亲自作了曲，写了童话，做了玩具，心里真有说不出的高兴。还有上台唱歌的时候，我有点紧张，但唱完之后，我的内心是多么自豪！第一次唱自己编的曲子是什么样的感觉，只有我自己能体会出来。总之，活动锻炼了我，我十分喜欢这次活动。”

三、综合课程方案实施的特色

（一）整体设计教学目标和教学过程

综合实践活动课程的实施是对传统教学模式的挑战，要使各学科有机的融入一体，必须进行整体设计。在“玩具”单元课程整体设计中，教师们以学生个性发展为目的，面向学生的整个生活世界与科学世界，把生活世界与科学世界融合起来考虑课程内容。不仅学校有整体的规划，而且每一个活动开始之前，每一个班级，每一位教师都有对活动的周密设计。教师们对教材进行合并、增减，编出了具有综合实践活动课程特点的教材和教案，其后又用了两天的时间一节又一节地说课，集体进行评议、修改。整体设计不仅关注“学什么”，还关注“怎么学”。这样使课程的目标方向明确，具有成效性。整体设计便于课时调整，将课时集中安排，保证了学习过程的连续性。

（二）组建智能教育团队

在分科课程中，一个教师只需要处理某一学科领域中的问题；而在综合课程中，一个教师必须根据活动或任务的需要，选择许多学科领域中的知识并加以整合。这对习惯于传统分科教学的教师而言是很难适应的。因此我们倡导团体指导与协同教学，不把综合实践活动的指导权只赋予某一学科的教师，而通过有效的方式将所有教师的智慧集中起来，进行优化组合。我们为每个实验班配备了一位班主任、两位副班主任，并邀请了科技专家、有专长的家长和教师组成“智能化教育团队”，教育团队的组成将多元智能融为一体，增强了教育的力量。教育团队通过不断的培训、学习和实践，成为课程改革的核心骨干，学习型组织逐渐形成和完善。

（三）依据课程标准确定教学内容

自己开发的校本课程，一方面为教师提供了自由度很大的空间；另一方面也面临着如何处理好与基础教育学科课程标准的关系问题。为了使我们设计的课程更具有科学性，我们紧紧依靠各学科的《课程标准》。发挥集体智慧，对各学科课程的标准进行整合，制定出了切实可行的学习目标，实现《标准》不变，而是课程内容、组织形式和学习方法的变化。由于综合课程目标的制定不是另起炉灶，所以在实施中避免了矛盾，保证综合课程是对学科课程标准实现的深化和延续。

（四）评价贯穿始终

“学习标准”建立于学习的过程中，是我们在“玩具里的学问”单元课程实施中的新尝试，我们从知识与能力、过程与方法、情感态度与价值观，这三个维度对每一节课制定了评价标准。评价标准的制定，使学生在进入学习前明确了学习的目的和要求，由被动学习变为主动学习，由注重学习结果转入注重学习过程，不仅可以考察学生对知识掌握和运用的程度，及时总结学生的学习方法还可以检验和改进教师的教学。评价成为“问题解决”向更深层次和新知识领域探讨的抓手。

教师们在实施综合课程的实践研究中，抓住“评价标准”在先，以“表现性评价”为主，找到孩子每一阶段的发展点，所关注的是孩子掌握更多的学习策略，提供表现自我所学所能的各种机会，形成孩子们自我认识，自我教育，自我进步的能力。他们在不同的学习阶段，不同的知识领域经常取得成绩，形成自己独特的成长线，

我们充分利用“学习资料袋”记录孩子们自我成长历程，及时收集保存他们在参与各种活动中的文字、影视、照片资料。“学习资料袋”激发起学生追求学习、谋求发展的劲头，课程结束后，孩子们翻阅着自己的学习记录，回顾着自己走过的路，在自我欣赏中看到成绩和进步，在与同伴之间相互观赏中，感到了不足，新的目标在脑中出现。对孩子们不同阶段的生活和学习，教师们不间断的指导他们进行反思和对同伴的评论，通过评析发现问题和对新知识的需求。认识学生的多元智能存在，开发他们的潜在智能，就要用“多

棱镜”的目光去审视他们，从多维的角度去评价他们的表现，我们采用自评、小组评、家长评、各学科教师评，评出每个孩子的个性、特点和成长优势，多元化的评价方式成为一种动力，推动着孩子们在生活和学习的道路上可持续性的向前发展。

（五）把握课程进程，关注学生发展

综合实践活动课程的本质是生成性，这意味着每一个活动都是一个有机整体。随着活动的不断展开，新的目标不断出现，主题不断生成，学生在这个过程中兴趣盎然，认识和体验不断加深，创造性的火花不断迸发。如：“玩具里的学问”，课程分为调查、搜集玩具；介绍、欣赏玩具；拆散、研究玩具；创意、设计制作；展示推销宣传五部分。其中第五部分——展示推销宣传，我们原想让学生了解搜集产品相关知识的方法，写产品说明书，初步学习一些推销的原则，练习市场推销。但通过专家为学生讲座及学生实践练习推销的活动过程，我们感到要想达到预定目的，对学生来说有一定难度，课前活动设计没有完全符合学生的年龄、心理、认知特点。因此我们大幅度地调整了这部分内容，变为让学生介绍自己的设计思路以及依据思路制作的样品，征求他人对自己设计作品的意见，把整个活动作为自我反思、自我完善、粗浅地了解市场知识的学习过程。在作品展示会上，同学们介绍了自己的设计思路，展示了制作的样品，回答了客人们提出的问题，征求了客人对自己设计作品的意见，学生们的表现得到了与会者的一致好评。可见教师和学生既是活动方案的开发者，又是活动方案的实施者。

（六）把握好综合课程与学科课程的关系

教师们认识到，综合课程是以学科知识的学习为基础，同时又是对学科知识的深化理解、综合运用和扩展延伸。在实践过程中，教师们即要重视在教学中为学生打好相关学科的知识基础，又要注重综合实践活动课程的开发与实施。

四、取得的成果

课题组实施的综合实践活动课，以学生的现实生活和社会实践为基础发掘课程资源，绝不是在学科知识的逻辑序列中去构建课程；以活动为主要开展形式，强调学生的亲身经历，要求学生积极参与到各项活动中去，在“做”“考察”“实验”“探究”等一系列的活动中发现和解决问题；以学生的兴趣、爱好为宗旨，学生自己选择学习的目标、内容、方式及指导教师，自己决定活动结果呈现的形式，指导教师只对其进行必要的指导，不包揽学生的工作。给学生营造了个性学习的环境和动手创造的机会，为学生的自主性的充分发挥、实践能力和创新能力的发展开辟了广阔的空间。学生感到与过去的学习不一样，十分新鲜和兴奋，参与学习的热情非常高涨。

通过三个阶段的实验，课题组的教师自身专业水平得到了极大提高，教师的知识结构

更全面了；另外由于是自己开发校本课程，教科书要老师自己编，在提出了挑战的同时，也为教师提供了广泛的创造空间。

五、综合实践活动课实施中遇到的问题

（一）课时安排

综合实践活动要求的课时安排应是弹性课时制，即将每周3课时的综合实践活动时间根据需要灵活安排，做到集中使用与分散使用相结合。但是目前，综合实践活动的课时还未作统一安排，因此，那种每周安排固定内容的固定课时制，显然已不适合研究性学习课程的要求了。另外由于研究性学习课程倡导学生对课题的自主选择与主动探究，因此最适应研究性学习课程要求的课时安排，应该是弹性课时制。

（二）教学管理

要在工作量计算、教学质量评估和学生学业考试上充分考虑综合课程的特点，营造有利于实施综合课程的外部环境。

（三）教学组织

学生自主课堂开放式的教与学，为学生营造了宽松的学习环境，学生在课堂上敢说敢问，毫无顾忌，打破了过去老师讲，学生听的安静局面，这就为我们教学的组织指导者提出了一个新的问题，像过去那种按教案一环接一环地进行教学已经不行了，不知道什么时候学生会提出意想不到的问题或者回答出多种答案，打乱了事先的教学步骤，所以教师要把教学的视点从备教材转移到备学生上来。热烈的小组讨论、争论，学生兴趣正浓，如何停下来静静的倾听别人的汇报，在互相交流中学到知识，这又是对教师的调动组织能力的挑战。

（四）差异教学

作为教师用什么方法去关注和调动那一小部分弱势群体，使他们不低于基础教育要求的底线，这又是在差异教学中急待研究和解决的问题。

总之，多元的学习环境、教学模式和评价方法，发展了每一个孩子的智能优势，挖掘了每一个孩子的智能潜力，满足了每一个孩子的学习需求，促进了他们健全人格的形成。孩子们逐渐有了良好的学习心态，善于审视周围世界的目光，探求知识的方法和与人交往的热情。借鉴多元智能理论建构起来的这种多角度、全方位的育人之路，使得每一个孩子在原有基础上找到了施展自己才华的途径，得到了全面均衡的发展。

第四节 多元智能理论对评价领域的影响

多元智能理论认为，智能存在于人的大脑中，其发展要受个体生存环境的影响。只有充分考虑到一个人所处的环境才能真正理解他的智力。因此，加德纳主张“在个体参与学习的情景中轻松地进行评估”[①]。为此，美国的多元智能实验学校都尝试着用“专题作业法、过程作品集、学习档案袋和师徒制的方法对学生进行真实性评价。[②]”我们的一些实验学校，借鉴多元智能理论，在对学生的评价上也开始向多元化方向发展，并发生可喜的变化。

山东省诸城市实验小学最早创建了用几把尺子衡量学生的 经验，打开了创建多元多维发展性评价体系的局面，他们还制作了学生成长档案袋，推行了对学生实施奖励性评语，采用多种评价方式促进学生的发展。同时将多元智能理论和课程改革结合起来，对多元、开放的学生评价体系的建立进行了探索。其他地区的实验学校也做了较有成效的探索。

一、考试制度及评价方式的变化

（一）多种形式的考试、考查，为学生创造多元才能的机会

山东省诸城市实验小学的基本做法是分散时间，分项考试，打破传统意义上的分数权重，突出素质和能力的要求，试行学生参与学业的评定。主要是“七个结合”：一是考题与课程、教材改革的结合；二是考试时间，分项、分类、分散考查与集中测试相结合；三是考试内容，书本、课堂与课外结合；四是考试形式，动口、动笔与动手相结合；五是考试方法，抽签、指定与自主选择相结合；六是成绩评定，由学生自评、互评和师生共同评定相结合；七是成绩记录，随堂、分项综合评定相结合。

（二）学生参与评价的全程，在评价中感受评价的魅力，学会评价的方法

让学生参与评价的全程是培养学生的交际智能与内省智能的有效途径。为此，老师们设计了“学生自我发展历程册”，评语一改过去班主任教师的“一言堂”为现在的老师、学生本人及同学和家长的共同意见，科任教师每学期也要给每个学生写一份评语。

二、构建多元、开放的学生发展性评价

具体做法是由山东省博兴县实验小学的路巍、赵国防等老师实践并摸索出来的[③]。

---

① 加德纳著，沈致隆译．多元智能．北京：新华出版社，1999.181.
② 加德纳著，沈致隆译．多元智能．北京：新华出版社，1999.122.
③ 梅汝莉．多元智能与教学策略．北京：开明出版社，2003.152.

(一) 拓展评价内容，实现评价目标的多元化

在实施评价的过程中，我们在坚持两个结合（即知识技能评价与能力方法评价相结合，过程评价与结果评价相结合）的前提下，尽量减少单纯的知识技能评价，让学生在解决综合性问题和任务性问题的过程中完成多种目标的评价。

如数学学科的评价，以往多采用简单的计算，或要求以固定的方式解题，缺乏给学生提供自主发挥的空间。现在，他们强调设计一些综合性，需要学生进行探究，能从不同的角度进行思考，可能有多种答案的问题，来评估学生。如：同学们搞读书会，一张桌子可以围坐 4 个同学，两张桌子可以围坐 6 个同学。（如下图 4－2）

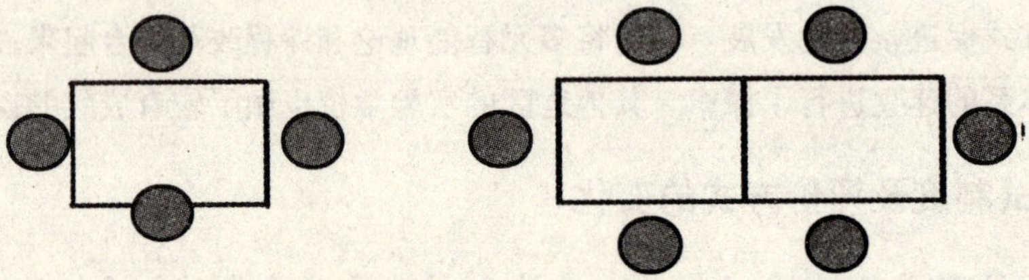

图 4－2

（1）3 张桌子拼成一行能坐多少同学？更多的桌子拼成一行可以坐的人数如何呢？

（2）请完成下题。

排成一行的桌子	1	2	3	9		
可以围坐的人数	4	6	8		24	60

（3）如果已知人数，你能快速算出一共需要多少张桌子吗？

（4）请想办法用语言、图示或其他方式表达你的方法，但要让别人能明白你的意思。

有的同学画图，有的同学列表，有的同学拿着橡皮在摆桌子，有的同学还从中推导出公式。他们想尽了一切办法，试图表达自己答案。从这个例子中不仅可以了解到学生解决问题的过程，还能看出学生解决问题的不同思维方式和思维水平。通过解决实际问题，有利于评价学生的思维能力和创新意识；同时，也可以对不同发展水平的学生进行评价。

(二) 综合运用不同方法，实现评价方法的多元化

目前常用的评价方法有：纸、笔测验；口答；常规作业。但是，这些方法往往不能真实反映学生的学习状况。所以，在实施评价的过程中，我们采用了重点突出、多种方法并用的多元化评价方法。

1. 优化纸、笔测验

纸、笔测验作为常用的评价方法，正因为其便于实施、能及时了解学生的学习状况等优点而被广泛采用。但对学生来说，试卷、考场、分数却是他们望而生畏的东西。鉴于此，他们着手从试卷的形式、考场的布置、监考教师的安排等都作了大胆的尝试。

（1）试卷大变样（以一年级数学试题为例）。

【案例】

（一）分数，在试卷上消失

整张测试卷上，不再出现分数。相反，在试卷的最前面，却出现了这样一段文字：

"亲爱的小朋友，你好！这一学期紧张、愉快的数学学习生活就要结束了，相信你一定有了很大的进步和提高，下面为你准备了一份测试题，请你做一做好吗？相信你一定会取得好成绩。"

（二）题目变得生动、有趣

以往机械、重复、大量的计算不见了。相反，却出现了"猜一猜"，"想一想"，"连一连"的题目，学生非常感兴趣。

（三）剪刀、胶棒、彩笔有了用场

以往的考试，除了纸、笔和必要的测量画图工具外，再用不到什么东西。然而，在我校的考场上，学生却带了剪刀、胶棒、彩笔等材料和工具。下面一题就要用到上述材料和工具。

请你按要求设计动物园（把提供的图片剪下来，贴在规定的位置）。

① 把熊猫馆建在动物园的中央。

② 把鹿园建在熊猫馆的北面。

③ 把狮山建在鹿园的西面。

④ 把百鸟园建在鹿园的东面。

⑤ 动物园的南面从左到右分别建设河马馆、松鼠林和猴山。

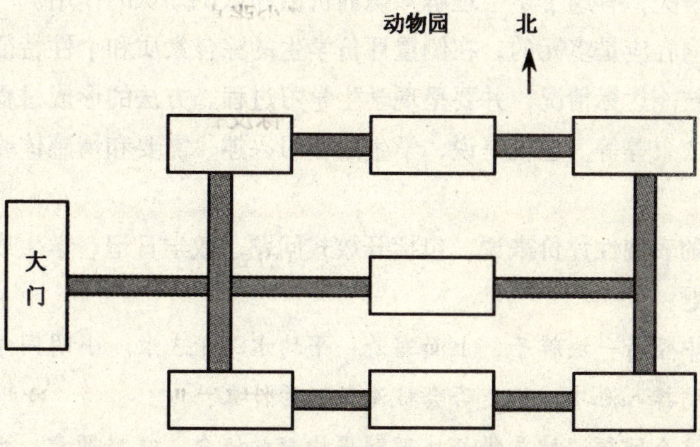

图 4-3

给学生提供一次动手、动脑的机会，让他们在"设计动物园"的过程中，增长了知识，培养了空间观念和方位感。

（四）设置学生的自我评价

试卷的最后，出现了下面一段文字和表格：

亲爱的小朋友，如果你还有时间，请你认真进行检查，养成良好的学习习惯，检查完后，请你对本次测试做出自己的评价。

自我评价	很满意（　）	满意（　）	基本满意（　）
教师评价			

(2) 考场变成“练兵场”。以往的考场，尤其是一学期下来的期末考试，学校更为重视，统一安排考场，还要按要求贴上考场牌。而现在的考场，就是平常的布置，和往常没有什么两样，学生根本没有什么心理压力。这样的环境、气氛，学生完全能自由发挥，评价的效果会科学、准确。

(3) 监考教师由“考官”变“助手”。以往的监考，教师总是按照上级要求认真落实自己的监考职责，严肃、认真，让学生望而生畏。改革后的监考教师，考场上却成了学生活动的助手，在坚持原则的基础上，露出了微笑，时时处处关照学生。

2. 重视表现性评价

表现性评价，是指通过学生完成实际任务来表现知识和技能成就的评价方式。首先要向学生提供真实的场景氛围和所需的条件，由学生运用所学的知识和技能，自己主动建构答案或创作作品，然后依据成果评价学生。

表现性任务应是学生日常生活中会遇到的真实问题，学生具有真切感受和任务感，通过对这些问题的解决，有助于学生理解知识的价值和认识知识的作用。

表现性评价内容应是多元的，在侧重评价学生的综合素质和个性特征的同时，还要展示学生的知识、技能达标情况，并要呈现学生学习过程、方法的形成过程和智能的开发程度、创新实践的成果等等。也就是说，学生的学习兴趣、需要和情感体验都进入了教师关注的视野。

就数学学科的表现性评价来说，包括开放式问题、数学日记、学生成长记录袋等。如下面的开放式问题：

有一个水池中竖着一块牌子，上面写着：平均水深 1.3 米。小明同学身高 1.6 米，不会游泳，如果小明掉入池中，他是否会被淹死？为什么？

学生要解决这个问题，就要很好地理解平均数的概念。根据题意，水池的平均深度为 1.3 米，有可能是每一处都是 1.3 米，也有可能有的地方深，有的地方浅，答案是多元的。

(1) 如果水池底面如图 4-4，那么小明不会淹死。

(2) 如果水池底面如图 4－5，那么小明掉在水浅处不会淹死，如果掉在水深处（超过 1.6 米）会被淹死。当然如果他有救生设备，掉在水深处也不会淹死。

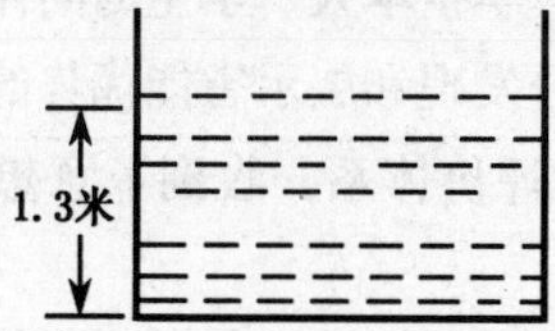

图 4－4

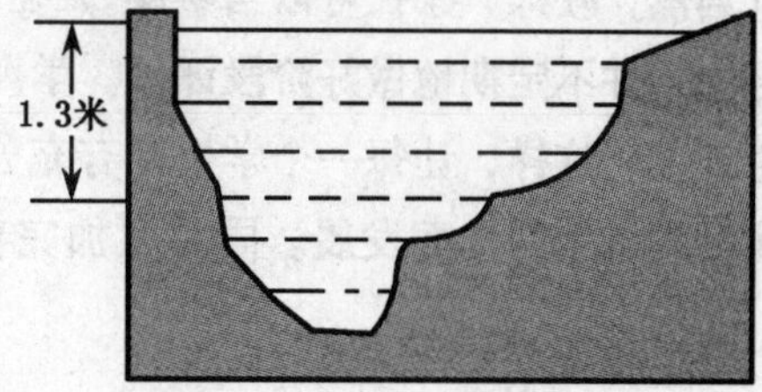

图 4－5

通过上面这个现实意义较强的问题，学生在思考问题和解决问题中所表现出来的对知识的理解和解决策略，会被评价者所掌握。

3. 实施课堂观察记录

课堂观察，是评价学生学习过程的重要方法，教师可以随时运用观察的方法了解学生学习的过程。

观察可以是非正式的，也可以是正式的。非正式的观察是在课堂教学中随时进行的，教师可以有意识地了解学生在学习过程中表现出来的突出特点，并进行记录，在一定的时间加以整理和分析。正式的课堂观察可以运用观察记录表来进行。观察记录不仅要关注学生知识、技能掌握的情况，还要关注学生在课堂的参与情况，以及在参与过程中表现出来的情感、态度、价值观以及是否善于与人合作，思维是否有条理性、创造性等方面的情况。

（三）学生、家长、教师共同参与，实现评价过程的开放性

评价的实施者有教师、家长、同伴和学生本人。

1. “三好”与“一好”，让每个学生发现自己的优势，体验到成功的乐趣

对学生的评价，山东省博兴县实验小学采取评价学生的学习成绩及其平常各方面的表现，尤其注重其优势智能的发展变化。评价过程既重视期末总评，更重视每月的阶段评价。在每学期的总结表彰时，取消了“三好学生”，充分挖掘每一个学生身上闪光点，进行积极的评价，除人手一张“喜报”（学校惯例）进行综合评价外，还从帮助学生认识自我、建立自信、体验成功，对学生的各个方面进行单项评价，设置单项奖励，并冠以“数学小博士”、“科技小状元”、“乒乓健将”等殊荣，同时学校还规定，如果学生获得三个以上单项奖，就可以荣获校级“优秀学生”称号。这样，让每个学生都有了成功的机会，切实调动了广大学生的积极性，促进了学生的全面发展。

2. 学生自设奖项奖自己

学期初，由学生根据自己的实际情况，结合学校设置的各种奖项，自己为自己设置奖项（当然，教师、家长可以当参谋。）在一学期的学习过程中，鼓励学生朝自己的奋斗目标努力，并不定期地做好阶段评价。学期末，组织教师、学生本人、学生的同伴、家长给学生评奖。这样，让每一个学生都有充分认识自我，充分发现和展示智能优势的机会，并以此推进学生的全面发展。同时更加完善了学校的多元评价体系，收到了意想不到的效果。

三、"成长足迹袋"评价法

这是山东省诸城市密州路学校李洪芹老师创建的。

(一)"成长足迹袋"的内容

1. 每月评价表——"我长大了"

在每月评价表中，"芽、苗、蕊、花"代表本学期的4个月，象征着学生月月在成长。教师本着及时、适度、灵活的激励原则，采取小组评价、教师评价、家长参与等评价形式，从知识与能力、过程与方法、情感态度与价值观三方面进行评价，每月评出"优、良"等级，记录学生语文学习的轨迹。这样，既成为学生了解自己掌握知识的参照，又为学生的学习定标，激发其不断进步。当然记录的内容可以很广，如：一次精彩的发言；一种与众不同的思考；提出一个具有创新性的问题；一份满意的作品；一节课的感受等等。老师根据学生的评价进一步进行指导。学生王××这样写道："这堂课上得轻松愉快，我知道了北大荒是一种怎样的景象，但我上课没有发言，我会在下节课争取发言，老师您能提问我吗?"老师评价道："愿你每节课都快乐、轻松和投入。下一节课同学们一定能听到你的精彩发言，大家会为你的勇气而鼓掌的。"果然，下节课这位同学勇敢地回答了一次问题（这是她这学期的第一次发言），全班都为她鼓掌祝贺。从此，她变得开朗、活泼，上课总能看到她积极回答问题的表现。

2. 月考——"语文园地"

这是每月对学生所学语文知识的检测。对于考试的评价，老师是这样做的：如果学生对某次考试不满意，教师可以推迟对学生的评价，鼓励学生提出申请，允许他们重新答卷，然后进行评价。从四方面进行评价：一是学生自评，以"我会写"、"我会连"等形式，检测对基础知识的掌握情况；二是小组评价，用"听我读"、"听我说"等形式，检验听、说、读、背的情况；三是用问卷调查的形式请家长参与，调查学生课外学习的情况；四是教师寄语，用这段时间最有代表性的事实评价学生，促进学生自主发展。

3. 联系卡

教师与家长不定期地进行书面交流，相互了解学生课内外表现情况，有利于学生良好习惯的养成，更加强了老师与家长之间的感情交流。

4. 获得的奖励

如小红花、奖状等，使学生获得成功的喜悦，调动学生学习语文的积极性，促使学生的语文学习处于主动、积极状态中。

5. 成功的作品

学生收集自己最满意的作业、画、作文、手工制作等，进一步激发学生的潜能。

（二）操作原则

1. 形成性评价和终结性评价相结合

仅仅凭一两次测试，是不能完全评价出学生的真实语文水平的。老师们采用成长记录的方式，收集能够反映学生语文学习过程和结果的资料，如学生平时的表现和兴趣潜能的记录、学生的自我反思和小结、教师和同学的评价、来自家长的信息等。期末老师们又进行朗读、背诵、口语交际、汉语拼音的拼读、课内识字、课外识字6个单项口试和综合内容的笔试，对学生本学期的学习状况评出等级。这样，既详细地记录学生一学期的学习过程，又全方面测出了学生的语文水平。

2. 自我评价、小组评价、教师评价、家长参与相结合

自我评价、小组评价、教师评价、家长参与的整体评价体系。充分发挥他们的评价作用，每月定期对学生的知识、能力、劳动、卫生、行为习惯等加以评定，评出等级；建立联系卡，不定期地与家长联系，从而使学生能客观全面地了解自己，体验成功，看到不足，明确努力方向；教师又能从评价中得到反馈信息，从而改进自己的教学。例如，在《语文园地》测试中，学生先自我答卷，开始“四级评价”。一是自我评价。根据本人答卷情况，结合本单元所学情况，学生自行评价，得出等级，从中找出优点和不足，自己找准以后的努力方向。二是小组评价。由小组长带领组员互相评价认字、朗读、背诵等内容，使学生在评价中了解他人之长和自己之短，在今后学习中自我完善。三是教师评价。教师用鼓励性的语言评价学生这一段时间的表现，鼓励学生进一步发展。四是家长参与。家长每月对学生的课外学习加以评定，如实填写问卷调查，实事求是地提供孩子在家的表现，提出希望。同时，使教师及时了解学生的课外学习表现情况，有利于学生学习习惯的培养。

3. 笔试与口试相结合

改变考试办法，通过笔试和口试相结合、观察与测评相结合等形式，全面收集评价信息，提高评价结果的客观性和全面性。如在《语文园地》小组评价中，通过“听我读”、“听我说”、“听我背”等内容，让学生读读、说说、背背、议议，检测学生的语文学习能力。期末，又进行了口语交际能力测试，教师根据每个学生的参与程度、语言表达等方面

评出等级，有利于进一步培养学生的语言表达能力和与人交往能力，也有利于教师从中发现问题，进一步改进教学。

4. 定性评价与定量评价相结合

针对小学生形象思维胜于抽象思维、渴望得到他人赞赏和表扬等心理特点，在评价结果的表述中，实行“等级制”，并把“等级制”化为形象化的标记，如五角星、小红花等等，从而真正使“等级制”对学生的语文学习起到一种激励和促进作用。例如，在《语文园地》教师寄语中，教师结合学生平日的表现，用激励性的语言评价学生这段时间内的表现，“你真棒”、“再加油”、“你敢大胆提出自己不懂的问题，真了不起”等，肯定学生取得的成绩，指出不足，从正面引导学生进一步发展。

第五节　多元智能理论在小学其他领域的体现

一、“问题解决”思想在德育中的应用

北京市丰台区东高地第一小学不仅在语文、数学、英语学科借鉴多元智能理论进行了课堂教学改革，而且把“问题解决”的精神渗透到学校的德育工作中，颇有特色。他们以主题教育活动为载体，以问题解决过程为线索，以学生观察、分析、综合为基本方法，让学生在参与专题教育活动中不断体会，不断感悟，不断积累，把德育要求内化为自身素质，逐步形成了层次递进式的德育工作模式。

按照上述模式，东高地第一小学开展了“向问号挑战”的大型主题活动，目的是培养学生积极思考、主动参与、主动探究的习惯，培养学生求真务实的科学精神，发现问题、分析问题和解决问题的能力。

（一）准备阶段

学校组织学生从学习生活和社会生活中选择和确定他们感兴趣的研究专题，去发现问题和提出问题，这些问题完全是由学生自己选择和确定的，它既是课堂内教材的拓展延伸，也是对校外各种自然和社会现象的探究；既可以是纯思辨性的，也可以是实际操作类的；既可以是已经证明的结论，也可以是未知的知识领域。经过一段时间的准备，学生们提出了 22 个较有价值的问题。

（二）实施阶段

1. 营造氛围接受问题

学校在开学典礼会场中央，摆放了一个近 2 米高的红色大问号，周围悬挂大大小小的

卡通问号，每个问号后面都有一个问题，使学生一走进校园便对问题感兴趣。孩子们摘取自己喜欢的问号。问号拿回来了，每一位同学都在思考自己的问题。“为什么海水是咸的?”“为什么星星会发光?”“为什么鱼儿只能生活在水中?”……一连串的问题激发了同学们对科学知识的求知欲望。当问号后面问题的答案被同学们打开后，同学们又被答案所吸引，踊跃交流问题的答案。掀起了“向问号挑战的”热潮，营造出解决科学问题良好氛围。

2. 思考和解决问题

虽然几乎每个学生都有问号，但是各班八仙过海，各有招数，又提出了许多他们感兴趣而又有价值的问题。例如：二年级（2）班班主任把大问号挂在班里的显著位置，并在后面设立了一个问题袋，每天将问题写在纸上投入袋中，在固定时间让同学们讨论、解答。如果当时解答不出，就让学生回家去看书或问家长，并对提出问题多的同学进行表扬及奖励。在不断提出新问题的同时，同学们除了在课堂上练习提问题、解问题，还充分利用课余时间和各种有效的搜索途径，解答自己或他人提出的问题。有的班级还进行小型比赛，看看哪位同学先找到问题的答案。同学们抓紧时间，通过读书或上网寻找答案，或者求助他人找答案。

3. 多种方式交流问题与答案

(1) 板报是班级教育活动的主阵地。有的班级把问号作为板报的重要组成部分，并进行装饰。每期出 1－2 个大家感兴趣的问题，让全班去查找答案，下一期公布。有的班级每期介绍 1－2 个大家不知道的问题，给出答案。

(2) 充分利用晨检时间和课间进行交流。同学们把一些自己查不到的问题提出来，交给大家讨论，寻求老师和同学的帮助。

(3) 班队会是学生进行交流汇报问题及答案的重要形式。例如：六（3）班开展的《环境警示录》队会，知识量、信息量大，形式多样，队员参与的积极性高，而且和科技小组活动有机的结合，突出了小组特色。尤其是他们能够深入生活，关注我们的生存环境，如“水质调查”小组，他们从小龙河里舀了一桶水，把一条活生生的金鱼放进去，没过几个小时鱼鳞开始脱落，再过两三个小时金鱼就死了。通过这一实验，使学生感到保护环境的重要性，增强了他们的环保意识。

这次主题活动持续了一段时间，学生们体验到了读书的乐趣，成功后的喜悦，更学到了解决问题的方法。通过此次活动，学生探索问题的积极性得到提高，各方面的潜能得到开发。这些将使他们终生受益。

二、小班环境下多元智能理论的实践

为了改善小学的办学条件和优化教育资源，追求高质量的“精品”教育，实现教育均衡发展和教育机会均等和权利公平，从1996年起，北京、上海等地开展了小班化教育促进学生发展的研究，取得了一定的成效。

小班教育规模小，一个班级通常在25－30人左右，教室空间大，师生之间接触频率比较高，学生表现自我的机会比较多。利用这些优势，参加“小班化教育”实验的老师更有机会关注学生之间的差异，更注重运用师生互动教学策略、分层教学策略、问题教学策略、合作学习策略善待差异，促进差异发展。但是究竟如何关注学生的差异，关注哪些方面的差异？老师们进行了一定的尝试。例如：通过观察了解学生的个性特征，通过智力测验了解学生的言语智能和数学—逻辑智能的情况。他们感觉这还很不够。借鉴多元智能理论，使老师们开阔了眼界，没想到每个人都有多项智能。从中受到了许多启发，认识到关注差异不仅要关注学生之间的差异，而且更要关注每个学生自身的差异：比如，他的智能结构是什么样的，有哪些智能，智能的强项和弱项是什么。这些差异是在孩子的各项活动展现出来的，要给孩子创造机会。老师们还认识到促进学生的差异发展，对全体学生来说，不是拉大彼此之间的距离，而是让每个孩子都在自己的起跑线上得到发展。对学生个体而言，不是扬长避短，而是补短促长，达到个人全面发展。多元智能理论为提高小班教学质量提供了理论依据小班环境为多元智能理论指导实践提供了平台。

（一）“利用多元智能理论分析学生差异”的方法

这是北京市西城区中华路小学“小班教学促进学生差异发展研究”课题实验组宋晓毅等老师摸索出来的。具体方法如下：

1. 观察法

通过有目的、有计划在日常生活、学习、教学、课外活动中观察、了解学生的智能结构。为此，他们绘制了学生多元智能统计表，供教师、家长、学生使用。下面是一张样表（表4－2）。

表4-2 学生智能结构统计表（样表）

班级______ 姓名______ 填表日期______

智能强弱 智能结构	强	较强	一般	较弱	备注
语言智能					
逻辑—数学智能					
空间智能					
身体—运动智能					
音乐智能					
人际交往智能					
内省智能					
自然智能					

表的纵向是智能结构，横向是各项智能的强弱程度（一般是与同龄人或同班同学做比较），由学生、家长、教师和校外辅导员共同填写，最后班主任做综合分析完成。

观察表比较好操作，但显得的粗了一些，如果用测试法就能对学生的智能情况进行比较细致地了解。

2. 测试法

让学生、家长、教师通过回答与语言智能、逻辑—数学智能、空间智能、音乐智能、肢体—运动智能、人际关系智能、内省智能和自然观察智能有关的一系列问题来确定其智能的结构。

他们在专家的帮助下，设计了分别供学生、家长和教师用的"学生多元智能测查问卷"进行。教师通过对调查问卷的结果进行数据统计制成统计表，找出学生的智能差异的优势与弱势。

下面的两张统计表（表4-3，表4-4）是北京市西城区中华路小学和玉桃园小学两位教师对该班学生测后进行的统计分析：

表4-3 中华路小学五一班学生智能分布情况表

姓名	语言	数学	视觉	运动	音乐	观察	交往	内省
李某	79.2%	50%	58.3%	70.4%	81.5%	62.5%	95.7%	50%

表中数据为各项智能的得分率。依据对李某测试结果统计，教师做出这样的分析：

该生的人际交往、音乐智能较高，内省和数学智能偏低。人际交往智能高，表现在为人和善，处世不斤斤计较，做事有一定原则，所以，在班中人缘好，威信高，担任中队长。她喜好音乐，学习电子琴有一年半的时间，对音乐的感知能力强。从数学测验来看，该生综合分析运用知识的能力较差，表现为遇到难题不知道从何入手，找不到解决问题的方法，需教师讲解。和其他学生一样，该生的自我认知意识不强，不爱做自我反省，需外界正确引导和帮助。

表 4-4 是玉桃园小学 2.1 班全班学生的多元智能的测试分析：

表 4-4 学生多元智能分布情况

各项智能	语言 16	数学 10 分	视觉 14	运动 13	音乐 17	观察 12	交往 10	内省 8	综合 100
得分率	62%	59%	57%	61%	63%	61%	69%	50%	62%

教师找出班级学生整体弱项，教师这样写到：从上表看，学生 8 项智能水平发展基本均衡，即处在中等水平。在八项智能中内省智能较低。对于低年级学生，要他们了解自己，认识自己有些困难，要通过今后的训练使学生的该项智能有所提高。

以上只是两个分析样例，其实从测查结果中，教师们还认识到只有找准了每一位学生个体差异，全班学生个体间的差异以及班级差异的趋势，实施差异教学才具有更强的针对性。

运用测试法应注意以下问题：

(1) 测查要做到三结合：即观察与测试、主科与副科、家长和学生及教师三方面的结合。教师在给学生确定智能结构时要做到客观、全面，就要用不同的方法，多角度地测定，这样分析出的结果才具有可信性。值得指出的是科任教师（不做班主任工作的）虽然接触学生面广，但不一定对每位学生都特别了解，因此，给学生做测试时要有目的地观察一段时间后再下结论。

(2) 测查要科学有信度。这里强调对被测试者所处的环境和提问与引导要减少人为干扰，要在自然宽松的环境中观察其表现，询问者不要有暗示性。

(3) 测查要结合本校和本班的情况。要考虑到本校学生、家长对测试内容的理解程度，做相应的多元智能理论培训工作，要让家长、学生对本课题研究的意义和多元智能理论有所了解，便于配合测试。对于测试问卷中的同样问题，由于不同年级的学生理解度不同，教师可变换叙述语言但题意不变使问题通俗易懂。低年级学生可以不回答问卷题。

(4) 学生的“多元智能”情况不是一成不变的，它随着年龄的增长、受教育程度的增加以及其他因素的影响会有所改变，所以一次测试只能反映当时所处的状态。教师不能以一次测试给孩子定终身，要用发展的眼光看学生。

(5) 测试结束后教师要对测试的结果进行分析研究。其结果作为今后选择善待差异方法的参考。

(二) 小班环境下多元智能教室的建立

小班化教学，由于学生人数减少，教室空间相对拓宽，使教室功能多元化成为可能，教室可以布置的像家一样温馨，像社会一样资源丰富。这既为教师观察学生的多元智能，开展促进孩子多元智能发展的教育活动提供了空间，又为学生无拘无束地展示自己的才艺提供了场所。

1. 课桌和座位的设计

根据小学生好奇心强，喜欢新异刺激，桌椅有的是长条形，有的是半圆形。座位的编排可以传统单一形，也可以是圆桌形、马鞍形的和面对面排列。在一些借鉴多元智能理论小班中很多教室课桌和座位呈现这些形式，便于学生参加各种各样的活动。在北京市西城区育民小学，座位依然保留着传统摆放方式，但是划分出学习区和活动区。

2. 教室的格局

北京市西城区育民小学在这方面很有特色。他们根据学生的智能特点和各种爱好设立了展示台、小小图书馆、生物角、棋牌角四个智能角，给学生的智能发展搭建小小的舞台，深受学生们的欢迎。难怪那些喜欢下棋的孩子，下课就奔向棋牌角，嘴里喊着："我爱下棋，我也有地方下了。"展示台前，孩子们在喊："我的作品展出了，因为我努力了。"自信心由此而生。育民小学教室的墙壁上也开辟出发展孩子潜能的空间。"读书小状元"橱窗展示着孩子们风格各异、精心记录的读书成果。"课间浏览"区域贴满了孩子们查找的与课内学习内容相关的资料。下课后，孩子们可以在这里浏览，丰富自己。"我是五色花"、"与好习惯交朋友"、"我的进步大"是"评比板块"的内容，只是各班定的名称不同。教室的墙壁上还有"班级活动板块"用来发布信息、互相沟通。在这种自由的空间里，学生用自己的风格了解世界，展示自己。

3. 教室的色彩

色彩协调、温馨也能使孩子的情感得到熏陶。育民小学的教室的色彩也具有教育的功能。各个班可以根据自己班级的特点选择教室的颜色。有的班是淡粉色、有的班是海兰色、有的班是浅绿色，五颜六色。这些都是孩子喜欢的，自己选择的。

第六节　小学教育工作者实践多元智能理论后的反思

从 2000 年 10 月起到现在，我们的实验经历了三年的时间。无论是从理念上还是在实践上，我们都取得了令人吃惊的变化和成绩。究其原因，是教育行政部门的支持，专家和教师们的共同努力的结果。在初步尝到成果后，我们也进行了反思。同时，我们也看到了存在的问题。

一、我们的变化

我们承担本课题的一些项目学校的老师们，借鉴多元智能理论进行教育改革实验后，在教育理念上发生了变化，可以说多元智能理论冲击和丰富我们以往的教育理论。

（一）老师们改变了自己的学生观

学生与学生之间是有差异，不能都统一于“三好学生”这一标准上来。每个学生都是可以造就，都是人才的秧苗，哪怕是学习成绩最差，也不要把他看死，他可能在数学或语文方面差些，但在其他方面并不一定差，他也有发展的潜能。在这种观点指导，老师看学生的角度变了。山东省诸城市实验小学的闫燕老师深有感触地说：我不再讨厌那些上课接话儿茬的学生，这是其言语智能较强的表现。课堂上总是作小动作的学生也许有着尚待开发的肢体—运动智能。这样一看，发现全班学生都是那么可爱。“爱之能勿劳乎？我愿意尽心尽力帮助他们。

（二）老师重新定位了“因材施教”的教学观

“因材施教”是孔子创立并在个别教学环境下成功地实施了。我们继承这一珍贵的教育遗产，并努力在班级授课制的条件更好地实施和发展。一般情况下，我们认为能根据学生的特点进行教学就是因材施教。通过多元智能理论与小学教学的结合，老师认为仅仅根据学生已经表现出的特征来进行教学只是因材施教原则一种体现，这时教师是比较被动的，教学只能跟随着学生的发展走。真正的因材施教还应该体现在“关注学生差异，善待学生的差异”上。关注差异不仅是关注学生之间的差异，而且要关注每个人的智能结构，优势和弱势；关注与教学相关的学生学习风格、思维的速度和知觉方式等方面的差异以及由此带来的学习结果上的差异。以此为依据形成多样化的教学模式，促进学生潜能的开发，最终促进每个学生都成为自己的优秀。

（三）老师们改变自己的评价观

评价学生的目的、内容、角度和方式都发生了变化。许多老师们认识到，评价不是让少数人感到自豪而大多数人无法抬头；不是为了挑选优等生，而是促进全体学生的全面发展。他们不再以语文、数学成绩好坏作为评价学生聪明与否的唯一标准，而是看孩子们在各个方面所表现出的能力。山东省诸城市实验小学的老师们就创建了“用几把尺子衡量学生”的校内考试制度。

（四）观念上的变化带来教学行为的变化

老师备课、上课不再像以前那样仅仅为了完成教学大纲要求，而是更多地从关注学生差异，开发学生潜能，促进学生发展方面去考虑问题。教师们采用多种方式和手段呈现用“多元智能”来教的策略，实现为“多元智能而教”的目的，改进教学的形式和环节，努力培养多种智能。在教学形式上重视小组合作学习和讨论，以利于人际智能的培养。在教学环节上注重最后的反思环节，有利于学生内省能力的发展。教师们在教学过程中通过设置疑难情景、提出现实中的问题、鼓励学生提问、通过思考和合作来解决问题。教师们让学生以多种方式来学习和表达自己对知识的理解，比如：书面语言和口头语言、绘画、音乐和表演等。这一切使课堂教学丰富性和多样化色彩，课堂出现师生互动、生生互动、人机互动的局面，学生的主体地位更为显现。

二、我们存在的问题

由于我们实践研究的时间还不长，研究者的水平有限，实践研究还存在着一些问题。我们不避讳这些问题，摆出来与同行们一起探讨。

（一）各种智能培养同时出现在课堂

多元智能理论认为人类至少拥有 8 种智能，它们之间没有优劣之分。一些实验教师误认为课堂教学应该同时用这 8 种智能来教并同时训练 8 种智能，在 45 分钟的课堂教学时间内，既进行语言智能的训练，又进行逻辑数学智能的训练；既搞空间智能训练，又搞身体动作智能的训练；既训练音乐智能，又训练人际交往智能；既开发个人内省智能，又开发自然智能……结果，眉毛胡子一把抓，各种智能的训练都如蜻蜓点水，浅尝辄止。其实，运用“多元智能”理论进行课堂教学改革，并不要求每节课都必须同时进行 8 种智能的训练，而是要求教师结合学科特点和不同智能类型学生有选择的应用和训练。

（二）基础知识、学科特点被忽视

有些教师在运用“多元智能”进行课堂教学时，存在忽视基础知识教学的情况。他们在基础知识尚没有被学生理解的前提下，就匆忙让学生进行“多元智能”训练。结果，课堂教学的重点、难点扔了，甚至学科的特点也丢了。从有的学生所展现的智能作品与课堂教学内容无关，甚至相去甚远就是一个佐证。最终导致学生的基础知识掌握得不扎实。我国传统课堂教学的一大优点，就是特别强调基础知识的教学。我们在运用“多元智能”理论进行教学改革时，绝不能抛弃已往课堂教学的优点——重视“双基”教学。其实这样做也是智能开发表面化。

（三）“问题连续体”运用范围还很狭窄

梅克教授的“问题连续体”指在学生的学习活动中,会碰到各种各样的问题,他们在解决问题的过程中,充分发挥自己的多元智能,不仅解决问题,而且在解决问题的过程中不断地发现新的问题。从这个意义上讲,她的“问题连续体”定位于实践性学习活动,范围更广,类似我国综合实践活动课。但是,从目前的实践情况看,大多数的研究依然是班级授课制条件下的课堂教学,重点在课堂教学设计的技术层面上精雕细刻。研究性学习应用“问题连续体”的比较少。梅克教授认为“问题”的类型没有好坏之分,不同的问题类型都有他的价值。但是有的老师为了体现新课程的精神,格外关注和强调“开放性”的问题。由于实验教师水平的限制,往往把一个很好的“开放性”性问题支解了,又变成了一、二类问题。

（四）多元智能课堂评价中的误区

为了体现多元智能理论所倡导的精神,有些教师加强了课堂教学的随机评价。但是,一是一味地表扬,失去了其应有的价值。运用多种表扬手段鼓励学生通过“多元智能”来表达对所学内容的理解,并发展其“多元智能”是应该的。但是,如果一味地表扬,把课堂教学评价变成只有表扬一种形式(特别当有些学生的“多元智能”作品,并不是对所有内容的准确理解,甚至是错误理解时,教师仍然对这类作品采取单一的表扬评价形式),那么表扬就会失去应有的作用。同时,也容易造成学生所学基本知识不扎实的后果。

产生上述问题的主要原因在于文化背景的差异而对多元智能理论的理解上有误区造成的,也有实践者水平的原因。多元智能理论在小学教育阶段的实践还是一项任重而道远的任务。另外,个别教师存在着急功近利的思想,致使实践研究成果意识很强而缺少更深入地去做。

三、我们的反思

1. 怎样解决课堂教学基础知识学习和开发多元智能的关系。这个关系处理不好可能会导致学生基础知识不牢固,能力也没有更好地开发,使多元智能的课堂失去它本身的意义。

2. “问题连续体”中的每种问题的适用性究竟如何，在怎样的情景中是最为合适的？在学科教学中有哪些普遍规律，这值得我们作深入的研究。

3. 如何设计体现多元智能理念的评价体系？这是制约着我们整个研究的瓶颈。

4. 如何更准确地识别、评价学生的各项智能及优势智能？如何把握各个学科的核心能力，促进多元智能与学科核心能力的结合将影响我们的研究质量水平高低。这些也是小学教育阶段今后深入实践研究的努力方向。

（杨雪梅撰写第一、二、四、五、六节、陈燕撰写第三节。本章由杨雪梅统稿。）

第五章 多元智能在初中教育中的实践

借鉴多元智能理论开发学生潜能的实践研究在中国研究时间不长，已经取得了初步的成果。根据我们所掌握的资料，对初中教育中借鉴与实施多元智能理论的情况做一描述和分析。叙述的框架，主要是按照多元智能在初中实施的过程进行描述。首先，分析它与初中学校的相遇，揭示多元智能理论对于解决初中教育的特殊问题所带来的机遇；其次，分析它在初中学校实施的过程，包括课程的开发、教学的改革、教师与学校的发展等几个侧面；最后，对实施效果、问题反思，经验启示进行了初步总结，这些总结也是对未来继续深入研究的一些思考。

在研究和叙述方法上，虽然很多学校都在开展研究，但是否所有学校都能够很好地结合初中教育的特定问题，去加以解决，也有一个不断认识和实践的过程。其中，在目前的水平上和条件下，做得比较好的学校还比较少，因此，我们认为，比较恰当的方法，就是个案法。个案法虽然难免具有局部性、特殊性，难以说明普遍的规律，但是它又具有很好的生态性，使我们看到多元智能理论在初中学校实践的具体形态。本章主要选择了北京昌平三中和山东诸城龙源学校做个案，并对这两个典型案例进行分析。

第一节 多元智能理论与初中教育的相遇

一、中国初中教育的典型话题

初中教育是九年义务教育的一个阶段，是小学教育基础之上的教育，是所有适龄儿童都必须接受的基础教育。它既要帮助少年期的学生健康成长，又要为他们接受高中阶段的教育做好准备。因此，保质保量的普及初中教育，对提高国民文化水平和人口素质的重要性是不言而喻的。然而，目前的初中教育存在较多问题。主要有：

（一）初中生学习上的分化问题

初中生在学习上往往出现分化现象，即部分学生能够学习好初中的课程，部分学生出现学习困难。出现分化的原因，主要有两个方面：

1. 课程的难度加大了

小学课程具有综合性，门类少，知识难度比较低的特点，而初中则以分科课程为其主要特点，门类增多，按照新课程计划，小学设9门课（含地方课程），如果按综合课程计算初中设10门课，如果按分科的课程计算是14门课。并且初中所学知识的系统性更强，特别是物理、化学、生物、历史、地理等学科，需要抽象思维的内容多了。这对于那些逻辑思维发展较弱、知识基础打得不牢的学生来说，学习就会出现理解上的困难。如果不能及时地解决，问题就会越积越多，成为学习困难学生。应该说，初中生出现学习困难的问题，除了学生自身的原因外，教材难度大也是一个因素。课改以前的教材强调学科知识体系，内容系统而比较庞杂，加大了学习的难度。新课程改革，旨在纠正这种过于偏重学科知识的倾向，强调知识要和学生生活、社会生活等相联系，这对于解决学生学习困难和分化提供了良好的条件。

2. 学生的生理和心理发生明显的变化

初中学生正处于快速成长与发育的时期，个子长高，体重增加，出现第二性征，男孩出现遗精，女孩出现月经，进入青春萌动期。此时，初中生在关注自己身体变化的同时，对异性的变化也较敏感。初中学生如果不能正确处理好常规学习与变化着的身心之间的关系，其学习就会受到较大影响。另外，初中学生往往感到自己长大了，可以独立自主了，因此他们不再象小学时那样依恋父母，甚至出现逆反心理，不听家长和老师的话，转而依靠朋友，这时如果他们接触具有不良行为和嗜好的“朋友”，对他们的学习和成长就会产生明显的负面影响。

（二）学生厌学问题和兴趣培养

由于上述所说的分化现象，使得部分学生在学习上出现厌学。尤其是在大班教学条件下，教师难以照顾到所有学生，造成学习有困难的学生学习成绩不断下滑，学习上的问题越积越多，使他们渐渐就失去了学习的兴趣。因此，如何激发初中生的学习兴趣，克服厌学，是初中教育的一个重要课题。

（三）学生的分流与选择

初中学生完成九年义务教育，将面临升学和就业两个出路。对发达地区说，90%左右的初中毕业生都能够升入高一级学校学习；但在不发达地区，由于高中教育规模有限，许多初中毕业生不能受到高中阶段的教育，只能就业。无论升学还是就业，都需要选择。对升学者来说，是上普通高中，还是上职业高中？对就业者来说，去做什么样的工作比较合适自己？都要作出明确的抉择。

初中毕业生的选择，是其心理发展的结果。在小学时，他们对未来的发展只有朦胧的幻想。经过初中阶段的学习，通过众多媒体的介绍、家长的影响，学生本人的兴趣、特长也在发展，他们不仅开始重视对未来发展的设计，而且对未来的选择也较为清晰和现实了。

那么，他们如何选择就更容易成功？这是需要在理论上和实践上研究的问题。多元智能理论所分析的智能结构，为学生的选择提供了某种理论上的依据。

（四）初中学校的发展问题

影响初中学校发展的原因，有宏观方面的，即教育投入不足、办学条件差、师资力量弱、教育体制不顺、整体教育质量不高等。比如，为了使九年义务教育成为一个完整的体系，原来很多完全中学、重点和示范中学把他们的初中部都分离出去了，有的改制为国有民办学校，有的和其他学校合并，这些调整，使得初中教育的优质资源显得紧缺。在我国西部地区，由于经济文化的原因，目前只能普及六年义务教育，初中教育的发展较为缓慢。微观方面，许多人重视高中教育，不太注重初中教育，因为高中与升大学直接相关，容易看到成绩。这些无疑都会影响初中教育的健康发展。实践表明，多元智能的实践研究，也为解决提高初中教师水平、促进初中学校发展这类问题提供了机遇。

二、基础教育课程改革背景下的初中教育（问题与任务）

当前，我国教育改革正在以素质教育为理念，以课程改革为抓手全面地推进。2001年颁布了《基础教育课程改革纲要》以及各学科的课程标准。在新的形势下，我们看待初中教育的问题、目的和任务，会有许多新的视角和认识。

1. 在培养目标上进行了调整

新课程要改变过于注重知识传授的倾向，强调培养积极主动的学习态度，强调情感态度价值观的形成，从知识技能、过程方法、情感态度价值观三方面提高学生的素质。初中教育是基础教育，是为学生的终身发展打基础的教育，需要在做人、学习、做事、合作等方面打好基础，需要培养新世纪所需要的基础性的素质。在这样的理念和背景下，我们看初中教育的问题，就不单纯是学习质量的问题，还有许多素质培养、习惯养成的问题，特别是在创新精神和实践能力方面，初中教育同样要承担重任。这些，正是基础教育新课程改革要解决的问题。

2. 在课程结构和内容上发生了较大的变化

课程改革强调学科课程与活动课程、分科与综合课程、必修与选修课程等方面的结合。注重课程结构的均衡性、综合性和选择性，开设综合课程，特别是设置了综合实践活动课程，为学生接触社会、培养能力创造了良好的条件。在课程内容上，体现现代性、基础性，使之与科技的发展、社会的生活、学生的兴趣和经验等方面结合。

3. 新课程强调学习方式和教学方式的变革

改变课程实施过于强调接受性学习、死记硬背、机械训练的现状，倡导学生主动参与、乐于探究、勤于动手，培养学生搜集和处理信息的能力、获取新知识的能力、分析和解决问题的能力以及交流与合作的能力。鼓励学生采取自主、合作、探究的学习方式，鼓励学生的独立学习活动、信息搜集、社会调查、网络学习、小组讨论、结合实际学习等。教学方式重视引导学生自主的、合作的、探究的学习，教师不只是传授知识，更重要的是引导学生学习，做学生学习的组织者、引导者、合作者、促进者、评价者等。教师应尊重学生的人格，关注个体差异，满足不同学生的学习需要，使每个学生都能得到充分发展。这些新的要求，对初中教育无疑带来新的挑战，使初中学校面临新的任务。

4. 对学生的评价的变化

新课程强调评价不仅要关注学生的学业成绩，而且要发现和发展学生多方面的潜能，了解学生发展中的需求，帮助学生认识自我，建立自信，发展能力。

作为初中教育工作者，如何解决传统的老问题，又迎接课程改革的新挑战，真正担负起初中教育的使命和责任，完成培养社会主义事业的建设者和接班人的重任，是摆在面前的大课题。过去我们积累了很多好的经验，但如何创新，与时俱进，肯定需要借助于新的思想、新的理论的支持。而多元智能理论的引进和介绍，恰恰提供了这样一个积极的支持。2000 年，由陶西平、郭福昌、梅汝莉等教育界的名家牵头的“借鉴多元智能理论，开发学生潜能的实践研究”课题，则吸引了一大批中小学参加。多元智能理论和观念的先进性、新颖性对于解决初中学校面临的老问题、新挑战提供了理论资源，二者之间具有很好的对应性，这是初中学校选择借鉴多元智能理论的实践研究的原因。

第二节　山东诸城龙源学校借鉴多元智能理论开发校本课程的实践

一、选择开发校本课程作为借鉴多元智能理论切入点的背景

课程是教育的重要载体。好的课程是培养人才的重要条件。从课程的管理结构体系看，有国家课程、地方课程、校本课程。与国家课程和地方课程相比，校本课程具有更大的灵活性、特殊性和可供选择性，是学校教育理念、培养目标、办学特色和价值取向的体现。它对于培养学生的兴趣和特长，解决初中生学会选择、帮助初中生更好地发展自己，具有重要的作用。

世界各国在教育改革中都十分重视课程的改革。而早在 20 世纪 70 年代，西方一些国家为解决课程编写者、课程实施者、课程评价者三者脱节的问题，国家政府就把部分课程

编制权下放到基层学校，便有了“校本课程”。校本课程的开发，在一些发达国家受到了高度的重视并积累了丰富的经验。在我国，随着九年制义务教育的普及，我国教育正在不断推进改革，以培养具有国际眼光的复合型、创造型人才。教育部颁布的《基础教育课程改革纲要》中明确提出，要培养学生的创新精神和实践能力，收集和处理信息的能力，获取新知识的能力以及交流与合作的能力，发展学生对自然和社会的责任感。要把理念变为现实，就必须改革课程结构，构建全新的课程体系。《基础教育课程改革纲要》又提出：“为保障和促进课程适应不同地区、学校、学生的要求，实行国家、地方、学校三级课程管理。”“学校在执行国家课程和地方课程的同时，应视当地社会、经济发展的具体情况，结合本校的传统和优势、学生的兴趣和需要，开发或选用适合本校的课程。”[①]《基础教育课程改革纲要（试行）》明确了学校、教师在课程的开发、实施等方面的权力，为学校进行校本课程开发奠定了良好的政策基础。许多学校在这样的宏观背景下都在探索校本课程的开发问题。

山东诸城龙源学校始建于1999年7月，是一所“公办民助”初中寄宿制学校，占地130亩，建筑面积5.6万平方米。学校坚持“高起点办学、高标准投入、高速度发展、高质量回报”的办学方针，配备了校园多媒体系统、有线广播系统、电视演播系统、信息网络系统，同时还创建了功能齐全的多媒体教学中心、科学实验中心、图书资料中心、健康教育中心、后勤服务中心、艺术体育中心等硬件设施。

学校自建校初期，就提出了“面向未来，创办适合学生自主发展的教育”的办学理念，培养有中国魂、有现代眼光的现代人，努力把学校办成名师成长的沃土、英才辈出的摇篮、教育科研的基地。在这样的办学理念和目标的导引下，学校十分强调主体性、选择性和体验性。这不仅是整个教育的价值取向，也是初中阶段学生面临的一个问题。如何实现这样的理念，体现这样的特色？

2000年，霍华德·加德纳的“多元智能”理论引入该校，使学校成为全国首批DIC国际合作项目实验学校之一。随着对“多元智能”理论的研究和对课程改革认识的不断深入，学校领导和教师们认识到：加德纳在未来学校的设计中，非常重视根据学生的智能特点，设计个性化的课程。他提出未来学校需要“课程设计者”这一角色。正是在这一新型教育观念的引领下，学校开展了对于校本课程的研究与开发。于是在2000年底，山东诸城龙源学校启动校本课程开发，作为借鉴多元智能理论研究的切入点。

学校选择这样一个切入点，还考虑到了其他的条件。首先，是学校的文化。学校倡导民主、开放、和谐的校园文化。在治学方面，倡导“追求卓越，崇尚一流”。在教风方面，

① 朱慕菊．走进新课程．北京：北京师范大学出版社，2002.258.

倡导严格要求、循循善诱而又充满人文关怀的“爱心教育”。所有这一切，为校本课程的开发提供了必要的文化资源。其次，学校有一支良好的师资队伍。学校有潍坊市“教学能手”25人，诸城市“教学骨干、能手”68人；本科学历教师占80%；教师计算机操作水平全部达到中级以上，44人达到高级水平。学校聘请教育改革家魏书生等23位全国知名学者、专家任办学顾问，每年聘请4名外籍教师为学生执教英语。他们是在研究状态下工作的群体，他们为开发校本课程提供了宝贵的智力资源。还有学校硬件上的优势，为开发校本课程创造了良好的物质和设备环境。

学校还分析了地区的课程资源，认为开发校本课程有特别的优势。诸城有着悠久的文明和丰厚的文化底蕴，诸城文化博大精深。追溯历史，诸城名人辈出，远古的虞舜，春秋时的公冶长，西汉的贡禹、师丹，宋代画家张择端，明清时期的赵明诚、刘庸。他们的学术、思想都曾影响了中国文明历史的进程，对中国文化的发展做出了贡献。近代历史上诸城的文化名人更是灿若群星，中共一大代表王尽美、文坛巨匠王统照、诗人臧克家、曲艺理论家孟超、陶钝、电影艺术家崔嵬、李仁堂等。诸城不仅有丰厚的文化积淀，更有得天独厚的自然资源，世界最大的“鸭嘴龙”化石就出土在诸城，早在白垩纪时期，这里就是恐龙的繁生地，这里不仅有丰富的恐龙化石群，更有母系氏族时期的古人类遗迹。诸城是龙的故乡，我们是龙的传人。诸城“博物馆”、“恐龙公园”、“王尽美烈士纪念馆”等人文与自然资源为学校提供了得天独厚的课程开发资源。

二、借鉴多元智能理论开发校本课程的原则

开发校本课程的目的，是为了适应学习者的实际需要，尊重学生个体发展的要求，最终为了创办“适合于学生的教育”，实现学校的办学理念。具体地说，是通过课程开发，建设符合学校实际、学生实际需要、内容较为完备、可供选择的校本课程体系，实现国家课程、地方课程、校本课程的整合和互补，为开发学生潜能，塑造健全人格，培养具有世界眼光和民族精神的创新型人才服务。

因此，学校确定了以下课程开发的指导思想，这就是：以中共中央国务院《关于深化教育改革，全面推进素质教育的决定》和教育部《基础教育课程改革纲要》为指导，以“多元智能理论”及课程理论为理论支撑，紧密联系社会要求、社区实际、学校实际和学生发展的实际，开发校本课程。

学校在校本课程开发过程中，突出以下几方面的原则。这些原则，既反映了当前我国课程改革的理念，也体现了多元智能的思想。要说明的是，并非所有的原则都是源于多元智能理论：

(一)智能的情景性与课程的综合化

多元智能理论认为，智能是在特定情景下解决问题的能力。能力的培养离不开具体的实际的情景。所以，龙源学校的校本课程注意引导学生关注衣、食、住、行等生活中的科学与技术，使学生了解其中包含的科学道理。龙源学校的校本课程突破了学科体系的固定程序，根据学生发展的需要和当地社会文化发展的实际，整合人文科学与自然科学，呈现在学生面前的不再是隔膜的抽象公式或原理，也不是彼此分割的孤立的概念，而是与现实融为一体的情景性的综合知识。学习的知识“活”了，学生对知识的理解也就更深刻了。

(二)智能的差异性与课程的多样性

多元智能理论认为，每个人的智能结构都是不同的，有强项有弱项。所以，学校在教材的开发过程中，就紧密联系学生发展的实际和学校的发展实际，有针对性地选择教材内容，使开发的课程适应学生多样化的需要。比如，针对国家课程分科性强、内容相对滞后，无法满足学习者的全部需求，尤其是学有余力的学生的发展要求，学校开发了《物理天地》、《小小化学家》、《趣味数学》、《帮你学英语》、《文苑撷萃》等12本35万字的学科系列课程，旨在培养学生的创新精神和探究能力，以满足部分学生的兴趣和特长，保证了学生自主、合作探究学习的机会和多元化发展的需要。又比如，针对学校的生源大多来自农村的实际，学生人文素养与综合素质存在较大的差异，为使学生适应社会发展对人才需求，学校组织开发了《自然科技课程》、《文学艺术课程》，编写了《关注科技》、《诸城文化》、《龙源植物知多少》、《美苑泛舟》、《圆你一个记者梦》、《校园音乐》、《篮球》等一系列校本课程，旨在发展学生的潜能，完善学生的人格，提高学生的人文素养。再比如，针对学校全日寄宿制特点，学生自理能力差，缺少独立生活的常识和知识，为强化课程内容与学生生活的联系，以利于学生个性的多元化发展，增强学生的社会实践能力，开发了生活导航课程《幸福小医生》，使学生从中学会生存、学会健体、学会生活，使其身心都得到健康地发展。

(三)人际智能、内省智能的要求与课程的教育性

为了培养学生的人际智能和内省智能，促进学生思想品德的发展，学校依据初中生身心发展特点和品德形成的规律，组织开发了内容包括《成长环境篇》、《成长目标篇》、《成长过程篇》、《成长成果篇》四大章节13个篇目的德育校本教材。让学生自我设计人生目标，记录成长轨迹。通过自我情感的体验，形成意志品格和正确的自我意识。学校还在全校范围内推行“自我服务，自我教育，自主管理”的学生管理模式，如鼓励学生竞争班干部、各类活动的主持人，参与管理班务、宿舍内务，积极参与学校文体活动，以发展学生

的内省智能。

（四）智能的创造性与课程的启智性

课程的启智性，就是使课程开发的过程同时成为学生智能开发的过程。多元智能理论认为，学生的智能是在解决问题的过程中培养和表现的，所以，课程的开发、教材的编写都应该具有启智性，使学生在学习教材的过程中得到智力上的锻炼。比如，教材中随机穿插“故事欣赏”、“轶闻传说”、“趣味阅读”等生动的内容，使学生学习保持兴奋的求知状态。又如，教材中还设计了许多有挑战性的问题，着力激活学生的思维。例如书中设计有这样的问题：“恐龙都是彪形大汉吗?”《诸城文化》中有一节《令人生疑的灭绝之谜》，也给学生留下了需要继续思考和探讨的问题。《诸城名人知多少》一节，为了帮助学生向中共一大代表王尽美学习，书中引用了一首诗：“四十年前会上逢，南湖泛舟语从容。济南名士知多少，君与恩铭不老松。”接着提出问题：“君与恩铭”中的“君”是指谁？让学生通过思考从而知道诸城市有一位中国共产党的创始人，他具有“不老松”的坚毅品格。

（五）智能的创造性、情景性与课程开发的过程性

学校把课程开发作为在具体情景中培养学生智能的过程，让教师和学生在这个过程中观察、思考、动手。学校建立健全课改管理运行机制，把校本课程开发的创新权、使用权、修订权还给教师，鼓励教师大胆进行课程改革，使教师在校本课程开发这个舞台上充分施展才华，不断提高课程开发的技能。例如，在编写《诸城文化》“恐龙文化”一章中，校长本人亲自带领恐龙文化考察队，考察了迄今为止世界上最大的鸭嘴龙化石出土——诸城市吕标镇龙骨涧，参观了诸城市恐龙博物馆，促使学生在开发过程中手脑并用。所有各科教材的开发，教师全员参与，吸收学生参加，体现了学生在受教育中的自主性。下面的案例就体现了教师、学生在课程开发中的主体地位以及开发的过程性，以培养学生的智能。

【案例】考察恐龙的发源地活动的具体方案

诸城是世界上少有的恐龙化石宝库，有“恐龙故乡”的美誉。1964 年就曾在诸城吕标镇发掘出了世界最大的鸭嘴龙——“巨型山东龙”化石，震惊了全世界。利用这一宝贵的地方资源，通过对它们的研究，来了解诸城生物的进化、气候的变化、环境的保护，对丰富学生的知识，培养学生的多元智能，具有十分重要的意义。

活动目的：

1. 通过组织学生对家乡恐龙遗迹的考察，使学生进一步了解自己的家乡，培养他们热爱家乡的思想感情。

2. 学会识别、采集恐龙化石的方法，提高学生的观察能力、鉴别能力、分析能力、动手操作能力，以及收集信息和社会交往的能力。

3. 通过举办演讲比赛、摄影比赛、征文比赛，培养学生的语言智能、动手实践能力。

活动人员：恐龙文化考察队全体队员和指导教师

活动时间：一天

活动准备：

1. 组织学生搜集有关恐龙的资料，通过查阅资料，对家乡的恐龙有初步了解。

2. 布置学生收集有关恐龙的照片、绘画等资料。

3. 准备采集和鉴别化石的小镐、锤子、锥子、手提袋、照相机、放大镜、刀子等工具。

活动地点：诸城市吕标镇库沟的龙骨涧。

活动过程：

校长和指导教师带领恐龙文化考察队的全体队员到诸城吕标镇库沟的龙骨涧进行了实地考察。吕标镇库沟北岭有一条深壑，当地群众称此壑为龙骨涧。进入诸城吕标镇库沟的龙骨涧，你会随处发现漫山遍野的龙骨化石碎片。这儿的环境特别优美，到处都是绿油油的小草，空气非常清新。沿着山坡上的台阶而下就到了深壑的底部。这条深壑的范围很大：西靠涓河，东接泉子沟，长度约为600米，南至岭下，北到涧北侧，南北宽约为200米，总共面积有1万平方米左右。这里埋藏着大量的品种繁多的恐龙化石。在龙骨涧的半山坡上，还依稀可见龙骨挖掘的痕迹，有的石洞里还残存着一些恐龙化石。这儿是一处大型恐龙群墓地，也是一座研究古生物学的宝库，有着十分重要的科学价值。考察队员采集到了一些化石，实实在在地感受到了恐龙化石。考察队员参观了座落在诸城北郊、占地92公顷的著名旅游胜地——恐龙公园。恐龙公园的巨型恐龙化石骨架、恐龙腿骨的化石、恐龙蛋化石，让考察队员真正认识到了恐龙生前躯体的庞大。回来后，组织举办了“恐龙文化”考察演讲比赛、“恐龙文化”摄影比赛和“恐龙文化”征文比赛。

具体步骤：

1. 讲述诸城恐龙从生长到灭绝的情况，指导学生掌握识别、挖掘和采集“恐龙化石”的方法。

2. 在教师的指导下队员分组采集。

3. 把采集到的化石进行分类。

(1) 请大家把采集到的化石摆在地上，仔细观察。

(2) 老师提问：通过观察，你发现了什么？这些化石的颜色有什么不同？有什么特点？

(3) 各小组把收集到的化石按颜色、构造进行分类。

(4) 让学生用眼睛看一看，再用手摸一摸，说明化石的表面是光滑的还是粗糙的？

(5) 让学生用放大镜观察一下化石的构造，根据自己的观察向大家汇报自己观察的结果。

4. 教师启发谈话：化石的软硬程度一样吗？化石的软硬是形成化石前“恐龙骨”部位不同造成的，还是化石形成过程中造成的？学生根据查阅资料得到的知识来分组讨论。各组汇报分类的结果，教师给予肯定。

5. 最后把采集到的恐龙化石整理、包装。

三、多元化的校本课程内容系列与多元智能开发

学校课程是为学生发展服务的，是为了适应学习者的实际需要而设立的，所以，学校课程应该是一种能充分体现学生选择权并努力培养学生选择意愿和能力的课程；应该是一种能体现学校自身的建设目标，培养学生创新精神、探究能力的课程；课程内容的设定应该是一种多元的、开放的、具有可操作性的课程，以利于学生多元智能的开发，以满足学生多样化发展的要求。因此，学校在校本课程的开发方面，进行了系统的设计，构建了多元化的校本课程系列。

（一）学科系列

目的：深化学科课程，拓展课程范围，补充趣味性、探索性、实验性内容，适当增加知识的难度和高度，培养学生观察与动手操作的能力。

课程内容与篇目：

1.《物理天地》。第一章：光学；第二章：力学；第三章：热学；第四章：电学；第五章：国际奥林匹克物理竞赛章程。

2.《小小化学家》。第一章：化学实验；第二章：化学与生活；第三章：趣味化学；第四章：开阔视野；第五章：用科学家的眼光审视生活。

3.《趣味数学》。

4.《帮你学英语》。

5.《文苑撷萃》。第一章：走进诗歌；第二章：散文天地；第三章：小小说之窗；第四章：师生文苑。

（二）艺术与体育系列

目的：尊重学生个体需求，尊重学生多元化发展的选择，培养学生发现美、理解美、创造美的能力。

课程内容与篇目：

1.《美苑泛舟》。第一章：造型；第二章：色彩常识；第三章：美术作品中的美。

2.《校园音乐》。第一章：音乐功能；第二章：艺海采珠；第三章：音乐欣赏；第四章：中西乐器介绍。

3.《篮球》。第一章：篮球运动概述；第二章：篮球技术；第三章：篮球战术；第四章：篮球规则。

（三）自然与科技系列

目的：引导学生关注世界科技进展，关注社会发展的热点和焦点问题，形成可持续发

展的理念；培养学生的科学兴趣和求知欲望，培养学生的探究能力和创新精神。

课程内容及篇目：

1.《关注科技》。第一章：克隆技术；第二章：兵器王国

2.《龙源植物知多少》。第一章：概述；第二章：小小分类学家；第三章：welcome longyuan school；第四章：百草园；第五章：小小园艺家；第六章：课外阅读；第七章：植物情报所。

（四）文学素养系列

目的：为学生创设一种宽松、和谐的阅读与写作环境，开阔学生的视野，为学生提供可供借鉴的“话题作文”材料，实现写作教学内容、方法的创新。帮助“中学生记者站”、“文学社团”以及所有“文学爱好者”，掌握新闻采访的基本技巧，反映多彩的校园生活实践和同龄人的心灵感受。

课程内容及篇目：

《圆你一个记者梦》。第一章：走进同龄人的世界，反映中学生的七彩生活。第二章：宣传学校素质教育风貌，体验多彩的课内外实践活动。第三章：真情、曲折、动人。第四章：抓住最有价值的一点。第五章：让瞬间成为永恒。第六章：评论——报刊的旗帜。第七章：青春短笛、倾听心中的欢乐忧伤。

（五）德育工作系列

目的：热爱祖国，具有民族自尊心、自信心、自豪感，为立身打基础，为报国做准备。热爱家乡，了解家乡的人文历史、发展变化，立志为家乡的建设建功立业。

课程内容及篇目：

1.《德育》。第一章：成长环境篇；第二章：成长目标篇；第三章：成长过程篇；第四章：成长成果篇。

2.《诸城文化》。第一章：诸城名人知多少；第二章：恐龙文化；第三章：诸城地理；第四章：诸城饮食文化。

（六）卫生与健康系列

目的：了解生命健康知识、日常生活常识、生存发展方式，让学生学会生活、学会健体、学会生存，使学生的身心得到健康发展。

课程内容及篇目：

《幸福校医生》。第一章：你从哪里来；第二章：你知道吗？第三章；健康快车；第四章：教你一招；第五章：健康指南。

四、校本课程实施中的多元智能开发

校本课程只有在实施的过程中，才能起到培养学生多元智能、发展学生个性、帮助学生增加选择性的作用。在实施过程中，学校不仅在制度上予以保障，把学校课程列入课程计划，保证有专任教师，有教学计划，有固定课时，有教学评价，有教学记录，有经验总结等，而且根据多元智能的理论，注重教学实施方法的研究，努力在实施环节发挥其智能开发的作用。具体做法有：

（一）改革教学模式，培养多元智能

教师探索教学模式，在课堂教学中充分发挥多媒体教学的优势，通过精彩的画面、动听的音乐，让学生在身临其境中感受和领悟作品的内涵，让学生在情景中发展语言智能，在氛围中养成学习兴趣。在宽松和谐的环境中，完成自主、合作、探究学习的过程。比如在语文课教学中，教师为学生精选经典文学作品，供学生去阅读欣赏，为学生提供“话题作文”的素材，让学生见“情景配音”、“一分钟话题作文”，为学生运用多元智能学习创造机会。又如生物学科系列小组的师生以“龙源植物知多少”为课题，对全校栽植的59136棵木草本植物进行了实地考察、记录，并结合植物学分类知识，对龙源植物分科编号挂牌，不仅要求学生熟悉花卉的生态习性，还组织学生参加花卉苗木的扦播、栽培、修剪、整形、管理等全过程的实践活动，使学生在学习中实践，在实践中学习，培养了学生的自然观察、身体运动、逻辑等智能。

（二）分层次编班，走班制学习，促进教育的个性化

学校遵循面向全体、尊重个体、因材施教的原则，按照学生发展的个体差异，在征求家长意见的基础上，将初二数学、英语两科6个班，按层次编为ABC3个层次4个班。学校重新调整教学课时，保证不同层次班授课同时进行，学生根据自己所选班级，实行走读听课。教师根据教学实际分层备课、分层指导、分层测试、分层达标。使用可以选择的教材，可供选择的学生，可供选择的教学模式，有利于困难生、中等生、优等生找到适合自己的最近发展区。

（三）开展综合实践活动，在实际情景中培养学生智能

参观、考察、访问是校本课程的重要内容之一，也是课程实施的重要途径之一。在课程的实施过程中，我校根据课程的需要，组织师生考察了诸城市境内的三山、两河、一市场，即常山、卢山、障日山，潍河、九龙河和龙城市场，并参观了恐龙公园、历史博物馆、经济开发区，通过参观考察，学生了解了家乡的山川风貌、物产资源、人文历史、发

展变迁，写出了大量而翔实的考察报告和所见、所闻、所想。学生的视野宽了，阅历广了，知识多彩，能力强了。这是学生从量到质的飞跃，更是从感性认识到理性思考的升华。

龙源学校以多元智能理论为指导，自主开发校本课程，创新教学模式，有力地促进了教育教学质量的提高，学生的个性特长得到良好的发展，增强了学生的选择性，培养了学生的多元智能。自2001年第一届毕业生起到2003年，学校连年夺得中考综合成绩全市第一。学校先后荣获“山东省规范化学校”、“潍坊市素质教育示范校”、“潍坊市信息技术教育示范校”、“山东省绿色学校”等多项荣誉称号。《中国教育报》、《中国青年报》、《中国教师报》、《中小学管理》、《大众日报》等多家新闻媒体，纷纷对学校实施课程开发、教育创新的办学实践进行了报道。

第三节　北京市昌平三中借鉴多元智能理论改革教学模式的实践

多元智能在学校的实践，最主要的是集中在课堂教学上。传统的课堂教学模式，最显著的特征是教师主宰下的满堂灌，它也是导致学生学习兴趣不高的重要原因。怎样解决这个问题？多元智能理论提倡的利用学生的智能强项，通过多种切入方法去学习同一知识的思想，对突破传统的教学模式，提供了独特的启示。

昌平三中在教学模式的改革方面，进行了大量的探索，他们在“多元智能尝试课”中，借鉴多元智能理论和方法，努力寻求适合学生的教学方法和模式，经过几年的实践，真正激发了学生的学习兴趣，促进了学生对知识和学科的理解与运用，课堂教学可谓“改头换面”、“别有洞天”。

他们对课堂教学模式和方法的探索，大体可以归纳为两个方面，一是教师在教学过程、教学环节上运用多元智能理论，从开始环节的导入，到中间的提问、讲授，直到最后的作业布置和总结反思。二是从学生学习的角度，优化学生的认知，促进学生的感知、理解、记忆，真正把知识内化。下面就从两方面介绍他们的实践。

一、在教学各环节运用多元智能理论，探索新的教学方法

（一）不同的开场白，多样化的导入

一堂课的导入是激发学生学习兴趣的关键环节。昌平三中的教师运用多元智能的思想，把导入设计得丰富多了。请看几个片段：

在《相似形》一章的数学课上，老师的第一句话是：“我先给大家讲个故事，有个人

想测量金字塔的高度……”她是想由测量的故事引入相似形。在讲《轴对称图形》一课时，老师却先说：“请大家把带来的纸对折，再剪成你喜欢的图形。”原来她是通过学生的制作激发兴趣，再由学生的作品引入新课。2002年春季沙尘暴席卷北京的第二天，计算机课正要学习如何制作幻灯片的动画效果，老师就以“今天我们就探讨一下怎么制作环保幻灯片”为导语了；语文老师则以“看来，向沙漠进军，应该加快步伐了”开始了她的《向沙漠进军》一课。物理老师要讲《声音的发生与传播》，开口说的是：“我作为一位任课老师，非常愿意和同学们沟通交流。那么人们之间的交流可以通过哪些方法呢?”在学生回答后又问：“最常用的语言方式——人的声音是怎么产生和传播的呢?”

从学生爱听的讲故事导入，从学生喜欢的手工制作导入，从人人关注的环境问题导入，从主动拉近师生关系导入……老师用自己擅长的语言智能，将学生的智能与学习内容联系起来，将实际生活、师生关系与课堂联系起来，力图从身体运动、人际关系、内省等智能角度激发学生兴趣，上课伊始就创设了一种具体、形象、亲切的学习氛围，可谓情态各异，引人入胜，怎能不引起学生的兴趣呢?

（二）多种形式的提问，激发学生的思考

在教学过程中，教师通过提问，帮助学生思考和理解，是一种重要的教学策略。但许多老师的提问往往很直白，缺乏情景，缺乏艺术，缺乏多样性。昌平三中的教师在这方面做了许多改革的尝试，形成了以下一些提问的形式。

1. 在学生动手操作或实验后提问

数学老师在《轴对称图形》的教学中，在学生将纸对折剪成各种图形后发问：“这样的剪纸有什么特点?”在学生明白了“轴对称图形”的定义和特征之后，老师又问：“现实中还有哪些是轴对称图形呢?”由于老师用具体的剪纸启发学生的思维，把知识放于生活实际中，使之与训练数学—逻辑智能巧妙相结合，所以学生很快理解了概念，还举出了不少实例。物理老师在《声音的发生与传播》的教学中，让两个学生拉起一根穿着易拉罐的绳子，老师用手摩擦绳子后问大家：“听到的声音是从哪儿发出的?”师生同做实验，自然吸引全班学生的注意力，肢体—运动智能的适当发挥，使学生对“介质”的抽象概念有了具体的理解。生物课上，为了用实验证明自然界中男女性别存在一定的比例关系，老师要求学生两人一组，用各自准备的20张红、蓝卡片将顺序打乱后抽取配对，并提出问题：“看看实验的数据，发现什么规律了吗?”用色彩鲜明且是自己制作的卡片参与实验，这已经使学生很兴奋了，再有数学计算添“热闹”，其规律自然很快就发现了。而其中身体运动、空间、数理逻辑、人际合作等智能的综合发挥，则见老师在教学设计上的用心了。

2. 在学生表演后提问

政治老师在学生表演小品后提出“你喜欢与其中的哪个人交朋友”的问题。交友原则

这个严肃的话题，借助了小组合作表演的形式，学生就能轻松地理解了。

3. 在音乐的渲染中提问

语文老师在学生用朗读、表演、绘画等多种形式理解《七根火柴》的细节描写之后，播放歌曲《过雪山草地》，让学生思考这样的问题："这些细节描写表现了红军的哪些精神?"学生沉浸在动人心魄的旋律之中，有的禁不住热泪盈眶 。在这里，问题的解决依赖音乐智能的发挥，学生的心灵也得到升华。

4. 就实际生活中的例子提问

学习《多边形的内角和与外角和》一节时，老师启发学生："观察过昌平大街人行道的地面砖吗？用哪些多边形的砖能铺成平整无缝的地板？为什么用五边形的地砖不能铺成平整无缝的地面呢?"这是在引导学生观察现实中的问题，不仅告之数学与生活紧密相联，而且指出了思考问题的方式。

5. 就学生的内心体验提问

使学生处于一定的情境中，从内心体验的角度理解知识点，学生的印象肯定是深刻的，地理老师就成功地运用内省智能达到了这个目的。在讲澳大利亚的气候类型时，老师问学生："假如你是澳大利亚人，愿意选择在哪个地区居住?"通过对问题的回答，学生又理解了澳大利亚人口与城市为什么集中在东南沿海地区的原因。

6. 就图画画面提问

语文老师将一段动画片先后播放了三次："谁能把反映画面内容的名词（动词、形容词）找出来?"生动有趣的动画片刺激学生的视觉、听觉，学生不再觉得词类是枯燥无味的。政治老师用几张学生画的漫画提问："你能从中明白交友应注意什么吗?"为激发学生的创造力，音乐老师在《走进交响乐》一节中播放了黄河壶口瀑布的无声画面，先让学生用词语形容，再问："你认为应为它配以何种乐器表现呢?"

采用不同的提问策略，将问题的提出、思维的训练与语言、数理逻辑、空间、音乐、身体运动、人际关系、内省、自然观察等智能和谐相联，方法巧妙，学生各自的智能强项在拓宽的思路中得以开发。而在提问的多种形式中，显示出学科界限的淡化，更利于学生学会用不同的方法去思考和探讨同一问题。

（三）匠心独运，创设情境

情景创设，是帮助学生理解新知识的教学策略，也是激发学生学习兴趣的重要教学策略。而情景的创设往往更容易运用多元智能，对培养学生的能力也很有好处。请看下面2节课上教师运用多元智能创设情景的实例。

1. 英语课教学案例

在主题为"Clothes"的初一英语课上，老师为新句型的学习设计了第一个场景。教师说："我给大家介绍一位新朋友，他喜欢穿漂亮的新衣服，还非常友好，你们问他什么问题他都会回答的。不过，大家别着急，先让我来问他……""哇！真有意思！"同学们在好奇中观看、聆听，渐渐理解了句子的意思。而向"新朋友"争先恐后的提问中，虽大都是在模仿老师刚刚用过的句子，但对单词、句型的学习却很自然而然地进行着。

第二个场景：各组用刚学的句型就自己的画或玩具练习对话（材料是学生响应老师的号召，依各自的爱好作的人物画、卡通画，或自己家的娃娃、毛绒玩具等）。练习中遇到新词汇，就由各组查字典解决。

第三个场景：以小组为单位编一个小对话，尽可利用自己的智能强项。这是带有创造成分的巩固练习。于是，唱歌、图画、形体表演等形式精彩呈现。

在老师充分提供的情节背景下，学习是这么有趣味：衣服，色彩，就在眼前，就在手中，在玩中就学到了知识；工具书的利用是自愿的，因为是自己遇到了新词汇么；记住新句型也不难，因为在自编的对话中，通过自己的强项来唱它，画它，演它……难怪学生觉得"有意思，合胃口"，"是在轻松的氛围中，不知不觉地学习了原本枯燥无味的知识"。

2. 历史课教学案例

内容是《西安事变》，老师做了这样的设计：配乐朗诵（交待背景）——课本剧表演（事件过程）——课堂讨论（各组相互质疑）。此外，黑板上还粘贴着学生做的有关"西安事变"的人物及背景画。学习就在这样的氛围中进行。当一位学生以他自己的画（两只紧握在一起的大手，胳膊延伸处又像和平鸽的翅膀）请别人谈其含义时，讨论很热烈：只有团结，才能抵抗外侵，保卫国家。人类要和平，人民就要团结。一个国家要团结，一个民族要团结，一个班集体也要团结。于是，情不自禁的歌声响起来了："团结就是力量……"这节课，使我们看到，教师设计的情境，让学生在多元智能的运用中，兴趣得到激发，智能得到培养，情感得到升华。

（四）布置多种形式的作业

以前的作业布置，大多是教师依照书中的练习，布置下去，学生作业的方式基本上都是书面的。学生对这种作业的形式感觉是单调的。昌平三中的教师在作业的形式上，运用多元智能，进行了改革的尝试，让学生运用多元智能进行练习，提高了学生的学习兴趣和能力。

比如，语文老师对《扁鹊见蔡桓公》一课的作业是这样设计的：①归纳所学重点文言虚、实词；列出你在学习中遇到的问题，以便下节课与老师、同学讨论解决（这是运用了内省智能）；②以"假如蔡桓公听了扁鹊的劝告，那么……"或"假如我是扁鹊"为题，写篇短文（这里要运用数学—逻辑智能和语言智能）；③小组合作完成，演一幕《扁鹊见蔡桓公》短剧，可以使用道具，配上音乐效果（这要运用肢体—运动智能、音乐智能和人际智能)。

数学老师在《多边形的内角和与外角和》课后布置了三个实践性的作业：①用许多全等的四边形，能否铺成平整无缝的地面？请画画看；②用每个角、边长都相等的八边形地砖能不能铺成平整、无空隙的地面？若再加上一种边长与它相等的正方形地砖，能不能铺成？画画看；③设计三种以上用多边形铺地的方案（用画图的形式表示，要运用空间视觉智能）。

历史老师在讲完唐朝《盛世经济的繁荣》一节之后，要求学生动手制作“曲辕犁”或“筒车”；音乐老师在《民族乐器》一章后布置了各小组制作小乐器的作业……在老师布置的多种智能作业中，学生表现出令人惊喜的想像力和创造力。《多边形的内角和与外角和》一课的实践性作业中，他们设计出的多种漂亮的铺地方案，让老师赞叹不已；一件件取自于身边各种材质的“唐朝”时期的“曲辕犁”、“筒车”，各式各样的民族小乐器，无不闪烁着学生们的奇思妙想。

作为课堂教学延展的作业，其内容是多元的，可采用的方法是多元的，学生的选择也是多元的，效果自然是丰富多彩、各见其长的。

二、运用多元智能理论优化学生认知，促进学生知识的内化

（一）运用现代的多样的手段，促进学生感知，为理解创造条件

1. 利用电脑、课件、音像资料来满足学生视觉、听觉的需要，以开阔视野，增加信息量，使学生更好地感受知识的趣味性。说明文《苏州园林》的教学中，教师搜集并运用70多幅园林图片，随着配乐朗读，结合课文内容相应地进行展示。生物课《脊椎动物》一节的70多张动物图片，在教师演示的幻灯片上栩栩如生。金字塔、澳大利亚风光、中国旅游景点等地理知识，隋唐文化等历史知识，现实中的“中心对称”图形等数学内容，“绳结艺术”、交响乐器等劳技、音乐内容，都被老师制成赏心悦目的幻灯片。尼罗河、造纸术、重庆谈判、日本军国主义的抬头、治沙的成果等拓宽知识面的录像片段，在各学科的课堂上播放。这些令学生喜闻乐见又仿佛有身临其境感受的手段，使书本知识变得鲜活起来。

2. 利用几何画板、Flash、PowerPoint、Authorware等现代教学手段，还能使抽象的内容变成活动的画面。像“轴对称图形”如何对称，线段比的变化，二胡、笛子的黄金分割点的显示，比例式的内外项字母移动，显示中心对称形式的“T”、“S”、“H”的翻折与旋转，哥尼斯堡七桥问题的图解，沙丘的移动方式等内容，教师通过动画演示，使教材内容变成了活动的画面。这种手段的运用，无不让学生兴致大发，异常活跃，这无疑为学生创设了最佳学习氛围。

3. 借用其他学科手法。语文课上，老师准备了两个水杯和一个鸡蛋，让学生动手做“死海不死”的实验。语文课上的这种类似理、化学科的实验，自然引发学生跃跃欲试的状态。而在音乐课上，老师让学生用不同的身体动作表示音乐的主题、旋律，则更加别致。

以上这些手段，比只用传统的教科书、黑板、粉笔、模型等教学用具更适应学生的心理，也更利于学生对知识的理解。俗话说，“听来的忘得快”，而空间、音乐、身体运动等多种智能的借助，多渠道的信息的输入，使学生对这样的课“印象最深”。

（二）系列问题牵引，思维层层深入，达到真正理解

“问题教学”被广泛用于各学科之中，教师通过设计系列的、多层次、多形式的问题，引导学生的思维逐步深入，最终达到“理解、运用”的彼岸。我们仅以数学“圆和圆的位置关系”一课为例，看看老师是怎样设置问题系列的。

“导语处”：申奥成功让每一位中国人为之自豪，你知道国际奥运会的会标是什么吗？在日常生活中，你还见过由圆和圆组成的图形吗？

“铺垫处”：直线和圆有哪几种位置关系？它们是怎样定义的？

“新知识点处”：用你手中的两个圆在桌面上做相对运动，观察两圆之间有哪几种位置关系，你是怎样分类的呢？你能否从性质6中得到启发，归纳出圆和圆的位置关系的性质呢？

“练习处”：观察五环图案，每两圆之间有怎样的位置关系？

“小结处”：这节课我们学到了哪些知识？用到了哪些数学思想方法？有什么收获？还有什么问题？

一个个贴近学生实际的问题，使学生的思维不断得以拓展。

（三）多样的记忆法，有趣而可亲，促使牢固掌握知识

“在学习词类时，老师画了一棵树，把各种词一一贴在树枝上，看起来十分有趣，这不是一举两得吗？不但让我们开怀大笑，还让我们更好地记住了它的特征，这样比死记硬背好。”“老师把书本的东西变成动态的图像，还让我们亲自动手操作，不用死记硬背，就有效地记住了本课的知识点。”这是学生的话，下面的几个片段可以印证之。

【片段之一】身体上的黄河

这是地理老师为让学生记住黄河源流概况而设计的精彩一幕。

学生先在老师的引导下，将黄河的形状联想成汉字的“几”，接着被告知：“其实我们每个人的身上都藏着一条黄河。”诧异中，老师叫一名同学面对大家站立，将标有黄河源头、注入海洋及上、中、下游分界处的四张卡片分别贴在这位同学身上。如下图所示（见图5－1）。

左手(西)：巴颜喀拉山
右肩：河口
右肘：旧孟津
右手(东)：渤海
注：左手比右手稍高一些，以示黄河大致自西向东奔流入海

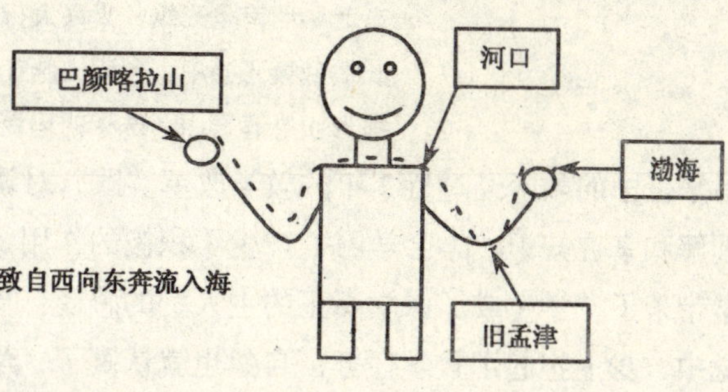

注：图中人物的“左、右手”以台下同学的左、右为准。

图 5－1

这时，台上同学的造型恰与其背后大屏幕上闪动的“黄河流经地区”的地图相映，一条栩栩如生的黄河呈现出来。学生于是开始了两人一组的练习，很快就找到了对方身体上的四个地名，当然也就清晰地记住了它。这是运用身体和图形帮助记忆。

【片段之二】绘制地图

为了掌握中国 34 个行政区划的大致位置，老师为学生提供了《中国行政区划》的空白地图，让学生采用不同的方法填图。于是，学生的智能强项伴着主动性发挥出来：有的涂上不同的颜色，有的用卡片做成各省的轮廓粘贴上，如同拼图游戏。这一枯燥的却又是学习中国地理必备的知识点，经学生参与“绘制”（运用身体运动、空间视觉等智能）之后，学生对它的印象就深刻得多了。

【片段之三】顺口溜

教师和学生把所学知识编成顺口溜，运用音乐智能（韵律和节奏）帮助记忆，既有趣，又见效。

比如，地理老师为《日本》一节编了这样几句“顺口溜”：

北本四九似张弓，首都东京正当中。
神户横滨大海港，丰富森林和水能。
捕鱼快去北海道，富士火山最高峰。
气候温和又湿润，最大平原是关东。

再比如，数学老师为帮助学生记住“利润率”的计算公式，也辅以类似的方法：

观察生活有情趣，抽象出来见问题。
商品销售有学问，售价减进价等于利。
售物获利有大小，利比进价是利润率。
具体问题多思考，各种关系细分析。
数学王国永探索，成功永远属于你。

再如，学生在记忆“我国主要山脉的名称”（地理）时创作的顺口溜是：

东西走向是三横，天－阴、昆－秦和南岭。
东北－西南是三纵，大兴太行巫雪峰。
长白武夷正当中，台湾山脉在最东。
弧形山脉有喜山，珠穆朗玛最高峰。

昌平三中的教师经过近3年的教学改革实践，对调动学生的学习积极性，帮助学生更好地理解和掌握知识，学会学习，产生了积极的作用。学生们在写体会时谈到，多元智能的教学带来了“学生成了课堂真正的主人”的感受：“在讲台上的感觉真是与众不同，不知不觉中，身上担起了教学任务，自然也就认真了，学习起来就有了兴趣，学得也就更好了。”“这会使你的优势不被埋没，弱势得到加强。”而师生、生生间的互动，尤令学生兴奋：“我们与老师一起动，思考变主动了。”“全班同学共同动脑筋，同时想办法，大家坐在一起谈论，不仅对理解知识有帮助，而且牵近了大家的心。”“这让我们知道了自己身边看似普通同学的不平凡之处，让我们有了互相学习的机会。”“它（指多元智能理论）使我们团结一致，热爱学习，是一种精神的鼓舞，愿多元智能伴我们走过中学时代！”可以说，一种“以学生为中心”、形式多样化的课堂，已在昌平三中初露端倪。当然，要达到“真正理解并学以致用”的境界，还需要继续改革，不断超越。

第四节　北京市昌平三中通过多元智能实践研究促进教师与学校发展的实践

一、学校借鉴多元智能研究的起步

要解决初中教育中的问题，关键靠教师，靠校长。如何促进初中学校的发展，如何帮助初中教师成长，也是初中教育实践中重要的问题。多元智能的实践研究，给这两个问题的解决带来了活力。

以北京昌平三中为例，他们是如何思考和起步的呢？

昌平三中，在两年前还是一所名不见经传的远郊区县的普通中学。它创建于1976年，是一所普通中学，20世纪80年代初期改办成了一所职业高中。2000年9月，随着教育结构改革的进一步深入，当年恢复初中招生，第二年，停招职高生，恢复招高中生。由于多年办职教，一提到三中，人们就会想到它是一所职业学校。受多年办职高的影响，恢复招初中生后普通中学需要的理化生实验室，没有；多媒体教室、网络机房等电教设备，更没有；与普教相应的图书、杂志也寥寥无几；骨干师资匮乏，师资由原职高教学人员、昌平一中变成纯高中后初中教师分流过来者、其他中学调来的及师范院校新毕业的大学生等四方人员组成。昌平三中虽然存在转制这一特殊因素，但学校在办学过程中所面临的困难与问题，与其他很多普通的初中学校是一样的，无论在办学条件上，还是生源、师资上，核心是教学质量和学习质量的问题。学校如何发展？如何走出发展的“瓶颈”？这是摆在学校领导和教师们面前的课题。低谷中，困惑中，多元智能课题的研究之风如期而至。“多元智能”，这一先进的教育理论开始进入学校领导和教师的视野，引起了他们的兴趣，学校把多元智能的实践研究作为抓手，试图通过此研究达到实现教师和学校发展的目的。

二、学校创条件，教师多实践，实现了教师的发展

昌平三中在转制过程中，部分教师的教学水平与家长和学生的期望是有距离的。为了提高教师队伍的素质，学校确立了“科研兴校”的战略，以“开发学生多元潜能实践研究”为核心，整合10多项相关课题，把研究重点放在课堂教学的改革和研究上，将多元智能研究整合进课堂，试图通过借鉴多元智能的实践研究，促进教师专业水平的提高。

为了课题的顺利开展，学校采取了多项措施，为教师的实践研究创造有利的条件，提供所需要的资源。

首先，舍得投入人才资源。学校主要领导在研究中带头思考、具体指导、认真总结、不断提出新的目标和要求。选择一线教师中责任心强，既有丰富教学经验，又有较强研究能力的教师担任教科室的负责人，具体负责课题的组织和实施，指导教师开展实践研究和教学改革。组织有热情的教师投入研究。还经常请多元智能课题组的理论工作者到学校与老师们一起进行交流和研讨，通过理论和实践之间的互动，帮助教师正确理解理论，总结实践经验，明确工作思路。

其次，舍得投入物力和财力。为了给实践老师提供更好的研究条件，学校先后投资近百万元建成多媒体教室、网络机房和电子备课室，并开通校园网，为教师运用现代化手段，进行多元智能教学创造了技术上的条件。学校还组织电教教师将教师的尝试课都录下来，以便进行分析和研究。此外，为参观、听课、研讨、奖励等投入一定资金。为了让老师们深入学习“多元智能”理论，还购置图书、音像资料，为每位实践教师配备了《多元智能》、《多元智能的教与学》、《多元智能教与学的策略》3本书，并购置了《自主课堂》、《培养反思力》、《发展学生的多种智力》等10多种书以供借阅。

再次，重视精神奖励，激发教师的成功欲望。为老师创造成功的机会是精神奖励的重要内容。学校支持语文组老师编写校园文学书籍并出版了《星河鹭起》，使老师们体验到“我们也能出书”的喜悦；将老师们的案例编辑成集，向专家推荐，向兄弟学校推荐，向社会推荐，让老师们充分体验成就感。这种内在的、持久的、对人的整体行为具有深刻影响的激励方式，其效果是仅靠经济杠杆调控所不能及的。

学校的高度重视，激发了教师们参与实践研究的热情。

教师们认真学习了配备的多元智能书籍，听专家的辅导讲座，掌握理论；教师们参加

北京课题组组织的现场研究活动，从其他学校的实践中吸取营养；由最初少数教师尝试研究，到95%的任课教师热情参与，实践研究如火如荼；教师们做完研究课，认真听取专家、听课者的反馈意见，在反思中改进教学；多次召开任课教师会，教师们发挥集体的力量，集中大家的智慧，相互启发，相互学习，认真总结。

教师们在学习中、实践中、总结中，得到了成长。外部条件加主观努力，促进了教师在如下方面的发展。

第一，教育理念更新了。教师们在实践中看到了学生的巨大变化，他们的愉悦之情溢于言表："我高兴地看到学生卸下镣铐真正舞起来了，体验着健康成长、快乐学习的喜悦"；"学生身上展现出的空间、音乐、身体运动等智能，真是令人惊叹！"教师们开始用赏识的眼光看待自己的学生。多元智能给教师换了一副"审视学生"的眼镜。

第二，教学水平提高了。教师们在研究课、展示课中得到了锻炼，得到了提高，思路越来越开阔，也越来越成熟，得到了学生和听课专家的积极评价。梅汝莉教授在《多元智能理论与中国基础教育改革》一文中，对昌平三中的改革实践做了如下评价："该校的老师们尝试采用多元智能的表达方法，创设情景化的教学环境，课堂教学开始出现'百花齐放'的局面，使曾经是'学业失败者'的学生，初步改变了'怕学'、'厌学'的心态，开始尝到了学习的乐趣，获得了信心。借鉴多元智能理论的教师，也因之受到学生们的热爱，这些老师从学生的变化中，经常体味到教育创新的愉悦和教师的人生价值。"① 一位赴加拿大学习的英语教师在发给校长的电子邮件中说："我运用多元智能理论实施的教学和我对英语的自信，受到了我们老师极大的鼓励和赞扬，他们总以为我来自一个特别现代化的学校。"

第三，教学理论水平提高了。教师们通过对多元智能教学案例的整理，提高了写作、总结的水平，部分案例在《北京教育》杂志发表，学校还编辑出版了《教师案例集》。语文教师们设计的《多元化的初中语文教学设计》一书已经出版。在2002年昌平区第14届论文评选中，学校上报46篇，获奖率达84.8%（全区平均获奖率为69%），一、二等奖的比例也远远高于全区比例，这在学校发展史上是前所未有的，从一个侧面也反映出了教师研究能力的提高。

三、借助课题研究，促进了学校软件和硬件的发展

学校发展表现在很多方面，比如学校的环境、设备、师资、教学质量、文化和风气、特色等。从大的方面说，即是硬件和软件两方面。昌平三中借助于多元智能实践研究的推动，在校长和教师们的共同努力下，实现了整体上比较快速的发展，并且具有了一定特

---

① 多元智能开发与评价的研究：国际会议大会发言与文摘，2002.（8）.10.

色。

在硬件方面，为了更好地发挥环境对多元智能的开发作用，学校装修教学楼，更换塑钢门窗，绿化校园，平整操场，铺修道路；更新广播系统，使用优美的音乐铃；为每个教室统一设置展板，把教室变成多元智能教室，让学生的成果和智能发展在展板上充分展现；学校建起百米文化长廊，有体育的、科技的图画，特别制作了多元智能学习展板；制作植物介绍牌，并在树下、花前、路旁及绿地立起诗牌、箴言牌；还修建乒乓球训练馆，添置体育器材，为学生提供发挥特长的有利条件。可以说，硬件的建设和多元智能的研究形成了互相促进的局面。

在软件方面，教师大力推动教学改革，课堂教学“千课一型”的陈旧模式开始被打破，“百花齐放”的局面呈现出来。教师用多元智能的表达方法，创设情景化的教学环境。开场白可从讲故事、剪纸、环境、师生关系、设置问题等方面入手，教学用具可借助多媒体手段、借用其他学科手法，提问可采用不同的策略（或在学生动手操作、实验、表演后提问，或就生活中的例子、学生的内心体验、画面的不同形式提问），作业也可从多种智能角度设置。“教师用各式各样的方式把信息传授给学生”，课堂教学变得“非常生动，非常有效”（琼·梅克教授对昌平三中“多元智能尝试课”的点评）。

多元智能教室、百米文化长廊等环境，与“多元智能尝试课”和谐相应，初步形成了“多元智能学校”的特色。学生对他们所处的环境感到喜悦。学生对多元智能教室的评价是：“每一个班都多元化了，变得丰富多彩了。”他们也陶醉于身处的学校环境：“在我们学校的每一个角落，都散发着多元智能的影子，到处都是知识。”的确，每天穿行在“百米文化长廊”中，徜徉在校园香径上，漫步在花丛树荫下，嬉戏在青青草坪旁，学生们会对“多元智能”的至理名言渐渐耳熟能详，小径诗牌会加快他们求索的脚步，各种树牌、花牌能教会他们与自然和谐相处，他们更会受到“未出土时已有节，到凌云处尚虚心”的翠竹神韵的熏陶。

多元智能教学的初步成效，给学校带来了展示、探讨、进步的机遇。2001 年 12 月 26 日，总课题理论组专家与昌平区课题组领导来校听课后的肯定，是课堂教学形式多样化研究的开始。2002 年 1 月 7 日，成为北京市《DIC 国际合作项目理论研讨会》三个介绍情况的学校之一，“昌平三中多元智能课堂教学实录片断”受到欢迎，也坚定了走课堂教学改革之路的信心。2002 年 5 月 29 日，“百花齐放”的课堂教学现场会，赢得了来校考察的梅汝莉教授等专家的称赞。8 月 17 日的多元智能国际研讨就将中学组的现场会定在昌平三中。原国家副总督学郭福昌先生和来自美国、加拿大、葡萄牙等国的中外专家在点评中，都对现场研讨会所展示的活动内容给予了较高评价。国际研讨会之后，来学校参观或要求来参观的可谓络绎不绝。一次次的“多元智能尝试课”，得到了“感觉一次比一次好”的评价，这之中印刻着的是不断修正的探讨过程，也推动着学校实践研究向纵深发展。2002年10月，学校被评为“北京市校园环境示范校”。2003年4月，被区教委评为“昌平区教育科研先进单位”。2003年12月，昌平区教委在学校召开“昌平区多元智能现场会”，以推动全区多元智能的研究。由此可见，多元智能的研究给学校发展带来了机遇和动力。

第五节　初中学校借鉴多元智能实践研究的反思

一、实践研究的初步效果及其原因分析

多元智能研究在许多初中学校，产生了良好的教育教学效果。山东诸城龙源学校的校本课程开发、北京昌平三中的教学改革和教师与学校发展，都是典型的例子。为什么多元智能实践研究在这些学校产生了明显成效？孔哈柏在《多元智能理论学校计划》中介绍，她曾经调查了41所学校，这些学校是运用多元智能理论并且取得成绩的学校，她从调查结果中辨认出一套指标，来描述这种学校的特点。共有6点：准备、文化、合作、选择、工具、艺术[①]。这对我们分析多元智能实践研究学校取得成效的原因很有启发，结合我们的体会，主要有如下几点：

（一）校长及其办学思想

这是学校文化的核心部分。学校领导的作用，不仅仅是提供外部的条件支持，更主要的作用是思想上的领导。苏霍姆林斯基曾经说：“学校的领导，首先是教育思想的领导，其次才是行政的领导。”实验学校的校长都有自己的办学思想和理想，特别是在尊重学生差异，希望人人成才等观念方面都有真切的认识，这为实施多元智能的实践营造了适当的文化、思想氛围。有的研究分层次教学，帮助不同的学生获得成功；有的是艺术传统学校，学校在发展学生艺术能力方面做了许多工作；学校开设有大量选修课，可以满足不同兴趣、智能学生的需要；在评价尺度上，也是多元的，能够使不同长处的学生都得到鼓励和肯定。这些都是和多元智能的思想精神相吻合的，是实施多元智能研究的良好生态。因为多元智能的最核心的理念，多元智能的主要教育方法，是个别化教育。加德纳说：“如果课程太死板或者是只有一种形式的评量，那么整个‘MI环境’都可能被完全破坏。”[②]梅克教授总结实验学校经验时也发现了一个共同点，这就是：“校长的教育哲学和DISCOVER项目的哲学类似和互相兼容。”[③]不仅如此，校长们对多元智能理论也有一定的理

① 加德纳著，李心莹译．再建多元智慧．台湾：远流出版事业股份有限公司，2000.195.
② 加德纳著，李心莹译．再建多元智慧．台湾：远流出版事业股份有限公司，2000.195.
③ 多元智能开发与评价的研究：国际会议大会发言与文摘，2002.（8）.33.

解，他们参与实践之中，听课、探讨、思考、总结，在教师碰到困惑时，掌握研究活动的方向。

（二）学校领导的重视和投入

在中国文化中，统一领导的模式长期影响着人们，特别是在教育这个比较传统的领域，大家对于行政渠道的各种文件、精神等还是非常重视的。这些因素决定了一项教育改革的实施及其成效，很大程度上取决于学校领导的认识和态度。凡在多元智能实践研究中取得成效的学校中，很多校长就是课题的负责人，而且他们又投入比较大的精力、时间、资金、人力，去开展研究。昌平三中在这方面就是典型，学校领导为了推动研究，投资近百万建设多媒体教室、网络机房和电子备课室；在教室设多元智能天地，展示学生的多元智能；改善学校的环境，设计展板，激发学生，等等。

（三）学校氛围与文化

学校的文化和氛围，影响着教师的行为动机和方式。在多元智能实践研究比较成功的学校中，他们的文化有这样的特点：首先，是鼓励差异和多样性的文化。比如对学生采用多元评价、课程具有选择性、支持不同学习方式等。其次，是合作的文化。研究中如果没有交流，可能会出现偏差和失误，思路可能受到局限，也缺乏一些参照。成功的初中学校，都非常重视开放和合作。这种合作的氛围和机制，既有学校内部的，即不同年级、不同学科的教师之间进行交流，也有学校之间的交流，还有实验教师和学者之间的交流，这种理论与实践之间的交流，能够发挥各自的优势，产生互动、互促的效果。

（四）教师不断实践与反思的过程

这些学校在开始实验前，都做了比较充分的准备工作，包括使大家理解多元智能的理论以及可行的实施方式。具体方式，有教师研讨会、家长会、学习班，还有参观先行的学校的经验。昌平三中以课堂教学体现多元智能为研究中心，全体教师参与做课、研究，每节课都请电教人员录下来，然后进行分析和编辑。这种在工作中坚持学习、实践、反思的过程，促进了研究的深入。

比如，昌平三中的教师们在深入的实践中遇到的焦点问题，是如何看待和实践“多元智能尝试课”，是形式越多越好吗？“多元智能尝试课”是临时性的“做课”吗？能否形成系统的思想和系统的设计？是否真正促进了学生智能的发展？是否体现了基于智能强项而进行的个性化的教育？为此，学校全力营造一个鼓励教师不断学习、不断反思的氛围，去解决教师们的问题。

首先，在反思中学习。学校在举行较大型的“多元智能”研讨会上，请专家、领导、区教研员点评，创设了浓郁的“反思”情境。学校要求老师在“多元智能尝试课”后，及时收集学生的反馈意见，将各班学生对多元智能课堂教学的感受交予老师们品读，从而知晓初中学生的心理感受及欢迎程度，并不断进行修正。

其次，在团队合作中学习。学校对做课教师提出要“研究多种形式如何适应其所选内容”，同时要求阐述“为什么要运用这种形式”的依据，这样一来，推出的“多元智能尝试课”往往就体现了教研组集体设计的思路。通过相互的交流，教师们的思路打开了。

最后，从专家、领导的建议中学习。专家提出，从零散的作课，到对一门学科做系统的多元智能教学设计的“系统化策略”，引导学校研究了初中语文的《多元化教学设计》。专家还提出，教学要基于学生的强项，真正促进智能的发展，使学校教师更关注学生内在的变化情况，注意把教学和多元智能的诊断性评价结合起来。这些或集中或零散的建议，学校都及时传达给教师们，帮助教师们在实践研究中思考，引起注意。

二、研究中的问题及多元智能实践研究在初中的深化

（一）研究中的问题与原因

多元智能的实践在许多初中学校正在开花、结果。《基础教育课程改革纲要（试行）》明确指出：新的基础教育课程体系要以培养创新精神和实践能力为重点，强调课程要促进每个学生身心健康发展，强调基础教育要满足每个学生终身学习的愿望和能力。它的核心理念是“促进每一个学生的发展”。根本任务是：建立多元化的课程模式，为学生的自主创新学习、个性潜能的发展提供最适宜的环境和条件。这些指导性原则与多元智能理论的要求异曲同工，都对我们的深入研究和实践提出了更高的要求。这些原则，也是我们深化多元智能研究的方向。

对照上述要求，对照开发学生多元智能、发展学生思维、培养学生创新精神的具体目标，分析目前部分实验学校的研究状况，我们认为，多元智能在初中教育的实践研究还存在着一定的差距，表现在：开始关注学生的发展，但还未达到关注每一位学生的发展，每个学生的智慧潜能还未得到最大程度的开发；课堂教学中重视了学生能力的培养，但还缺乏对学生思维的深度训练，学生的思维品质还需要得到更好的改善；重视了学生学习的主体地位，但学习方式还未得到根本性转变，学生的自主创新学习还未得到更好的落实；重视了教学方法和形式的多样化，但如何和教学内容更有机地结合，还需要研究；课程开发和教学改革重视了智能的培养，但学生的智能是否发生了真正的变化，还需要从评价上多研究等。

存在这些问题的主要原因是：第一，教师自身素质和教学基本功与多元化教学的要求还存在较大差距。有的学校，80%以上的教师是教学新手，他们有热情，有魄力，但还需

要在教学实践中得到更多的磨练而达到成熟。由于这个原因，他们可能有很好的想法、好的设计和合适的教学模式，但实施的行动还不太到位，效果还不那么突出。第二，教师对多元智能理论的学习不够深入。实践研究的早期，很多学校虽然组织了学习，但对多元智能理论的理解是一个不断深入的过程。而在后面的实践中，教师难免把精力集中于改革实践，而一定程度上忽视对多元智能理论的深入学习。这就影响了改革实践的深入，甚至有可能停留于原有的水平上。第三，教师对多元智能理论与课堂教学实践结合的具体途径、技术还有待进一步探讨。比如信息技术与学科内容的整合、学生多元智能的诊断和发现、如何扬长避短等，都需要在实践中提高认识、寻找最佳方法。第四，我们的考试和评价体系长期得不到根本改变。初中也面临升学的压力，在这种压力下，教师的改革往往是“带着镣铐”、“捆着手脚”，影响借鉴多元智能理论的实践尽快取得更大成效。

（二）深化研究的方向和措施

多元智能在初中的研究，其深化的方向，大体是以下几点：

1. 系列化、系统化。把多元智能的教学贯彻到每门课程中，在所有环节中恰当体现。

2. 基于学生。加强对学生的智能研究和了解，发现他们的智能结构特点，这是因材施教的前提。

3. 达到真正理解并学以致用。要实现这点，需要把书本知识和学生的已有知识、生活经验有机地结合起来，不能就课本进行教学；还要注意，不只是停留在让学生理解知识点上，更重要的是帮助学生理解学科的思维方式，而学科思维方式是首先需要教师研究清楚的课题；还要注意，促进学生把理解的知识有效运用到实际生活中去，提高他们解决实际问题的能力，成为有创造性的人才。

4. 把激发兴趣和指导方法结合起来，不仅使学生爱学，而且使学生会学，真正发展他们在初中学习中的“实用智能”。

5. 关注智能的评价。既可以通过知识测验、书面作业进行评价，更重要的是改革考试评价方法，多设计带有实际情景的问题，考核学生解决实际问题的能力。既要从教学上改革，也要从考试评价上进行改革，要看学生学习之后到底有什么样的变化；不仅关注学生学习的过程，还要关注学习的结果。

针对这些问题，深化实践研究，需要我们加强以下几项工作。

1. 对教师进行系统的理论培训。要求教师用读书，讨论，对照日常教学反思的形式更深入地学习多元智能理论，从而进一步明确多元智能理论的精髓。这个理论的精髓不在于课堂教学形式的多样，而在于教学观念上的转变。从传统的精英教育转变到为了每个学生发展的教育，从选择适合教育的学生转变到创造适合学生发展的教育。

2. 加强对教师教学基本功的培训。事实上，一名教师的科研能力在很大程度上取决于他的教学基本功的高低。教师在基本功不扎实的情况下进入理论科研是很困难的。可以聘请校外的专家和高水平教师指导青年教师的工作，教师们可以与这些专家直接对话，解决教学科研工作中的疑惑。

3. 就课堂教学而言，要将问题连续体理论与多元智能理论相结合，促进对学生的思维训练。以“问题”为中心来展开教学，提出问题或发现问题、解决问题贯穿课堂始终，在此过程中不断迸发智慧的火花，使课堂教与学的状况发生根本性转变。同时，在从问题的提出到解决方法的探究，再到得出问题的答案这一过程中，使学生的创造性思维得以开发和发展。我们相信，给学生充分的表现自己、发现自己和发展的机会，学生回馈给我们的，将是令人难以置信的惊喜。

4. 继续关注学生个体的智能差异，善待差异，使每个学生的智能得到尽可能全面的发展。在学生的发现和评价上进行探索。

5. 逐步完善学校课程结构，依据新课程改革的精神，在学校的教育和教学的各个方面体现多元智能的思想，建构多元化的课程体系，在选修课、研究课、活动课与必修课的结合上深入研究，形成学校课程的新框架。这样就形成了学校宏观的多元化课程设计与教师微观的多元化课堂设计的统一。

我们期待着实践多元智能的初中学校，经过自己的努力，取得优异的成果。

（钟祖荣撰写第一节；孙立平撰写第二节；张慧敏撰写第三节；隋彦玲，潘静波撰写第四节；钟祖荣，潘静波撰写第五节。本章由钟祖荣统稿。）

第六章 多元智能在高中教育中的实践

教育科研工作愈来愈受到各级各类学校的重视，近些年，许多小学、中学参与到教科研中来，有许多研究成果被拿出来交流，开始服务于不断发展中的中小学教育、教学，有力推进了基础教育改革的进程。但在普通高中开展涉及教学改革的科研工作一直是一件很困难的事，这主要是受高考制度、评价体制的制约，应试教育下形成的学校和教师的教育观念、课程结构、教学模式、教学方法等似乎成为很难触动的一块禁地。

多元智能理论被介绍到中国来，在北京、山东等地的一些高中教育教学工作中或快或慢地渗透，从一定程度上改变了以往在高中实施教科研及教改的困难局面，但由于时间较短，原有的制约因素仍然难以回避，所以多元智能理论指导下的普通高中教育教学实践研究在全国、在某一地区，甚至在一所学校的实施，从时间和空间上都有待进一步拓展，目前在广度和深度上都存在深入挖掘的极大必要。因而，此时的全面总结和提练就成了一项难度不小的工作。

本章使用个案法对高中实施多元智能教育教学的情况进行了描述和分析。在介绍多元智能理论与高中教育的相遇时，从高中教学、高中学生学习的特点及高中学生的学习压力和生涯发展问题入手，带出了高中教育工作者接触多元智能理论的过程、想法和策略的选择；对于多元智能理论在高中的渗透现状，本章选取了一些课程案例加以展示，希冀说明多元智能在高中的研究方向和重点——为深刻理解而教，帮助学生学会“如何思考”及“如何解决问题”；最后是对多元智能理论在高中实践的反思与展望，从实践的效果及原因、困难及问题等侧面进行分析，并提出深化的方向。

第一节　多元智能理论与普通高中教育的相遇

一、高中教学及高中学生学习的特点

高中教育是承继初中教育的第二阶段的中等教育，是九年制义务教育阶段之后、学生接受高等教育之前的教育阶段。学生在初中毕业后可选择升入示范类高中、一般高中或职业技术教育类高中就读。

普通高中学生的学习主要指按照一定的学习目标，有系统、有组织地掌握知识、技能和行为规范、发展能力的活动。

（一）普通高中教学的特点

根据教育部颁布的普通高级中学课程计划的要求，高中学习的课程包括必修和选修两部分课程，其中必修课程有12门，每门学科和初中相比知识量都有较大增加，知识面的宽度和深度也比初中有较大幅度的拓展。

1. 学科知识综合性强

在普通高中阶段的课程学习中，学生要理解或解决一个问题，往往需要综合多学科的知识，用一科知识、一种方法、一种思维来学习高中课程是不会得到好的学习效果的。一是由于高中各学科制定的教学内容间的相互渗透、相互交叉使高中学习的综合性明显加强，二是中国近些年进行的高考形式和内容的改革，对学生综合运用各学科知识解决问题的能力要求也越来越高。

2. 学科知识的系统性强

由于高中教学内容单从教材来看就能发现系统性比初中明显增强，大多是以学科基础理论为总体框架，结合生活实际，根据一定的逻辑关系编制出来的，知识体系系统而鲜明。每一环节的学习对学生来说都是重要的，不可缺少的。

3. 学科知识的难度加大

主要表现在学科知识的抽象性增强、概括性提高，部分知识枯燥、较难理解。

4. 学科知识的学习备考性明显

由于学生评价体制和方式尚在改革之中，学生初中毕业后选择在全日制普通高中求学的目标就是考上大学。考虑到社会选拔人才的需要，家庭渴求良好教育服务的初衷，学生面临生存竞争激烈、就业形势不容乐观的大环境，学校也自觉地以学生的升学为终极教学目标。所以，在课程内容的选择、教学时间的安排、教学方式的改进上，学校通常会以高考为出发点和落脚点，随高考的发展而发展，为适应高考的每一次改变而调整。

(二) 普通高中学生学习的特点

1. 要求学生不断提高学习能力。就学习学科知识而言，高中的学习比起初中的学习有更高的要求，因此，高中学习对学生的学习能力，诸如：判断能力、思维能力、观察能力、想像能力等等要求越来越高，如学生不注意自我锻炼和提高，就会使学习过程变得非常困难。

2. 要求学生增强学习的自主性。高中教师的授课方式、方法也不同于初中教师，更加提炼、更加放手、更加宏观，强调学生独立去完成一些学习任务，此时，学生的自主参与性、自我监控能力的发挥，反思习惯的形成程度，以及是否能够通过小组合作解决问题、迅速搜集并处理信息，都会成为影响学生学习进程的重要因素。

3. 要求学生要充分发挥非智力因素的作用，明确学习动机，调动学习兴趣，合理调适自己的情绪情感、意志水平和性格特点，培养自信心及良好的沟通、表达能力，并运用到学习过程中去。

二、普通高中学生的学习压力及生涯发展问题

高中学生是这样一个群体：好奇、求知，渴望被关注，心理走向成熟，自身价值感需求强烈，愿意接受新生事物，独立意识、自主需求增强，但也因此使学生们或多或少存在逆反心理和行为，部分学生由于多种原因拒绝、厌学情绪突出。

高中学生承受着很大的学习压力，一方面是由于高中阶段学习内容比初中多，要求高，直接导致学习时间紧张；另一方面是由于高中阶段是基础教育的最后阶段，学生面临毕业和升学竞争的巨大压力，城市高中的学生必须要确定自己的继续求学方向及目标。近几年高校扩招以及民办高校数量和规模的大幅度扩张，在一定程度上缓解了高中生毕业后升学择校的压力，缓解了他们选择就业给社会带来的压力；农村高中的毕业生将面临要么走进高校，要么通过外出打工、回家务农、从事个体经营等方式谋求个人发展。

三、高中教育工作者接触多元智能理论的过程、想法和策略选择

(一) 多元智能理论进入普通高中的重要性

“多元智能理论是及时雨”。这是一位高中教师表达的感受。

1. 及时原因之一：高中最初接触多元智能理论的时候，正在着力推进素质教育，但由于高考考试方式、评价制度的改革仍很有限，所以，高中开展素质教育的束缚很多，高中教育工作者正苦于没有深化的方向和有效工具。当多元智能理论被介绍到老师们面前时，引起了高中教育工作者教育思想的波澜，令大家欣喜，认为找到了高中开展素质教育

的落脚点和理论支撑。同时，高中教育工作者也清醒地认识到：

(1) 要转变以继承为中心的教育思想，树立培养学生创新精神的教育理念，需要多元智能理论；

(2) 要转变以学科为中心的教育思想，树立帮助学生构建整体化知识结构的教育理念，需要多元智能理论；

(3) 要转变以智力为中心的教育思想，树立促进学生智力和非智力协调发展的教育理念，需要多元智能理论；

(4) 要转变以做事为中心的教育思想，树立引导学生将做人与做事相结合的教育理念，需要多元智能理论。

高中教师在发现和反思的同时，针对培养目标、课堂教学模式和方法、局域内评价方式的选择和使用等一系列问题，开始做一些尝试性的改革。

2. 及时原因之二：在高中最初接触多元智能理论的时候，新一轮基础教育改革兴起，这是一次波及面广、幅度大，触及中国基础教育根本——课程、课堂教学、评价的改革。越来越多的高中教师开始接受素质教育新理念以及新课程计划的培训，陈旧的教育观、教师观、学生观、学习观悄悄调整，配合了终身教育、建立学习型社会等新观念逐渐被社会各界所接受的时代背景。因此，多元智能理论进入高中时，积极参加课题实验学校的教师们，从调动参加课题研究的热情到理论的学习和理解、具体实践工作的开展等，都有了一个较为良好的基础和前期准备。

3. 及时原因之三：由于高中教学的近期目标是面对高考，而高考考试内容和方式改革后，目前全国大部分省份实施的是“3+综合”的考试，这种考试的突出特点是重视对学生能力的考查。高考历来对高中教学具有导向作用。因此，摆在每一位高中教师面前的课题就是通过课堂教学全面提高学生素质，激活学生的各种接受新知识、解决问题的能力，帮助学生适应这种对综合能力的考验。这对承袭传统教学模式的高中教师，尤其是对一般高中的教师来说是一项非常艰巨的任务。因为一般高中的学生学习成绩偏低、知识技能积累较少、学习能力比示范类高中学生滞后且不足。多元智能理论以其较强的操作性，让教师们感觉找到了应对这一挑战的途径。

(二) 多元智能理论进入高中的价值所在

1. 理论反思——高中阶段为什么还要“借鉴多元智能理论开发学生潜能”?

(1) 终身教育以及创建学习型校园、学习型家庭、学习型城市、学习型社会的观念逐渐被大众和学生认可和接受；

(2) 高中教育不是终极教育，仍然承担着培养学生可持续发展素质的任务；

(3) 高中学生的主体自觉性提高，主体参与、自我塑造的愿望有了较强的能力基础；

(4) 高中学生处于追求个人发展的活跃期及生涯探索的关键期。

2. 实践反思——高中阶段参与多元智能课题研究能带来哪些改变?

(1) 改变办学、治校理念，创造条件帮助学生多元、活泼发展;

(2) 改变教师的教育观、教师观、学生观，改变学生的自我观，契合社会发展;

(3) 改变教与学的方式，开拓差异教学、深化理解的有效途径;

(4) 影响评价方式的改革，为教师的专业发展、学生获得“适性教育”搭建平台。

北京广渠门中学物理教师田海霞说：借鉴多元智能理论可以帮助我们克服当前基础教育课程教学脱离学生的生活世界、偏重科学世界的弊病，改革单一的、传统灌输式、填鸭式教学。多元智能理论主张教师应充分尊重学生的生活、学生的探究本能和兴趣，给予每一个学生主体性发挥的广阔空间，同时，它鼓励学生投入生活实践，自主选择，进行个性化探究。这使我们破除了“IQ式思维”，跳脱以往心理学架设的界限，使我们能深入了解人类智能的奥秘，从教育理论和实践两方面获得启示、找到方向。

(三) 多元智能理论进入高中的过程和策略选择

多元智能理论进入高中在不同学校有不同的过程和策略选择，现以北京师范大学第二附属中学、北京市第九十二中学及北京广渠门中学为例加以介绍，具体到策略的实施将在第二节有所展现。

【课例1】北京师范大学第二附属中学（示范高中）的过程与策略选择

1. 学校领导及教师最初接触多元智能理论时感觉新鲜、好奇、有一种冲动，感觉是一种挑战，之后，反思本校开展科研、实践多元智能理论的基础，发现没有很大的距离感，原因在于:

(1) 作为高中示范校，教改思想是领先的，创办一流高中已取得显著成果;

(2) 学校多年来倡导“三兼优一发展”，注重对学生进行人文素质教育;

(3) 学校科研、教研活动规模大、步骤实施快、效果好，主持或参与了多项市级科研课题，如：中学人文教育实践之研究、学生自主性发展和学习策略的实践研究等，可以整合资源、借鉴成果、相互促进。

(4) 学校正在施行新课程计划，全面推开了研究性学习;

(5) 学校有注重开展学科活动、课外活动的传统，对素质教育进行了多年探索。

2. 立即开展培训，拟订计划

(1) 学校请“多元智能”课题组负责人梅汝莉教授做专场讲座，提高全体教师对理论的理解度;

(2) 成立课题组，选定围绕“问题解决”确定本校的子课题;

(3) 以校刊《科研简报》为依托介绍多元智能理论，购买相关书籍组织学习或用以辅助教师自学，课题组定期有计划、有目的地活动。

通过系统学习、研究，教师们对理论有了较全面、深刻的认识，一致认为此课题研究决不能停留在书本理论学习上，重要的是实践。只有将理论运用到教学实践中去，才能发挥其巨大作用。

3. 运用多元智能理论积极开展教学实践和改革，并不断总结、提升。

(1) 指导新课程计划的实施，推进研究性学习；

(2) 指导各课题小组的科研活动，其中“教学策略”、“自主学习”、“人文教育”等组的教师均写出大量论文；

(3) 指导分析语文、数学、物理、化学、英语等学科的高考试题；

(4) 指导各学科教师改进课堂教学策略；

(5) 指导学生的课外小组活动，如：戏剧社、环境小组、艺术小组等。

【课例 2】北京市第九十二中学（一般高中）的过程与策略选择

引入和借鉴多元智能理论，把高中教师过去教学过程中实施的隐性教学策略不断变为显性策略，提高课堂教学实效。

1. 在课堂教与学的过程中发挥学生的优势智能，通过学生优势智能的碰撞和释放，激发学生的学习积极性和创造性，使学生在高考竞争中榜上有名。

2. 重点研究“探究式”的教学模式，如改进实验设计，为学生自主学习创设良好的氛围，挖掘学生的智力潜能，使学生从反复的实验探索中获得成功。

3. 借助“问题连续体”这一工具，唤醒学生沉睡的大脑，启迪学生的问题意识，开发学生关注问题的视角，为学生搭建能力攀升的阶梯。

【课例 3】北京广渠门中学（示范高中）的过程与策略选择

该校是“宏志班”的发祥地，重视以先进的办学理念创建学校特色，学校把多元智能课题研究与以人为本，塑造学生健全人格的办学理念统一，与多年来进行的素质教育的实践探索实现对接，准备把学校建成一个发展师生多方面心智的学习化社区，以研究性学习为切入点实施多元智能研究。

作为一所完全中学，学校注重在初、高中依据学生的不同年龄特点摸索多元智能理论在教育教学中运用的规律和途径。还希望帮助学生健全人格，完善自我，与学校的道德教育相辅相成。教师们发现，学生能够很快接受并主动进入角色，这让教师们感到多元智能理论拓展了自己以往对智力范畴的认识，每一位学生都有通过活动来展示自己的聪明才智的机会。

第二节　多元智能理论在高中的渗透现状描述

一、为深刻理解而教

多元智能理论在普通高中的渗透，其最大功效就是让高中教师们找到了课堂教学改革的方向和方法——“为深刻理解而教”，帮助学生学会“如何思考”及“如何解决问题”。

高中阶段，教师在学生多元潜能结构的发现上不可能花太多时间，也没有像小学一样运用多种方式帮助学生发挥智能强项，理解、强化所学基础知识的空间。由于高中课程和教学更关注于学生对学习内容的理解和全面掌握，关注学生的思维发展和灵活运用能力的提高，所以，高中教师一方面结合课程内容带领学生研究、尝试多种学习方式；另一方面，开发师生的“问题”思路，运用“问题”这个工具，通过发现、设计、解决、检验、再创造“问题”的方式，提高教与学的水平，拓展学生的思想，把学生的各种智能扩展成为更高层次的能力和理解力。我们发现，由于高中教师追求的是学生对课程内容的真正、深刻理解，多元智能理论铺设了一条实现这个目标的非常好的道路。

（一）创建开放、和谐的课堂情境

为使学生真正参与教学，达到深刻理解目标，首先，我们针对学生的智能差异设计课堂情境，一方面发掘学生潜能，使他们自信，正确认识并欣赏自己，发现自己的强项、弱项的分布；另一方面帮助学生在多元角色互动的开放课堂中学会欣赏别人，试着挑战弱项、改变弱项，最终主动追求自己的全面发展。

多元智能教学的情境可以分为两类：模拟的情境和真实的情境。在高中教学过程中，由于时间、条件、学生能力等多方面限制的存在，往往难以做到在真实情境中教学，因此，教师们更多地实践了模拟情境的创设，以此服务于各科教学，促进深刻理解。模拟情境主要应用于课堂。名为“模拟”，是指尽量在课堂上模拟真实生活场景，做到多元、开放和切合学生水平。

【课例 1】

北京市第九十二中学高中生物教师边亚囡在《细胞癌变》一节的教学中，让学生在课下自由结成四个小组，以小组为单位分别扮演不同的角色。一组扮演癌症患者，搜集关于癌变的原因，查找生活中的致癌因素；一组扮演医生，负责搜集整理各类癌症的治疗方法，从传统的到最新推出的，拿出较为专业、准确的资料；一组扮演疾病控制专家，要向全班介绍癌变的预防，什么是健康生活，以及如何健康生活、增强个体自身的免疫力；还有一组扮演病人家属，通过在生活中寻找适宜对象做访谈，或查阅书籍、健康刊物，整理出如何护理癌症病人的科学知识和经验。学生在课下准备、课上全班交流，教师和学生都真正学到了多方面的知识，学生的语言智能、人际关系智能、内省智能等多方面的智能也得到了发展。

边老师使用了开放情境下的多角色互动学习教学方式，使学生直接与小组同学、全班同学互动，与所扮演的角色互动，与生活互动，这就大大加深了其对所学内容的理解、掌握程度，培养了学生的合作学习、搜集信息的能力，而且增进了学生对生活、人生的理解。在这种开放的、模拟的课堂情境中，教师不再是形式上的主宰，而是站在学生与知识中间的一个位置上，是桥梁，是模式实效化过程的主导，是学生吸收知识的催化剂。

【课例 2】①

某校高中地理教师创造了一种“情境–角色模式”，教师力求解决“如何在现行教学组织模式、教学内容相对不变的前提下，尽量使不同的学生都能以自己感兴趣的方式参与同一内容的学习”的问题。

在讲授高中地理“人类认识的宇宙”一课时，教师设计了“全班同学合作出版一本杂志《宇宙–地球–人类》”的任务情境，并有以下角色供学生选择（见表 6–1）：

表 6–1

角色	对应多元智能	对应学习风格	
		学习类型	认知风格
编辑	语言、逻辑	视觉、听觉	场依存、场独立
独立撰稿人	语言、空间视觉	视觉	场独立
采编	语言、身体运动、人际	动觉	场依存、场独立
记录员	语言、人际	听觉	场依存
美编背景	空间视觉、音乐	视觉、听觉	场依存、场独立
审稿	——	——	场独立

整个学习过程中坚持各环节的开放和可选择。

学生提出问题、展示成果时都可以用个性化的形式：

用自己的形式整理、发布信息
- 文字
- 图形
- 口语
  - 全班课堂上
  - 当面找老师
  - 与同学协商
    - 合作
    - 独立
- 音乐
- 动作表演

具体各角色在学习中的活动（见表 6–2）：

① 梅汝莉．多元智能与教学策略．北京：开明出版社，2003.77~78.

表 6-2

<table>
<tr><th>角色</th><th>课前职责（预习）</th><th colspan="2">课堂活动</th><th colspan="2">课后作业</th></tr>
<tr><td>编辑独立撰稿人</td><td>阅读教材，初步建立知识框架（可独立或与人合作）
据教材内容提出自己感兴趣的问题（可文、图）</td><td>展示成果，以知识框架为依据建立杂志的栏目
发布问题</td><td rowspan="5">分组、互动的讨论和评价，评选最佳栏目、最佳问题、最佳设计等</td><td>完善各栏目体系和主题，编辑撰稿人、记录员提交的信息为各栏目投稿（可文、图）</td><td rowspan="5">合作完成出版物</td></tr>
<tr><td>采编</td><td>据教材内容提出自己感兴趣的问题，可初步去采访别人或采集信息（可独立或与人合作）</td><td>发布问题或调查结果（可预先提供给记录员，或口述给教师；或当堂在全班演示）</td><td>整理采集的信息给记录员或口述给教师或在全班发布</td></tr>
<tr><td>记录员</td><td>与采编合作，记录信息</td><td>记录问题</td><td>整理记录，给相应栏目投稿</td></tr>
<tr><td>音、美编背景</td><td>初步为教材作美术设计或配音乐（可独立或与人合作）</td><td>展示设计</td><td>完成设计，提供给编辑</td></tr>
<tr><td>审稿</td><td>收集同学的预习作业，作分类、提意见</td><td>对同学的工作提出建议</td><td>“审阅”杂志样张</td></tr>
</table>

（二）对多元情境化教学策略的探索

加德纳认为：“多元化的心智应该从多元化的角度了解这个世界。”多元情境化的教学能够激发学生的学习兴趣，在满足因材施教需要的同时达到深刻理解的教学目的，促进学生综合融通知识，并转变学生片面、僵化的思维方式。但在高中阶段实施多元情境化的教学策略决不是简单设计一些活动，制作一些演示文稿，让学生到讲台前展示自己的学习效果等，而是应从学科需要和学生特点出发，本着为深刻理解学科关键知识服务的基本原则，关照不同智能结构的学生，选择好多元“切入点”，运用不同方式来阐述和表现。

（1）多元导入；

（2）开展多元互动的合作教学；

（3）设计多元情境化的作业；

（4）让多媒体为多元化服务；

（5）运用类比和隐喻策略。

【课例 3】

高一历史“五四运动”（北京师范大学第二附属中学 侯迎晖）

1. 教学目标

让学生记住“五四运动”的起因、爆发、发展、结果及其历史意义，进而理解“五四精神”，激发学生的爱国热情，深刻认识历史发展的必然规律和根本动因。

2. 教学策略

设计采用多元情境化教学策略，以学生活动为主。

3. 创意策划

教师事先布置，让学生通过参观北京沙滩红楼北大旧址等地、调查采访、上网或到图书馆查找资料等方式搜集信息；分组排练节目，自主推选主持人主持表演；制作多媒体课件；策划绘写壁报等，意在激发学生的学习兴趣，调动学生积极的情感态度，让学生从针对“五四运动”这一授课内容的不同切入点尽可能大量、宽角度地获得知识，并自我培养获得知识的能力，走出以往历史教学老师讲、学生听、抄笔记，课后还须死记硬背的僵化模式。

4. 过程及效果

在课前做了认真准备的基础上，学生在课堂上的表现极其主动、活跃。学生们朗读了《北京大学通电全国宣言》，将五四时期青年学子的忧国忧民情怀充分展现了出来；学生们模拟李大钊、邓中夏等人的演讲，铿锵有力、感人肺腑；学生借助对史料的挖掘、掌握，将巴黎和会讨论中国山东问题时的情境自编自演了出来，全班师生看时无不动容、民族自尊心深受冲击……

多元情境化教学策略的实施还使得学生直接参与了教学资源开发和丰富的过程，教学感染力强，留给了学生回味和继续探索的空间。

【课例 4】

班会也是一类课堂教学，只不过它属于德育学科，是学校对学生开展思想教育工作的载体，具有较强的针对性和实效性。班会是各级各类基础教育学校学生的必修课。但传统的班会就像传统的学科教学一样是班主任说教，学生被动接受政治思想、行为规范意识灌输的过程，难以使其达到“入情入理”的教育效果。

北京广渠门中学的教师在班会课的改革中借鉴了多元智能理论，让班会组织、准备、召开的过程成为每一个学生相应的智能得到锻炼和开发的过程，让班会摆脱死气沉沉和教师的说教，充满创意和快乐，让学生在渴望与体验乐趣中领悟做人的道理。如：高二（10）班以“为了我们的梦想”为主题的一堂班会，班主任康娟老师在活动前组织学生搜集“桑兰”的照片和事迹，采访了该校全国闻名的“宏志班”学生，与朝夕相处却私交不深的三位老师畅谈了儿时及现在的梦想，精心遴选了烘托意境、引发情绪的音乐。班会进行中，学生在资料介绍、小组讨论、代表宣读倡议书、全班合影展示、集体合唱“明天会更好”等多个环节中围绕主题充分感知和表达，既开发了学生的多种智能，又强化了班会的思想教育作用，还收到了心理辅导的效果。

广渠门中学的教师把班会时间留给了学生，让每个学生自己来设计属于自己表达的空间，走上讲台展示自己的才艺和特长，结果是学生从被动的听到主动交流，获得了充分发展多方面智能的机会。

（三）推行研究性学习和研究性学习专门课程

基于对学生学习主体性的发现和重视，当前高中课程改革的一个重大举措，就是在高中大力推行研究性学习和研究性学习专门课程，这与多元智能理论工作者倡导的在学校教育中开展富有创造性的专题研究，即专题作业，有异曲同工之妙。因而，高中教师在课题研究中为研究性学习的组织与实施找到了更多理论支撑和落脚点。

【课例 5】

高一化学“碱金属及其化合物实验改进设计”（北京市第九十二中学 许国珍）

1. 教学目标

探索多元智能与研究性学习融合的规律，让学生根据教材提供的基本知识，利用替代品改进设计实验，在主动探索、研究的过程中获得富有创造性、切实可行的实验改进设计方案，培养学生的创新精神和实践能力。

2. 教学策略

实验研究课，以学生小组活动为主，利用课上、课下时间完成。

3. 创意策划

研究开始前，教师首先为学生创设情境，即在原有课堂演示实验基础上，对学生提出实验设计改进的研究要求，比如“碱金属及其化合物实验改进设计之钠与水反应”的实验，要求学生在以下几个方面改进：

（1）收集反应生成的气体，并用实验检验；

（2）由于该反应剧烈，应设法控制反应进程；

（3）NaOH 对皮肤有腐蚀作用，操作时一定要避免与手接触；

（4）装置、仪器简单，操作简便，实验现象明显。

教师将一个问题分解为若干个子任务，为学生实验研究做好了铺垫，使学生明确了实验问题类型、任务实质，能有针对性地解决问题。

教师提出学生在整个活动过程中的心理机制如下（图 6-1）：

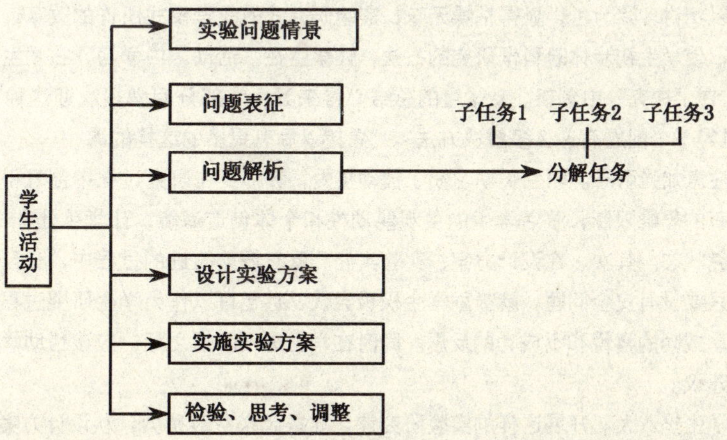

图 6-1

4. 过程及效果

针对实验设计要求，学生设计出若干个方案以解决具体的实际问题。如研究“改进钠与水的反应，收集反应生成的气体并通过实验检验”，学生有很多设计：

(1) 用试管收集 H2 再验纯，听爆鸣声；

(2) 将 H2 导出在空气中点燃，或者在 Cl_2 中点燃有苍白色火焰；

(3) 通过灼热的 CuO 观察还原的 Cu

……

在考虑了安全问题以后，教师尽可能鼓励学生通过实验来验证他们提出的设计的可行性，以及处理具体的实践操作问题。实验室提供各种实验仪器，甚至特意为学生加工有特殊要求的仪器，让学生自由地发挥。很多学生都是经过实验、失败后再讨论，重新改进调整，反复实践，才最后确定下来切实可行的方案的。

一段时间的自主研究后，课堂上，学生将已取得的部分成果向全班进行了汇报，进行组间交流。每一小组都选派一位代表到前台发言，简要说明他们的设计方案及其特点，交流实验过程及遇到的困难、发现的现象，互相启发；同时，教师做适当精要的点评，肯定学生的创造性，引导学生发现可以进一步改进的环节。

最后，教师对研究过程进行了总结、评价，充分肯定和赞许了学生的创新意识及付出的心血。然后，对课堂上所展示的设计方案做一个评选，选出一个最佳创意设计，这一环节不仅活跃了课堂气氛，还恰当地将竞争引入课堂，引导学生参与，有利于学生进取心的激发。教师还要求学生对自己在整个活动过程中的表现做一个自我评价，评测自己的实验意识、实验准备、操作、实验知识的迁移应用、创新等方面的表现，通过自查内省，帮助学生及时总结实验中存在的问题和需要改进的方面，培养了学生的内省智能。

5. 教师反思

(1) 学生对研究性学习是欢迎的。本节课以“问题”为中心、以“方法”为中介、以“答案”为结果，打破传统教学束缚学生手脚的做法，注重开发学生的多元智能，强调通过让学生说，让学生做的形式，给学生发展以最大的空间，激发学生学习化学的兴趣。高中学习难度增大，思维的抽象性、逻辑性增加，理科课程以精讲多练为主，显得枯燥无味，实验研究式的教学模式所作的改革，突破了原有学科教学的封闭状态，使学生初步体验科学研究的方法，让学生在“活动”中学习，在“主动”中发展，在“合作”中增知，在“探究”中创新。从学生的总结心得来看，大部分同学很欢迎这种自主研究的教学模式，“从来没觉得一个问题有这么多解决方法”，“希望以后有更多的这样的课”……

(2) 教师应注意加强引导。学生长期习惯于被动接受，教师要在研究过程中注意引导。首先，要营造氛围，打破原有的思维限制，激活学生的主观能动性和个体创造潜能，让学生处在一种紧张、积极、活跃、兴奋的研究状态。其次，在设计方案、实验实施、反复调整改进的过程中，一旦捕捉到学生思维创造的闪光点，只要没有安全问题，就鼓励学生积极尝试，甚至可以作为学生研究过程中的参与者，进行共同探讨，分享成功的喜悦和不成功的反思。同时在学生进入困顿之际，应该帮助学生分析失败的原因，适当地给出建议。

(3) 教师和学生投入大。开展这样的实验研究课，准备起来费时费力，从设计方案、实验实施、反复调整改进，到最终成果的呈现，教师和学生的投入大，可能影响其他学科正常学习。对常规教学来讲，确实有“豪华餐”之嫌。但是化学实验研究作为开发学生多元智能的一种有效途径，将化学知识和基本技能的掌握融合在一起，对提高学生的综合能力很重要。因而，在适当的时候，就适合的内容（并不一定拘泥于教材），就某个主题组织实验研究课，或者分散开来，由小组轮流负责，则可用其所长，课上课下联动起来，使之与常规教学有机结合。比如对化学原理规律通过实验设计来形象地认识，对化学反应的产物进行检验分析，或者对实验中反常现象的分析，或者改进现有的实验操作方法，调整最佳实验方案，或者通过家庭小实验，寻求实验的替代材料等都可以作为有效的素材。

总之，教师在教学中要注意培养学生主动研究的精神，帮助学生进入一个动态、开放、自主、有弹性的学习环境中，鼓励学生运用一系列的方法来解决问题，思路让学生自主探究，方法让学生自主寻找，问题让学生自主解决，使学生的思维方式有发散性和多元化发展的可能和机会。

【课例 6】

高一语文“宋词《念奴娇·赤壁怀古》”（北京师范大学第二附属中学 高利霞）

1. 教学目标

实践新课程标准，帮助学生掌握作品的相关文学知识，获得美的感受，提高学生的分析、领悟、鉴赏能力及开展研究性学习的能力。

2. 教学策略

以学生为主体，让学生借助自主、合作、探究的方式完成学习。

3. 创意策划

教师最初的设计是自行设定了四个方向的研究问题：一是作家、作品、背景介绍；二是分析鉴赏，包括感受形象，品味语言；三是直接感悟，结合现实生活，领悟内涵，探讨这首词的主题；四是延伸拓展，结合其他赤壁怀古诗进行比较鉴赏，深化认识。按照这四个板块，教师准备布置学生分四组课下研究，制作课件，教师协助指导，等到上课时各组汇报、展示研究成果。

但教师对这个设计有很多不满之处，原因在于：一是问题是由教师提出的，任务是由教师布置的，但不一定解决了学生的困惑，不一定能使学生在研究中获得最需要的知识；二是这种教学模式使得学生的研究过程和教师的指导过程无法在课堂上真实、全面展示；三是课下分组研究容易出现少数能力较强、主动性强的学生承担了几乎全部的研究任务，而有些学生则没有机会或趁机偷懒；四是教师对自己为指导学生投入的时间、精力、步骤无法预知和把握。基于此，教师经过反复斟酌，推翻了这一设计，而是改为让学生先自学这首词，将所有疑问提出来。

4. 过程及效果

上课前，让学生把自学后出现的疑问写下来交给教师，经分析整理后，教师发现学生的问题主要有十个方面，且多集中在对这首词思想感情的理解上。课堂上，教师先请一位朗诵能力强的学生朗诵全词，同时演示课下制作的课件，借与相应词句配合的壮阔画面将学生带入教学情境。然后由学生质疑确定本课研讨的三个问题：

（1）问题一：为何以周瑜为主要抒怀对象，苏轼对周瑜是怎样的一种态度？

（2）问题二：为什么面对壮阔景象和对古代英雄人物神思遥想时忽生“多情应笑我，早生华发”的自嘲？诗人究竟在自嘲什么？

（3）问题三：结尾“人生如梦”的感叹是消极还是积极？是无奈还是洒脱？洒酒酬月寄托了怎样的

感情?

学生按提问分布分成六人小组，每组选一位组长负责组织讨论、控制时间。学生通过上网查阅资料、分析资料，初步形成了自己的见解，再让他们参加小组讨论，交换意见，相互启发，以对问题进行深入挖掘。此时，教师在班内巡回参与各组研讨。小组充分讨论之后，全班又成为一个大组，学生们各抒己见，围绕三个问题阐述了许多独到又深刻的理解，既品味着苏轼其词又品味着苏轼其人。最后，教师与学生们分享了自己五读《念奴娇·赤壁怀古》的感悟和全部用苏轼的诗词名句攒作的七律《自语东坡》，展示了作为研究性学习的一员的研究成果。这一环节使学生受到强烈震撼和感染，师生对苏轼的解读达到了高潮。

五读《念奴娇·赤壁怀古》

第一遍：读出了壮阔的景象，激情澎湃；

第二遍：读出了豁达的胸襟，豪情满怀；

第三遍：读出了历史的沧桑，沉静思索；

第四遍：读出了人生的无奈，唏嘘怅惘；

第五遍：读出了江月的永恒，清旷超越。

七律《自语东坡》

天涯流落思无穷，自言其中有至乐。

拣尽寒枝不肯栖，觉来幽梦无人说。

且将新火试新茶，休对故人思故国。

回首向来萧瑟处，江南江北青山多。

授课教师对本课的设计和实践使以往的讲读课变为研究课，使以往以记忆为目的的学习被更具难度和挑战性的研究性学习代替，融合知识与能力、过程与方法为一体，注重学生情感、态度、价值观的发展，让学生在自主、合作的研究学习中获得认知的深化和情感的升华。

5. 教师反思

(1) 研究性学习的第一步是学生自学质疑，发现问题。

(2) 研究性学习中，教师的任务应由以往的教给学生知识改为教会学生学习。

(3) 研究性学习的开展必须考虑学生的认知规律。

(4) 研究性学习需要一个反复积累、思考的漫长过程，不可能一蹴而就。

(5) 研究性学习过程中，教师应加强学生自主管理能力的培养。

(6) 教师应当参与到研究中，既做指导者、引导者和帮助者，又要成为研究成果的创造者和分享者。

(7) 研究性学习的过程应是师生平等对话的过程。

(8) 研究性学习经常要使用计算机，如上网查找资料、制作演示文稿、打印相关材料等，但这就受限于学校的硬件设施条件和师生的计算机操作水平。

(四) 实施以问题为导向的教学策略

多元智能理论以“如何思考”和“如何解决问题”作为深刻理解的重要标志。因此，发展思维，培养会思考的人、善于解决问题的人就成为高中教育义不容辞的责任。问题是思考的对象和工具，解决问题是思考的目的和过程，高中学科教师尝试着借鉴多元智能理论，运用问题连续体，实施以问题为导向的教学策略：有的在小范围采用五个类型问题的变式，有的应用到一节课的教学设计中，有的以此为指导重新整合自成系统的学科课程内容，有的在编制考试题时引入等等。教师创造性地发现问题、利用问题、创设问题情境，激发了学生的探索欲望，提高了学生的思考、实践能力，使原本以“消灭问题”为宗旨的教育模式下训练出来的学生也减少了对问题的偏见，拉近了自己和问题的距离，学习中的探究气氛愈发浓厚。

【课例7】

高一地理“海洋表层洋流的分布规律和对地理环境的影响”（北京市第九十二中学 郭晓丹）

1. 教学目标

让学生掌握海洋表层洋流分布规律等知识，调动学生对自然现象的出现、自身运行过程及其与整个自然环境之间相互作用关系的学习兴趣，激发学生潜能，培养学生的问题意识和解决问题的能力。

2. 教学策略

设计采用问题解决教学策略，以学生自主发现问题，学生与教师合作、学生小组合作解决问题。

3. 创意策划

授课前，教师针对授课内容让学生自读相关文本，由学生提出感兴趣的问题，教师以调查问卷的形式征集这些问题。然后，教师和学生将问题归类，共性问题作为课堂教学的重点内容，个性问题由学生尝试自行解答，教师可做适当点拨。本课中，教师征集的问题有：

（1）世界表层洋流的分布规律是什么？

（2）南、北太平洋的洋流运动规律有何不同？

（3）北印度洋的洋流流向为什么会因季节而有规律的变化？其他海区是否也有此现象？

（4）洋流对沿海地区的气候会产生怎样的影响？

（5）什么是厄尔尼诺现象，它与洋流有什么关系？

……

经过整理统计并结合教学大纲进行分析，教师最终确定本节课的授课重点——以太平洋作为研究对象分析其表层的洋流运动规律，教师借鉴问题连续体的使用策略，精心设计了以问题为导向和中心的课堂教学方案；将学生非常感兴趣的内容——洋流对自然环境、对人类生产生活的影响交给学生去自行研究，并要求他们将研究结果在课堂上进行展示。

4. 过程及效果

第一步，教师首先带领学生解决第一类问题，让学生进入角色和学习状态：请同学认真观察太平洋海区，对照教材P74“世界表层洋流的分布”图填写表格（表6-3）

表 6－3

数字符号	洋流名称	所在位置	洋流性质	流向

学生通过观察太平洋洋流分布图，从表象上感知了不同性质洋流的色彩表示、海陆分布的基本格局、洋流的空间位置和运动方向，并运用地理语言将其准确表达在表格中。这使学生的地理语言智能和视觉－空间智能得到进一步开发，同时为发现太平洋表层洋流分布规律做好知识的铺垫。

第二步，教师引导学生通过小组讨论方式解决第二类问题，如：以太平洋为例，请同学观察南、北太平洋洋流分布，找出两者异、同点。

以小组为单位对该问题进行讨论，一方面可培养学生对图中南、北太平洋海区展现的各种表象特征（如洋流运动方向、洋流性质、洋流的空间位置等内容）进一步提取、认定、比较分析，培养学生的数学—逻辑智能；另一方面，在与他人合作的过程中、在和他人激烈讨论的过程中，在与他人达成共识的过程中，学生们的情绪、情感投入很大，探究知识的欲望高涨，并通过语言、肢体动作、表情充分展现，信息交流更自然、更频繁。在此过程中学生的语言智能 、肢体—运动智能 、数学—逻辑智能、人际关系智能、内省智能得到充分发挥，从而使学生在头脑中形成太平洋表层洋流分布规律的基本框架。

第三步，教师提出第三类问题，让学生更深入地参与到教学中，深化理解，如：谈谈你用什么方法能够快速记忆太平洋表层洋流的分布规律？经过一定的准备，学生活跃起来，数学—逻辑智能突出的学生会根据洋流运动规律成因进行分析，从而理解记忆；视觉－空间智能突出的学生会形象地将太平洋洋流运动规律形象地记忆成数字“8“的形状；肢体—运动智能突出的学生将洋流流向与游泳动作联系在一起等等。学生创造性地解释、再现了地理现象或地理问题。

第四步，教师请学生结合第四类开放性问题展示课下研究成果：洋流对地理环境会产生怎样影响？一部分学生参与热情极高，他们互相支持、科学分工、共同协作，利用业余时间研究题目、分组检索、整理、分析资料，寻找理论支持，计算机能力强的同学将搜集的资料汇总制作成精美的演示课件。

最后，教师尝试着挖掘第五类问题：“洋流是非常复杂的系统，有着无穷的奥妙，同学们还对洋流的哪些方面感兴趣或者还有疑问，我们一同来探讨？”

【课例 8】

高二语文“阅读课《林黛玉进贾府》”（北京师范大学第二附属中学 徐美菊）

1. 教学目标

了解《红楼梦》书及作者，了解作品的时代背景、社会意义及红学评论，培养学生听、读、析、赏、评的能力，从而提高鉴赏文学作品的能力。

2. 教学策略

以学生现存问题为出发点，运用“问题解决”体系，设计多个教学步骤，发动学生积极参与、主动学习，以解决问题为最终目的。

3. 创意策划

教师在未运用“问题解决”体系时设计的教学过程是：在第一节课上，教师解读《红楼梦》，介绍其作者、时代背景，介绍全文的思想内容、人物关系及其艺术成就；在第二节课上，让学生阅读《林黛玉进贾府》、看录像选段、读课文，教师分析情节结构、人物形象、艺术特色；第三节课，给予学生阅读与鉴赏的概念，把教师鉴赏本文的心得体会展现给学生，配之以精心设计的 板书。教师原本很欣赏自己钻研教材、泛阅材料、潜心备出的课，但总感觉欠缺点什么。学习了“问题解决”体系后，终于发现此设计的致命弱点——教师在欣赏自己的讲课艺术，在展示自己的教案，而忽略了学生的主体参与和能力培养。

教师认为原有方案难以使本课的教学目标圆满实现，在研究了“问题解决”体系在语文学科中如何应用后，改进了教学方案，先在学生中做了一个问卷调查，了解学生的古典文学知识储备和文学鉴赏能力的问题，之后按“问题解决”的五个层次安排了教学步骤。

4. 过程及效果

第一层次：

问题：对《红楼梦》的了解、兴趣、态度，解决《红楼梦》是一部什么样的书的问题。

方法与步骤：创设学习《红楼梦》的环境：布置阅读周，学生查阅资料、看原著，课间播放《红楼梦》音乐带，课前讲其中诗词；举办讲座：结合观看片断录像，学生、教师共同介绍、评论《红楼梦》。

智能：文学兴趣、倾听

第二层次：

问题：整体把握《林黛玉进贾府》的内容、艺术特色。

方法与步骤：学生寻找分析方法对全文加以分析，在小组中讨论并全班交流，学生小结。

智能：思维能力、分析能力、筛选信息能力、理解阅读能力

第三层次：

问题：重点分析《林黛玉进贾府》一文的重要句子。

方法与步骤：学生摘抄文中的重要语句并分析，经小组讨论后全班交流各自对其摘出语句的理解。

智能：思维能力、概括能力、表达能力

第四层次：

问题：如何鉴赏文学作品。

方法与步骤：教师为学生提供鉴赏材料：《命运交响曲》、一幅画、一段文章，让学生阐述自己内心的感受，以此引导学生得出并掌握鉴赏的概念；随后，让学生自己设题、自选角度（美学、心理学、社会学、写作、服装、梦等）、自行评价，以写文章或其他方式鉴赏《林黛玉进贾府》。

智能：艺术感知力、鉴赏能力

第五层次：

问题：比较阅读、比较鉴赏。

方法与步骤：教师要求学生以《林黛玉进贾府》鉴赏为基础，采用不同形式，或写论文，或创作作品（诗歌、美术、小说、戏剧），鉴赏一篇文学作品。

智能：扩展能力、想像能力

将前后两个教学设计进行比较，可以看出明显不同：

第一，教学意识上，后者使用科学理论指导教学，观念得以更新，而以往只是凭经验教学；

第二，教学目标上，后者明确，层次鲜明，前者较为泛泛；

第三，教学方法上，学生的参与度大了，由被动变为主动，讲、论、析、赏、评，学生活动贯穿始终，教师由原来的想方设法让自己讲得好变为钻研如何让学生动得好。

第四，教学效果上，师生的文学知识水平和能力都得到提高，教师的科研水平也在提高，学生学语文的热情被焕发出来了。

5. 教师反思

在进行《林黛玉进贾府》一课的阅读教学中，实施了以问题为导向的教学策略，培养学生的问题解决能力。在实践过程中发现并思考了以下问题：

(1) 在参考"问题连续体"模式设计五个层次的问题时，总感觉有一定的交叉性，问题定位于哪一个层次有些把握不准。教师能够理解不可能也没有必要将问题的界限划分得清晰明确，但这一操作上的困惑还是使教师感到把握和运用"问题连续体"时有不小的难度。

(2) 使用"问题连续体"如果硬是套用五个层次，总感觉课堂教学有些生硬、形式化倾向，如何灵活地为自己的教学搭建问题平台还有待于思考和尝试。

(3) "问题连续体"是否也应介绍给高中生，让学生也熟悉甚至掌握此理论，能够运用这个工具辅助学习，这样也许师生在课堂教学中的配合就更默契一些。

二、构建学生成才立交桥：一所农村中学20年走过的路

中国，长期处在农业社会的环境之中。社会进步、社会变革乃至教育改革都深深受着中国农村发展进程的影响，同时也深深影响着中国农村面貌的变化。中国的改革开放，就是从农村开始的。而最早借鉴多元智能理论推动教育改革实践的学校中有这样一所农村学校。

多元智能理论与中国农村高中教育实践的第一次正式沟通，发生在现在的山东省诸城市。山东省诸城市原为一个农村县，曾经享有百强县的盛誉。1952年，该县创办了诸城一中。高考制度恢复之后，这所学校立即面临千军万马挤"独木桥"的局面，由于教学水平、学生基础参差不齐致使大多数学生纷纷"落水"，难以跨进高校大门。二十几年前，当地农村的高中毕业生一旦考不上大学，往往自己都不知道自己能干点儿什么，接下来的人生之路该怎么走。

诸城一中的老师和校长珍惜那些高考落榜学生的价值，在困惑和焦虑中思考，反复研究如何因材施教，帮助这些"纸笔测验"的失败者，最终决心大胆探索促进学生大面积成才的有效途径。他们提出了"办特色学校，培养特长人才"的办学口号。

从20世纪80年代初期起，在多数普通高中只把目光集中在文理科高考上时，诸城一中便对一批数理化学科成绩相对较差，但在艺术、体育方面有特长的学生加强辅导，为这

些差生另辟新径，扬长补短。1986年，这所学校考入本科美术院校的有49人，占了山东省同类院校录取总数的近四分之一，诸城一中由此在当时倍受瞩目。二十多年来，该校已经向高等院校输送了2000余名艺术特长人才，培养出了一批在国内外有一定影响的艺术名人。其中有为我国建国50年大庆游行绘制邓小平巨幅画像的年轻画家王少伦，有法国“轩尼诗”国际徽标征集大赛的夺魁者刘建斌，有在国内外声乐大赛中夺得大奖者。体育班则为国家队、省运动队及高等院校队陆续输送了400余名运动员，这些学生在国际比赛中曾荣获金牌26枚，我国第一个打破亚洲女子中长跑记录的张秀云、全国著名运动员段秀全、王玉忠、郑桂霞等是这些学生中的杰出代表。

1998年初，加德纳的多元智能理论传入诸城一中，几位校领导传阅了报刊上介绍多元智能理论的文章后，不约而同地认为多元智能理论与该校的办学理念非常吻合。从此，学校把多元智能理论作为办学的主导理论之一。

（一）掌握学生智能结构，各因其才设置课程

每年新生一入校，学校就通过不同渠道，多方面了解学生的资质、个性和爱好、特长，为学生分别建立个性档案，针对每个学生的智能特点，加强分类教育和个别指导，为每个学生的成才创造有利条件。

学校继续搞好自己的名牌项目——“艺术班”和“体育班”。与此同时，学校领导考虑到，农村学生一般来说“自然观察者智能”比较强，便有针对性地开展“农业意识教育”，.请来农业科学院士为学生们举办科普讲座，使许多学生决意为农业生产科学化服务，认真学习农业生产知识和技术。

学校采取的“各因其才”的课程设置，使众多农村学生拥有了更多机会，拥有了把握命运的能力。

（二）拓宽课程功能，重新诠释课程内涵

诸城一中为服务于学生多元化的发展需要，创建了“大语文”、“大政治”、“大英语”和“大体育”等课程，从拓宽课程功能、挖掘课程内涵角度很好地实践了多元智能理论。

例如，“大语文”是指将对学生语文阅读能力的培养渗透在学生学习活动的多方面。为此，学校开设了每周两节的开放性阅读课，学生根据个人爱好，兴之所至地选择阅读内容和书籍在课上研读，有的人阅读科学著作，有的读经济学著作，有的阅读政治方面的著作，总之，语文阅读课的题材不限于文学一个方面。同时，学校支持学生创办了学生杂志《晨钟》。《晨钟》不仅是“校园文学”的载体，而且也是“校园伦理”、“校园科学”等多方面的载体，汇集了学生阅读、学习、交流的大量多姿多彩的感受和话题，既是工具又凸显了很强的人文性，是学生多元发展的园地。

诸城一中创建的“四大课程”，体现了学科课程多元化发展的特点，从很大程度上满

足了学生的求知欲和发展欲。

（三）建高品味校园，滋润学生品性，增进其对生活的理解

诸城一中在营造促进学生多元发展的校园环境方面可谓煞费苦心。如：校园中的每一种树木旁边都立有木牌，上面用中英文书写着该植物的科目名称，同时还有中国古人描述这种植物的诗词名句。为竹子树立的木牌上不仅注明了科属，还写着“未出土时已有节，到凌云处尚虚心”的诗句，启示学生们即要有进取心和志气，又要虚心，注意关照他人、向他人学习。学生一进宿舍，就会看到影壁上书写着“一屋不扫，何以扫天下”的警语，告诫莘莘学子立定服务天下的志向，还要从小事做起。……

在诸城一中学校教育的方方面面，科学和人文都是相融相通的，这恰恰是多元智能理论在高中实验的重要内容。多元智能理论创始于哈佛大学的“零点项目”，所谓“零点”，意指从零开始探究当时尚排斥在思维科学之外的艺术思维，试图打通科学思维与艺术思维的屏障。诸城一中作为一所农村中学，在这方面做了大量探索性工作，可谓先行一步。

（四）提出创办开放式学校的目标和思路，积极实践

在不断修正办学策略的过程中，通过深入钻研多元智能理论，近几年，诸城一中又明确提出了要创办开放式学校的目标和思路，并积极实践。

1. 确立开放的教育目标

重视人的整体发展，不仅看学生现在做到了什么和能做什么，更要着眼于培养学生积极的人生态度，包括对学习、对事业的信心。

2. 开放的教育内容

向学生提出了“学习的外延等于生活的外延”的口号，开阔学生的知识视野，增大校园生活的信息量。以“四大课程”为核心积极推行“四大”教学理念。

3. 开放的教育形式

在落实国家课程标准的同时，大力开发校本课程，学校每学年开设50多门选修课。设有书报、影像、网络三个功能厅的阅览中心和理化生实验室每天下午对全体学生开放。

4. 开放的教育资源

学校坚持实施“人才兴校”、“科研兴校”战略，鼓励、支持教师进修学习和参加各种学术组织，牵头组建了全国中学教育科研联合体山东分部；创造条件让学生开展社会实践活动，帮助学生了解社会，向社会学习，向生活学习；定期邀请专家、学者到校为师生作专题报告，多次邀请美、日、法、韩、加拿大等国的学者和留学生到校交流；还打破行业界限，邀请海尔集团等非教育专业的专家为学生作报告，增强学生的社会参与感，强化学生的学习意识，拓宽学生的成才思路。

诸城一中的领导和教师们几年来系统学习了多元智能理论的相关文章和书籍，2000

年，他们认真总结了20多年来的办学经验，在诸城市教育学会召开的学术研讨会上公开发表了“借鉴多元智能理论，为学生打造成才‘立交桥’”的论文。现已成为山东省重点高中的诸城一中正在向更高的办学水平迈进。

第三节　多元智能理论在高中实践的反思与展望

一、多元智能理论在高中实践的效果及原因分析

中国人爱说一句话“实践出真知”。高中教师在接触多元智能理论不长的时间里，深入反思现行教育的弊端，理解、揣摩多元智能理论的内涵，在高中教育现有的大环境下，以自己特有的方式，凭借多年实践积累起来的教育智慧，在教育教学中大胆借鉴多元智能理论。这样做的效果是师生对教学内容的理解同步深化了，课堂教学效果提高了，学生潜能得以开发，教师获得专业成长。

（一）实践效果

1. 科研性——课堂教学充满研究气氛

多元智能理论在课堂教学的实践使高中教学突出了科研性。科研教学是目前教改的一大方向，学校要创办科研型高中，必须培养科研型教师，必须进行科研性教学，必须以科研成果投入再循环提高教育教学效能。

2. 深刻性——课堂教学耐人寻味

霍华德·加德纳在他的《在未受教育的头脑》一书中讲到这样一种倾向[①]：现行的教育只教给学生肤浅的知识而毫不涉及去深化他们对世界的理解。其后果是，学生从高中、大学，甚至是研究生学院毕业以后，却仍然像学前班的学生那样，持有不少极为天真的想法。他认为教育界需要一种方法来教化天真的观念，引发思考，并以各家之言而最终拓宽学生的思路，使之能够在各种新异的情况下运用已有知识。

多元智能理论使高中教师慢慢发现了克服这种倾向的可能途径。在多元智能理论指导下开展课堂教学，一是使教师呈现的教学内容趋于深刻，教学不再是浅层次的文章解读、公式和习题解析，而是在一定程度上打破了学科界限，涵盖了更多学科的内容，体现了课程改革所突出的综合的特点，并深深与社会、家庭、个人熟悉的生活相连，甚至直击知识诞生的原点或学科发展前沿；二是使学生对知识的理解趋于深刻，学生发现他们必须调动自己的多种智能来捕捉知识，必须善于归纳、整理和迁移，还要学会在实际生活中运用。

如：北京师范大学第二附属中学数学教师赵昕在“圆锥曲线”这一节课的教学自评中写到：本课本着多元智能理论所倡导的对知识“真正理解并学以致用”的宗旨，在教学中

---

① Thomas Armstrong著．张咏梅，王振强等译．课堂中的多元智能．北京：中国轻工业出版社，2003.206.

追求深而不是广，始终从数、形两方面来认识问题，并从猜想、证明两个渠道来解决问题，使学生在形象思维和逻辑思维两方面都得到锻炼和发展，也使得擅长不同思维方式的学生能够扬长避短，从不同角度认识、理解“圆锥曲线”的定义，较好地突破了教学中的难点。实际上，在平时的教学中，我也尽量创设环境，使学生参与到教学关键内容和教学难点的深入探讨中，使学生不仅掌握数学知识，而且能够欣赏数学，并学会用数学的眼光看待身边的问题。

3. 实效性——课堂教学效果有较大幅度提高

目标明确的教学、活跃而开放的课堂、创新的教法、综合的教学内容等等这些都使得多元智能理论指导下的课堂教学效果比以往的教学有令人瞩目的提高。

如：北京师范大学第二附属中学芦佳、毛旻两位教师上了一节体育与健康研究课，主题是“特种营救”。这节室内游戏课设计新颖、内容多样，既有“渡河营救”、“通过秘道”等偏重发展学生体能的活动，又安排了一定的发展智能的活动，如“智力闯关”，而且活动设置的情境与学生的实际生活密切相关。

专家对这节课评价较高，认为这节课是一次鼓励学生自主学习、探究学习、合作学习的很好的教学尝试。每一个环节都要求学生去自主地发现问题，发挥团队精神，群策群力解决问题。由于游戏结果的不确定性和游戏内容多样性的存在，学生学习的积极性和学习热情高涨，完成动作非常认真。这些都使得发展学生体能和发展智能有机结合了起来，充分调动了学生的多元智能，促进了学生身心的全面和谐发展。

（二）原因分析

1. 从研究背景分析

（1）多元智能理论与我国素质教育观念、基础教育改革的方向契合程度较高，而且，不少专家学者在使该理论本土化方面做了大量定义、阐释工作，在理论的实践方面积极开展培训、指导，使得理论与实践研究的推进有良好的基础。

（2）学校领导对多元智能理论指导教学改革意义的认识到位，能真心实意地加以重视，使得高中校即使承载着较大的考试压力，但仍能下大力气开展研究。

2. 从理论本身分析

多元智能理论本身的指导性强，可操作性强，不论是各学科教学还是课外教育活动，不论是教学设计、教学过程、教学策略的改进还是教学评价、学生的综合评价的科学化等都能从此理论中获得有益帮助。

3. 从研究过程分析

高中阶段的研究做到了几结合：理论与实践结合，理论与各学科教学结合，课内与课外结合，点面结合，师生结合。

4. 从高中教师分析

（1）参与研究的教师大多有乐于探索的精神、实干精神，希望成为科研型教师。

(2) 参与研究的教师大多对高中学科知识有较为深刻的理解，对高中教学特点、高中生的学习特点及其心理发展、心理需求有较为深入的把握，并善于总结。

二、实践过程中的困难及问题分析

高中借鉴多元智能理论的实践过程决非一帆风顺，而且远不能说取得较大成功，其中遇到的困难、目前突出的问题有以下几个方面：

1. 高中教学必须经历高考的检验，考试成绩直接与学校办学声誉、生源、改善办学条件和教师待遇所需费用的来源挂钩，每个高中校都要应对这一严峻考验，所以，在基础教育改革如火如荼开展的今天，高中课程及教学调整仍可用小心翼翼来形容。因此，多元智能进入高中在每一所高中校都不是轻而易举的事。

2. 用多元智能理论指导教学需要充足的时间，这与要在有限的教学课时内完成教学任务、教学进度要求严格之间产生了很大矛盾。

(1) 高中学科多、任务重，必须统筹、兼顾，因此在课时安排上弹性很小；

(2) 教材是考试的内容，如果讲不完、讲不细，学生、家长、学校教学管理部门都会有意见；

(3) 实施多年的45分钟一节课的时间安排限制多多。因为它是按照过去以教师讲授为主的教学方式设定的，现在要改变旧教学模式，在课堂上以学生活动为主，体现开放式、综合性、跨学科，要扩大学生视野，要让学生讨论、研究、动手操作，45分钟就显得极其紧张，多个45分钟可能都难以完成一个探究过程。

3. 高中教学班的班级人数过多，教师要想关注到每个学生的全面发展确实有很大困难。

4. 非示范学校有大量的“学困生”，知识漏洞多、综合能力差。

5. 课题研究还是在小范围、个别学校中进行，更多的高中教师对多元智能理论不甚了了，甚至从未听说过（尤其是广大的农村中学），更不要说指导自身的教学实践。

6. 部分学校的研究工作仍停留在表面上、形式上，或浅尝辄止，缺乏深入钻研；部分学校在理论与实践的有机融合、理论指导实践上仍未找到突破口。

7. 一些学校承担或参与的课题较多，研究内容多有交叉，学习上的一些课题就与本课题研究的内容或方向相似，如何合理整合，避免人力资源及资金、时间上的浪费，避免增加已经十分繁忙的高中教师的负担，还需进一步思索。

以上这些都严重阻碍了高中教师实践多元智能理论的深度和广度，也在一定程度上束缚了教师的创新思维和行动的手脚，这自然要影响到多元智能理论在中国高中的实践效果。

三、多元智能理论在高中教育中深化的方向

从未来教育的发展来看，多元智能理论应该也一定会在高中教育中深化，当然，这也

受未来的教育评价朝着什么方向发展的影响。

为了促进深化，高中教育工作者认为应做好以下几方面工作：

1. 通过各种途径，如媒体宣传、出版书籍和正式刊物、举办研讨活动、遴选并命名多元智能学校、办班培训等，大力传播、普及多元智能理论，扩大知名度，提升认可度，不只让每一名教师、学生都了解、知道它，还要争取社会各界的关注和共同探讨。

2. 争取更多、更广泛的行政部门的认可和支持。

3. 进一步将多元智能理论本土化，钻研中国特色。理论研究者和实践者都需更加辨证地认识多元智能理论，具体问题具体分析，探索出一些切合国情、切合实际、行之有效的策略和方法，并帮助广大教师对其深入理解。

4. 加大师资培训力度，让多元智能理论成为教师职前或职后教育内容中的一部分。霍华德·加德纳认为①："如果在觉察学生不同智能或不同学习方法时的敏锐性，变成新教师所具有的心理模式的一部分，那么下一代教师就能够以最直接的和最有效的方法深入学生的内心。"

5. 加强规划和管理，建章建制，使研究系统化、规范化、整体化。

6. 研究组织者多搞一些观摩、交流、研讨、表彰活动，提供学习、提高机会；创造条件，使更多高中校能够共享理论、实践的资源及成果。

7. 在高中校推行多元评价的理念和方法，小范围内以评价带动改革。

（北京师范大学第二附属中学徐美菊、北京市第九十二中学徐爱荣、北京教育学院崇文分院朱虹共同撰写本章内容，朱虹统稿。）

① 加德纳著．沈致隆译．多元智能．北京：新华出版社，1999.260.

第七章 多元智能在培智教育中的实践

多元智能理论，将“残疾”与“障碍”置于一个更宽泛的背景中，认为有特殊需要的儿童也是在多项智能领域里具备能力的完整个体。[①] 多元智能理论为特殊学生提供了一种积极的前景，Howard Gardner 提出的“以个人为中心的教育”[②] 也是最符合特殊需要学生的教育方式。本章通过北京市海淀培智中心学校借鉴多元智能理论进行教育教学活动，最终成为一所多元智能学校的示例，反映了中国培智教育在应用多元智能理论中的实践研究情况。

第一节 培智教育观念转变的明灯

一、背景介绍

培智教育是国家义务教育的组成部分，在 20 世纪 80 年代建立培智学校之初，招收对象以轻度智力低下儿童为主。进入培智学校的学生，多数是情绪表现比较稳定、有言语交流能力、有一定的认知基本能力的轻度智力落后学生。这样的学生适应集体教学模式，也能学习基础学科知识，只是在速度、灵活性、广度与深度上与正常孩子有一定差距，于是修订于 1987 年的培智学校（班）教学大纲及教材仍以学科教学为主。采用了分科课程的结构，课程以”大纲 + 教材”的形式呈现。以知识为主，教学形式也多为集体教学。虽有分类教学的模式，但仍是注重学生共性的教育。

随着教育改革不断深入，特别是普及 9 年义务教育工作以及素质教育的开展，同时医疗、康复训练的加强以及弱智教育专业技能的增强，越来越多的轻度智障学生能够随班就读，越来越多的中重度学生及多重障碍学生、精神障碍学生、孤独症学生和其它已知、未知原因不能人普通小学就读的学生进入了培智学校。这时的教学对象：精神障碍严重、无语言、无沟通能力的人数多、残疾程度重、特殊行为多。面对这样的教学对象，从教学内容到教学模式都无法适应学生需要，原有的课程及教学模式亟待改变。

教育目的是受教育者的质量规格的总体要求，是社会需求具体化，是所有教育工作的

---

① Thomas Armstarong 著，张咏梅、王振强译．课堂中的多元智能——开展以学生为中心的教学．北京：中国轻工业出版社，2003．

② Howard Gardner 著，沈致隆译．多元智能．北京：新华出版社，2003．

出发点和最终归宿。作为教学一线的教师，首先要考虑的目标即为学生将来适应生活及工作需求，提高生活品质，自身得到发展。由于我国残疾人就业形势的变化，直接对我们的教育工作提出新的要求。1997年以前我国实行的是福利工厂的安置方式。这样残疾孩子可以按比例分入工厂工作，而福利工厂可以算是特殊教育的一个延伸：由于是专门为残疾人工作的场所，从工作指导到情感接纳都可以使学生从特殊学校直接进入，过渡简单，适应性较强。但随着按比例就业的安置开始进行（残疾人融入社会），智障孩子从一个特殊的教育集体，要进入的是一个普通的工作环境，从工作指导到情感接纳、从技能要求到适应能力，都有一个明显的变化。这些变化又是他们自己所不能主动适应的，因此需要对智障儿童在校进行的教育，非常明确、具体的指向将来所要进入的环境。这样原有以知识为体系的课程，明显不适应社会的需要。①

如何评价一个学校的教育效果？如何评价学生通过教育带来的提高？智障教育由于其特殊性，建立起科学的评价体系成为智障教育工作者追求的目标。对学生的评估，对教师工作的评价，对学校水平的评价是智障教育科学发展的必须。传统的课程，不是因人、因地，因事而异的，因此无法实现科学的评价。制定一套可以科学的评价学校、教师的工作，可以科学评估（测量）学生发展水平的课程，成为智障教育提高质量的必须。②

二、对培智教育的重新思考

培智学校的老师、学生家长普遍认为针对学生的障碍，进行补救教学，是改善学生能力不足的“不二法门”。此种观念根深蒂固，造成老师执着于旧经验的反复教学，强调传统纸笔评量，重视认知能力的提升，使师生仍停留在知识教学的枷锁中，在挫折沮丧中恶性循环着。近年来，许多研究提出培智教育的困境，包括教材不当、评量不合适、教师专业能力不足、家长配合不够等。Gardner的多元智能理论指出人类的智能至少有八种，而每一个人智能倾向并不相同。这种全新的理论观点，对许多教育工作者产生极大冲击，过去对学生能力表现的刻板印象势必要全面修正，而课程的规划以及教学的方法也需要重新调整。在培智教育领域里，多元智力理论提供了一个理解特殊学生以及如何教育他们的新方向。从这个新的角度，学生有了一个被合理诠释以及被公平对待的机会，教师也获得一个有效教学的指引。③

当教师们通过《多元智能》、《落实多元评量》等书籍与多元智能相遇之后，颇有相见恨晚的感觉，那些一直困扰着教育工作者的难题似乎都有了答案。多元智能指导我们从一个全人的观点来看智障儿童，并从他们可以做的，做得好的观点来协助一个人的成长，聚

---

①② 于文．海淀培智学校课程改革的实践研究．中国特殊教育．2001.（3）．

③ 张英鹏．多元智能教学方案在国小身心障碍资源班之实施模式与成效实验．www.npttc.edu.tw

焦于一个人的智能强项上。“弱势不足惧，优势足以靠。”从多元智能的观点来看，人人均有弱势智能，也都有强势智能，教育智障儿童总是有切入点的。① 这些全新的理念使我们对以往的教学模式和思路重新进行审视与思索。以往的学科本位核心课程，只注重智障儿童的弱势；用通常脱离现实环境的特殊方法来补救损伤；用标准化测验来诊断损伤的程度，学生总是无法获得成功的喜悦，教师也一直是教育的失败者。而多元智能理论把教学的焦点集中在学生的发达智能上，以成功的残障者作为成长的典范。② 妥善运用学生未受损伤的智能，选择运用替代性的符号、技术，或特殊的学习工具来学习，这无疑会给培智教育带来了新的生机。

三、智力障碍的新定义

传统的智力障碍定义只注重 IQ 的高低，而多元智能理论的出现，使人们对智力障碍的定义进行重新的审视。1992 年美国智能障碍协会（AAMR）在多元智能理论基础上提出了智障教育新定义：智障指现有的能力水准有实质上的限制，其特征为：显著低于平均之智力水准，同时具有下列各项适应技能中两种或两种以上相关限制。①沟通②自我照顾③居家生活④社交技巧⑤使用社区⑥自我引导⑦健康安全⑧适用性学科能力⑨休闲娱乐⑩工作。③

智障新定义的出现使智障者的教育安置及教育策略都发生了根本性的变化。一些以前需要在培智学校就读的学生，现在可以在普通学校随班就读。对智障者的教育也不仅仅局限于原有的知识体系，而是从更多的领域去寻找他们的优势智能，提高他们的学习动机，让他们主动地参与适合他们的教育活动，发展其优势，带动其弱势。

第二节　海淀培智中心学校的多元智能之路

北京海淀培智中心学校创建于 1987 年，是北京市海淀区教委所属的义务教育阶段，智障儿童教育训练学校，实行 9 年义务教育。在校学生 230 人，年龄 7——16 岁，智力水平以中重度为主，兼有轻度学生。主要是智力落后儿童及精神障碍、情绪障碍、自闭症儿童。

1996 年，海淀培智中心学校通过与台湾、香港及美国特教专家的交流，对多元智能理论有了初步的了解。在参加了几次专题讲座、阅读了大量的多元智能相关书籍后，教师

---

① 杨宗仁．多元智能与特殊教育．r2．ntptc．edu．tw．

② 林胜结．迈向经营多元智能的学校教育．http：//163.17.211.1．

③ （美）智能障碍协会（AAMR）著．倪志琳译．智能障碍、定义、分类及支持辅助系统工作手册．（台）财团法人双溪启智文教基金会中文发行，1994．

们的教育观念有了很大的转变，整个学校都在接纳多元智能，将其作为关注的焦点。

从1997年开始，海淀培智中心学校开始了以多元智能理论为指导的课程改革，努力成为一所真正的多元智能学校。学校所有的教育教学活动都围绕多元智能理论而进行，经过将近7年的改革实践，现在的海淀培智中心学校已经成为一所全面借鉴多元智能理论的学校了。

一、学生的鉴定与安置

随着社会的不断发展进步，教育制度不断完善，培智学校的生源也发生了很大的变化，越来越多的中——重度智障儿童以及多重障碍儿童来到培智就读。不同障碍类型、不同障碍程度的学生的安置问题一直是困扰培智学校的问题。我们曾经将学生按智力水平分班教育，这样可以解决因智力差异过大而造成的教学问题。但是，这样的安置方法也有明显的问题。虽然班级中学生的智力差异缩小了，年龄差异却拉大了。让十几岁的学生与七、八岁的学生一起学唱儿歌或者点数，这显然是不符合儿童的心理发展规律的。

多元智能理论告诉我们："每个孩子都是一个潜在的天才儿童，只是表现为不同的方式而已。""对于一个孩子的发展最重要、最有用的教育方法是帮助他寻找一个他的才能可以尽情施展的地方，在那里他可以满意而能干。"人人均有弱势智能，也都有强势智能，教育特殊儿童总是有可以切入的点。[①]

基于多元智能的教学改革开始之后，海淀培智中心学校组织全体教师研究学生安置问题，确定每个学生需要获得的哪些支持。从按智力水平编班转为按年龄编班，根据学生的特殊需求，寻找最能发展学生潜能的学习环境，使其从事最有效的学习，并促使每个学生人格获得健全发展。

在教学活动中，对学生实行弹性安置。比如，在进行生活实践活动、社会实践活动以及兴趣活动时，将学生按不同的需要重新分组。使他们的优势得以发展，学习更有兴趣，获得更多的成功体验。

二、多元化的教育评价体系

（一）评量观念的转变

由于智障儿童各具不同的心智面貌，所以他们各自以不同的表达方式和符号运作系统回应不同种类的内容信息。传统的单一纸笔测验及标准化考试，评价过程和教学过程相脱离，无法正确的反映学生的真实能力水平。[②] 多元智能理论的研究提出评估是教学的最大

---

① 杨宗仁．多元智能与特殊教育．r2．ntptc．edu．tw．

② 罗刚．研究性学习的评价——来自多元智能理论的启示．教育发展研究．2001．6．

需求，承认学生多元智能的存在，就不能仍然套用单一的教学评价方式，而应以多种评价手段和方法去衡量不同的学生。在学习了 David Lazear《落实多元智慧教学评量》一书中多元智能理论评量观念与传统的评量观念进行的对比后，教师们了解了多元智能的评量观念：

(1) 没有所谓标准的学生。每位学生都是独一无二的，因此教学和测验必须个别化和多元化。

(2) 采用以实作为基础的直接评量方式，广泛运用各式各样的测试工具，以求对学生的知识和学习能提供一个更完整、正确和公平的描绘。

(3) 学生所制作并持续记录的学习档案，描绘出学生进步的完整过程，档案中不仅包括笔试的成绩，也包括其他评量工具。

(4) 课程与评量之间的界线并非刻意划分；也就是说，评量随时存在并贯穿于课程与每日的教学之中。

(5) 课程和学校目标的设定是为了引发学生完整的才能和学习潜能。

(6) 学生们的发展阶段不尽相同；测验必须个别化并配合个人发展，并提供教育人士有用的讯息以更有效地引领和教导学生，以培育更多成功的学生。

(7) 进行测验时，首先要考虑的是对学生学习的帮助

(8) 评量应该是用来强化和表彰学生的学习、加深理解、并加强他们将所学转移到校外生活的能力。

(9) 教和学应该要难易适中，并以学习经历、思考技能的培养、及能理解课程内容与实际生活的动态关系为焦点。

(10) 成功的教学在于为学生日后能过充实的生活做好准备；所以重心在于教会学生能将所学应用到日常生活中。①

教师们对新的评量观念都表示认可的同时，也产生了很多问题，如：如何评价智障学生各方面的智能；多元评价如何持续在整个教学活动中；多元评价的方式如何具体运作；多元评价对教学活动的指导意义等。

（二）构建培智学校多元评量体系

“评量——教学——再评量——再教学”是教学工作上的必然原则，由于智障学生学习状况因障碍问题有很大的差异，所以此原则在智障教育中更为重要。智障教育在教学上强调在教学前应先加以评量，了解学生之基本能力及学习缺陷之后，再进行教学；教学一段时间后，再进行评量，以了解学生的学习困难所在，便于根据评量结果进行教学的调

① 郭俊贤，陈淑惠，David Lazear 著．落实多元智慧教学评量（台）．远流出版公司，2000．2．

整。而后“再评量、再教学”，该过程一再循环地进行，也就是教学方案通过评量，做持续性的评估与监控。①

1998年开始，海淀培智中心学校在美国智能障碍协会1992年智障新定义的基础上，参考台湾双溪启智文教基金会的“心智障碍儿童个别化教育课程”，编制了“智障儿童个别化教育评估表”。经过几年的修订，为每个学生编制了《海淀培智中心学校学生评价手册》。评价手册中包括：学生自然情况调查表、身体发育情况调查表、家长教育子女情况调查表、学生家庭教育文化人际关系环境调查表、个别教育计划表、长短期目标、教育教学评语和智障儿童个别化教育评估表。

评价手册中最重要的部分是智障儿童个别化教育评估表。由于智障儿童的特殊性，我们采用了美国智能障碍协会（AAMR）1992年智障新定义中的10个领域（表7-1）对学生进行评估，这10个领域分别是：

(1) 沟通。指人与人、事、物的接触，对人、事、物的反映、理解、接受、表达。比如：要求、情绪、打招呼、评论、抗议、拒绝等能力。

(2) 自我照顾。指自我服务的能力。

(3) 居家生活。指家庭生活中的基本能力。居家的时间规划、安全、社区行为等划入其他领域中。

(4) 社交技能。指人在社会环境中与社会接触、交往的正面行为建树。例如：结交朋友、表达好感、微笑、合作、表现诚实，同时有对负向行为的遏制、修正。如：发脾气、嫉妒、打架、自私、污言秽语等等。

(5) 使用社区。指对社区环境的认识，对社区资源的利用，在社区中的行为能力，例如：购常用物品，对社区中商业单位（百货公司、菜场），公共设施（运动场、电影院、医院、街道、人行道）、行政、治安（政府、公安局等）机构的运用，相关技能的掌握，合理的表达，如：应有的举止言谈、互助行为等。

(6) 自我管理。指做决定的能力，是自我把握、分析、判定，是自我主动性的体现，表现在对时间的把握、行动动机及解决问题、有基本的法律常识等方面。

(7) 健康安全。是指维持自己良好的状态，是安身立命的根本。比如：饮食、疾病、认识、预防、治疗、急救常识、性知识、安全常识（遵纪守法、与陌生人交往、求助），健康检查，日常生活习惯、自我保护、紧急情况应付等。同时还有对适用性学科的运用。

(8) 适用性学科。指认知方面的能力以及在学校中所学的相关技能。

适用性学科是给其他各领域形成以知识技能，包括书写、阅读基础、使用数学、概念

---

① 陈丽如．特殊儿童鉴定与评量（台）．心理出版社，2002．2．

基础、自然社会科学常识等等。

(9) 休闲娱乐。指个人的喜好并选择多样的休闲娱乐种类及形式的能力，此项能力是生活适应能力中的重要组成部分。

(10) 工作。指一个人拥有一份兼职或全职工作或是参与社区中义务的活动。工作对于人既是获得报酬、薪资、能养活自己的行为，又是一个人的自我需要。相关的技能包括特有的工作能力，适当的社交行为，适当的工作技能（如：完成工作、对时间的掌握、认识、寻找协助能力、接受批评等等），金钱管理；其他适用性学科能力的运用，往返工作场所所需技能，工作准备，自我管理与工作伙伴的互动等等。①

表 7－1 智障儿童个别化教育评估——沟通（领域一）

序号	评估细目	评估								
		1	2	3	4	5	6	7	8	9
1.	沟通									
1.1	适应性反应									
1.1.1	能对外界刺激有反应并注意									
1.1.1.1	对视觉刺激有可观察到的反应									
1.1.1.2	对听觉刺激有可观察到的反应									
1.1.1.3	对触觉刺激（如拍，抚摸，握手等）有可观察的反应									
1.1.1.4	能对常见事物变化有反应									
1.1.1.5	能注意视觉刺激 10 秒以上									
1.1.1.6	能注意听觉刺激 10 秒以上									
1.1.1.7	能注意触觉刺激 10 秒以上									
⋮	⋮									

① 王红霞主编．儿童生活适应教育训练丛书之课程目标．蓝天出版社，2004．

每个领域分为4级评估细目，由概括到具体，由宏观到微观。整个评估表共有评估细目1300多项，基本上涵盖了智障学生各方面的能力指标。

评量标准：如表7－2所示，评量共分四个等级：0、1、2、3。

表7－2　评量标准①

分类等级	标准	指导或生活功能上含义
0	学生不会做，完全缺乏能力	完全需他人照顾，动作协助
1	具微小能力，小部分偶尔能通过	大部分需人照顾，需直接工作协助
2	具较多能力，大部分或经常通过，但未达到需要的能力	偶尔需照顾，只需语言提醒
3	达到需要的能力，全部通过	完全不需他人照顾、提示、可独立完成工作

教师、家长依据评量标准，对每个领域中的四级评估细目进行评定后，把四级目标的分数合计成三级目标分数；把三级目标分数合计成二级目标分数；把二级目标的分数合计成一级目标的分数。这样各领域的各级目标均有分值。教师按照每个领域的三级目标分数画出各领域的发展侧面图（图7－1）；按照每个领域的二级目标分数画出饼图（图7－2）；按照每个领域的一级目标分数画出十大领域饼图（图7－3）。教师和家长可依据评量结果，参看各领域的发展侧面图可以清楚的看到学生3级目标详细情况，参看各领域饼图和十大领域饼图可以清楚地找出学生在各领域中的优弱势，经过评量研讨会后讨论出建议策略。

从表7－1中可以看出，智障儿童个别化教育评估表中的评估细目中只有少数是用传统的纸笔测验及标准化考试来评估的，其中的多数项目需要多元化的评量方法进行评量。②

(1) 活动性评量：在教学中，教师设计了情景短剧表演、超市购物、模拟招聘会等活动，在活动中对学生的表现进行评估。

(2) 档案性评量：教师为每个学生建立了学习过程档案，档案中收集了学生们的作业、美术作品、歌咏比赛的录音带、各种体育活动的照片、用计算机画图软件绘制的图画、各学科测验的试卷、记录每天学生在校情况及家长反馈意见的家长联系本等等。

---

① 张文京，许家成．弱智儿童适应性功能教育课程与实践．重庆：重庆出版社，2002.12.

② 张元．构建培智学校多元评价体系的初步实践．北京师联教育科学研究所总编．多元智能理论及其在教学中的应用文库——国际论坛论文选第一辑．学苑音像出版社，2004.

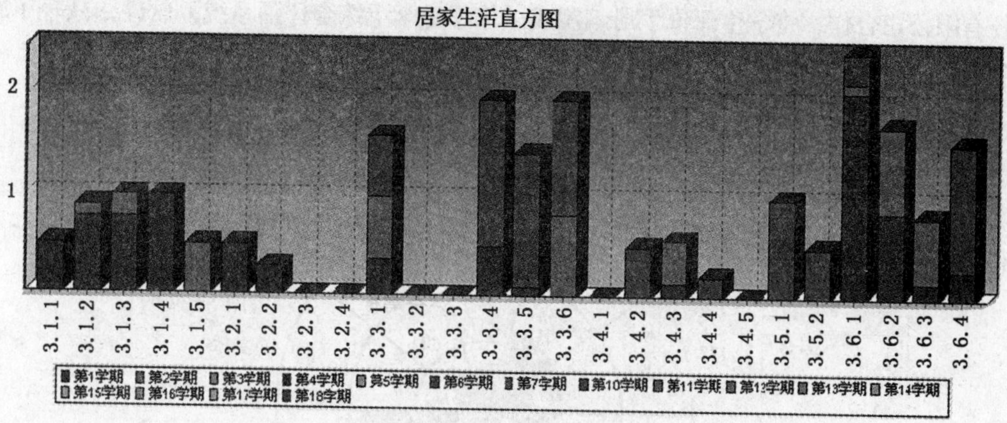

图 7-1　某学生使用社区领域发展侧面图

(3) 操作性评量：教师定期组织学生进行劳动技能比赛、每月的小型运动会、每年的特奥活动日、融合活动日，通过学生的实际操作进行情景化评估。

(4) 真实性评量：即形成性评量。教师在教学活动中，通过观察、辅导、与学生之间的互动加以记录，随时评量。

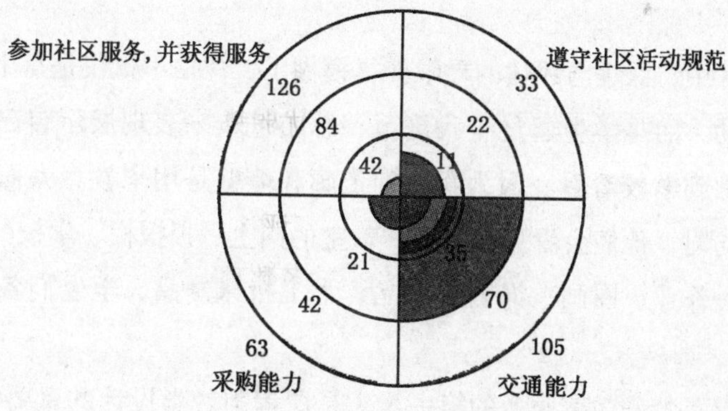

图 7-2　某学生使用社区领域饼图

在海淀培智中心学校多元智能课程改革的最初几个学期，教师们付出了大量的时间和精力进行智障学生的评量工作。对每个学生进行 1300 余条的评量，然后计算各级目标的分数，手工绘制各领域的侧面图及饼图，工作是极其繁重的。经过几年的实践，学生评价手册的内容逐步完善，教师的应用也逐渐熟练起来。海淀培智中心学校又与北京华夏恒创科技有限公司合作，将学生评价手册编制成《伟思童学生综合评估系统》软件，减轻了教师的工作量，使教师们可以将更多的时间和精力投入到教学工作中。

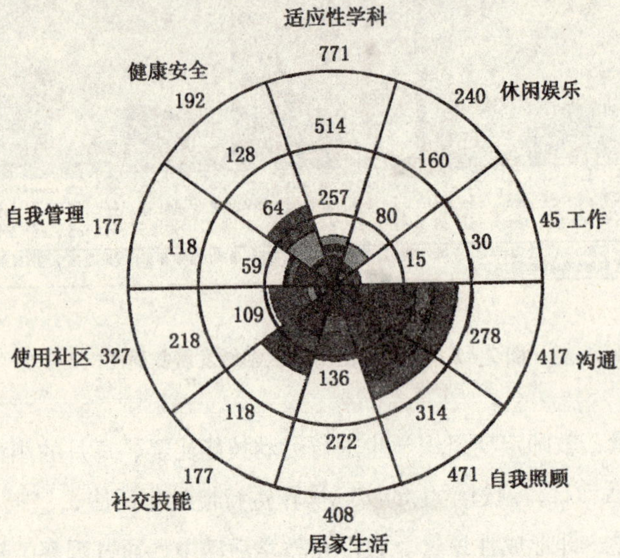

图 7－3 某学生十大领域饼图

在理想的教学中，课程与评估的界限变得模糊了，评估不仅仅是每个单元结束时进行的一种终极性活动，而是学生通过自我规范、总结进步来表现展示自己的才华。① 因此，我们希望家长能常到学校看看。因为我们的走廊和墙壁是用来教育人而不仅仅是装饰用的。当家长们来访时，他们会看见走廊里、教室的门上、板报栏、学校的宣传橱窗里挂满了学生的作品——作业、图画、绳艺编织品、木工机床制品、学生们各种活动的照片等等。②

鉴定与评量是是特殊教育服务的第一步，是课程与教学设计的重要依据之一。因此，评量所依据的理论，会深深地影响往后所有的特殊教育服务。以优势为导向的多元评量，有助于我们了解学生的优势能力，不仅把焦点放在学生的缺陷上，更把眼光放在学生优势上，这样的评量体系才会为今后的课程与教学设计提供有力的支持。

---

① 郅庭瑾译，Thomas R. Hoerr 著．成为一所多元智能学校．教育科学出版社，2003．7．

② 张元．构建培智学校多元评价体系的初步实践．北京师联教育科学研究所总编．多元智能理论及其在教学中的应用文库——国际论坛论文选第一辑．学苑音像出版社，2004．

三、多元化教育目标的设计

（一）个案研讨会

对学生进行全面的评量后，教师还应为每个学生召开个案研讨会。目的是：从各个方面了解学生的不同方面的实际情况，并找到影响其身心发展的的原因，了解学生自身发展的优劣势，做好教育诊断，为制定学生个别教育计划提供尽可能的依据；发掘学生的内在潜力，拟定对学生的支持人员、方式、和支持的程度、内容；让大家对本人个案的情况有全面的了解，并互通信息，便于相互理解和配合。①

个案研讨会的程序：

（1）确定个案研讨会时间。

（2）确定地点。

（3）通知家长及有关老师。

（4）班主任接待家长，并做书面纪录。

（5）教师介绍学生的书面评量结果。

（6）家长及其他老师补充说明。

（7）班主任老师拟订书面草案，共同讨论。

（8）家长、教师达成一致，共同签字。

（二）个别化教育计划

个别教育计划是为身心障碍儿童所设计或修订的书面文件，记载了学生的自然情况、评量结果，长、短期目标，该年度的教育安置，相关服务及教学目标，教学策略等。②

没有一种教学设计是适合所有学生的，个别教育计划（IEP）的精神就是要为学生量身订做一套适合他们的教学方案。多元智能理论对作为学生整个特殊教育计划之一的个别教育计划中教学策略的发展非常有好处。③ 特别是，多元智能理论可以帮助教师明确学生的能力强项和喜好的学习方式，而在决定个别教育计划中应当包含哪种措施时，这些信息可以作为基础性信息产生作用见表 7－3。

---

① 海淀培智中心学校．海淀培智中心学校教师工作手册．2001．9．

② 张元．多元智能理论在培智学校课程统整中的初步实践．happyonline．com．cn．

③ 张咏梅，王振强译．Thomas Armstarong 著．课堂中的多元智能——开展以学生为中心的教学．中国轻工业出版社，2003．

表 7－3　个别教育计划表　　　　贾××

领域	长期目标	实施科目	实施人员	实施日期
沟通	1.3.1 能理解别人的要求	随机	蒋老师	2003.9 至 2004.1
	1.3.3 能理解别人对事物的说明			
	1.5.1 能表达自己的需求			
	1.6.3 能把握说话的情境			
居家生活	3.1.3 洗涤	劳动	富老师	
	3.3.1 会清洗食物			
	3.3.4 会使用刀具			
	3.3.5 调制食品			
	3.4.4 会购物预算			
使用社区	5.1.2 认识交通标志	实践	富老师	
	5.1.4 使用交通工具			
	5.1.6 外出基本知识			
	5.2.1 购物准备			
	5.2.2 购物场所选择			
	5.2.5 购物礼貌			
	5.3.2 医院			
	5.3.9 居委会			
健康安全	7.3.1 青春期知识			
	7.3.2 性道德常识			
	7.4.2 安全基本知识			
适应性学科	8.1.9 能读两个及其以上句子	语文	蒋老师	2003.9 至 2004.1
	8.2.4 能仿画简单的汉字			
	8.2.5 能听写			
	8.2.8 能默写简单句子			
	8.2.2 20 以内数的大小	数学	富老师	
休闲娱乐	9.2.1 具自我休闲基本能力	实践	富老师	
	9.3.1 能参与团体休闲			
	9.3.3 具团体休闲基本技能			

一个关注学生弱点而忽视其强项的个别教育计划，总是把注意力集中在学生最经常发生问题的领域。而多元智能理论告诉我们：发挥强势智能才是重要的成功法则。“补救弱势智能”只能避免失败，而“发挥强势智能”才能创造成功。①

四、多元化教育内容的实施

（一）多元智能理论与课程统整

多元智能理论提供了多元化教学渠道，结合“教”、“学”和“评估”的方式，使学生生活与环境融入学校的教学活动中。多元智能理论协助教师把现有的课程或单元转换成多元模式的学习机会。它可以以各种不同的方式应用在课程中。多元智能课程倡导对教材进行学习单元的设计，在每个学习单元中结合各种智能的发展，设计丰富多彩的学习活动。多元智能课程鼓励跨学科的设计，数学、语言、音乐、艺术、动作及合作性工作都整合到各门课程的教学中去。这就需要进行跨学科的课程规划，课程规划的设计对教师来说也是一个很大的挑战，教师必须成为一个“多元智能教师”才能够适应。

（二）多元化的课程设置

所有教育目的都要以课程为中介才能实现。事实上，课程本身就可以理解为使学生达到教育目的的手段。②海淀培智中心学校根据具体情况将学生分为3个年级段，1－3年级为低年级段，4－6年级为中年级段，7－9年级为高年级段。

① 杨宗仁．多元智能与特殊教育．r2．ntptc．edu．tw．

② 王红霞主编．儿童生活适应教育训练丛书之课程目标．蓝天出版社，2004．

表 7-4 中年级课程设置

<table>
<tr><th>课程名称</th><th>课程目标</th><th colspan="2">课型设置</th><th>课程领域</th><th>组织形式</th></tr>
<tr><td rowspan="9">中年级：智障儿童适应性课程</td><td rowspan="9">通过算术、语文基础知识学习，培养训练学生听、说、读、写、算的基本能力，增加知识量的积累，调动学生积极性，养成良好的学习习惯并具有较好的学习方法，使学生双基活动持续发展。培养艺术技能，在学习、生活、劳动实践过程中，学会生活自理，每天有规律地安排生活，学做简单家务劳动，愿意参加各种劳动。学着分析，解决生活中的问题。</td><td colspan="2">语文课</td><td>沟通、社交、适应性学科</td><td>团体教学
小组教学</td></tr>
<tr><td colspan="2">数学课</td><td>沟通
适应性学科</td><td>团体教学
小组教学</td></tr>
<tr><td rowspan="4">单元课</td><td>实践</td><td>社交技能</td><td>团体教学
小组教学
个别教学</td></tr>
<tr><td>劳动</td><td>自我照顾
居家生活</td><td>团体教学
小组教学</td></tr>
<tr><td>常识</td><td>自我管理
适应性学科</td><td>小组教学
个别教学</td></tr>
<tr><td>生活训练</td><td>自我照顾、社交、居家生活、休闲</td><td>团体教学</td></tr>
<tr><td rowspan="3">艺术课</td><td>音乐</td><td>休闲、社交</td><td>团体教学
个别教学</td></tr>
<tr><td>体育</td><td>休闲娱乐
社交技能
健康安全</td><td>团体教学
小组教学</td></tr>
<tr><td>美术</td><td>休闲娱乐
社交技能</td><td>团体教学
小组教学
个别教学</td></tr>
</table>

Howard Gardner 在多彩光谱课程的实施原则中提到："把活动纳入理论背景中"，防止教育"为活动而活动"的盲目性。Gardner 还提出多元智能课程的实施有 4 个步骤："引导

儿童进入多领域的学习活动区”，“识别儿童的智能强项领域”，“培养儿童的智能强项”，“建立儿童智能强项与其他学科领域学业之间的联系”。① 在海淀培智中心学校的教育教学活动中，针对多元智能课程的原则及实施步骤，学校的领导给予了教师们极大的自主权利和发展空间。各年级段的教师经过对学生智能强项的评量分析、研讨后，决定本年级段的课程设置，在课程设置中注重建立儿童智能强项与其他学科领域学业之间的联系。

（三）培智学校课程统整的实施方式

多元智能理论强调从真实的生活经验中提取题材，作为师生对话的基础，引导学生从较宽广的眼光去看世界。从统整的的观点进行多元文化课程设计，以主题为核心，包容不同学习领域的知识，融入生活经验与社区资源，更能够适应智障学生的需要。因此在课程统整中我们主要采用主题统整的教学法：从“主题”的发展来统整学生的经验，让学生从实际体验中，更加完整的学习。②

设计单元主题的依据：根据全班学生的个别教育计划（IEP）计划中的长、短期目标，拟定单元设计。③

1. 设计单元主题的目的：

（1）统整目标，设计出适合全班学生的单元内容。

（2）根据单元设计找出教学内容，完成长、短期目标。

2. 设计单元主题的程序：

（1）统整全班学生的长、短期目标，找出共同目标。

（2）根据全班学生共同的目标制定出单元主题。

（3）根据单元主题，结合学生的认知特点进行单元设计。

3. 下面通过示例介绍单元主题设计的流程。

示例：单元主题设计

1. 适应领域：健康安全、适应性学科

2. 单元主题：我有一个健康的身体

3. 教材来源：

(1) 健康教育教材第十册

(2) 十万个为什么“健康篇”

---

① 梅汝莉主编．多元智能与教学策略．开明出版社，2003.

② 高翠霞．主题式教学的理念——国小实施课程统整的可行策略．教育资料与研究（台）．1998.

③ 张元．多元智能理论在培智学校课程统整中的初步实践．happyonline．com．cn.

(3) 中小学健康教育基础知识

4. 单元目标:

(1) 能知道人体的构造（头、四肢、颈、躯干组成）内脏的功能

(2) 具有良好身体卫生及饮食卫生习惯

(3) 认识常见安全标志

(4) 能描述腹痛的部位

(5) 知道止血的方法

(6) 会使用创可贴

(7) 通过讲座、知道青春期生理发育特征

5. 教学年级：五年级

6. 教学时间：2月25日——3月30日

7. 教学准备:

(1) 学生准备:

① 每个智障学生十大领域目标的评定，评量结果的统整

② 工具准备，人体骨骼拼图、创可贴、卫生巾

(2) 教师准备:

人体骨骼模型、内脏模型、鲜腐的食品、安全标志图片、青春期生理发育录象带、投影片、歌曲磁带（我爱洗澡）

8. 设计理念

本单元主要根据学生的十大领域评量的结果及现阶段学生健康、安全的问题而定。通过此内容的学习引导，养成良好的身心健康的习惯。

9. 单元设计（见表7-6）

10. 活动设计

表 7－5　活动设计一览表

适应领域	健康安全、适应性学科	教材来源	自编
单元主题	我有一个健康身体	教学时间	2月25日～3月30日
教学年级	五年级	教学者	张老师
活动实施	内容	教学形式	评量方式
认识安全标志	1. 当心触电标志 2. 行人禁止通行标志 3. 禁止触摸标志 4. 当心跌倒标志 5. 当心绊倒标志	出示图，讲授标志意思 动手画一画标志 情景表演	说出各标志的意思
饮食卫生习惯	1. 饭前便后要洗手 2. 勤洗澡习惯 3. 洗水杯、碗筷 4. 不用别人水杯喝水习惯 5. 分辨食物鲜腐	实践操作练习 唱歌、感受勤洗澡对身体的益处 动手练习 看一看、闻一闻、摸一摸	观察 调查 观察 实物能分辨
人体的认识	1. 认识心脏部位、功能、画出心脏形状 2. 摸一摸，说一说人体骨骼的构架	讲授：动手画一画 观察、实践操作	说出人体骨骼构架
急救知识	1. 说出止血方法 2. 会使用创可贴 3. 知道腹痛因着凉、饮食不当	讲解、情景表演 动手操作	操作
青春期常识	1. 了解生理器官的发育 2. 能处理经期卫生 3. 会使用	听讲座，了解青春期知识 实践操作用卫生巾	说出生理发育的特点 观察

表 7-6　单元设计

<table>
<tr><td>单元名称</td><td>我有一个
健康的身体</td><td>教学
时间</td><td>2月25日——
3月30日</td><td>教学
形式</td><td>讲座、录像、唱歌、实际操作</td></tr>
<tr><td colspan="6">教学内容设计</td></tr>
<tr><td colspan="6">单元目标：
1. 能知道人体的构造（头、四肢、颈、躯干组成）内脏的功能
2. 具有良好身体卫生及饮食卫生习惯
3. 认识常见安全标志
4. 能描述腹痛的部位
5. 知道止血的方法
6. 会使用创可贴
7. 通过讲座、知道青春期生理发育特征</td></tr>
<tr><td colspan="6">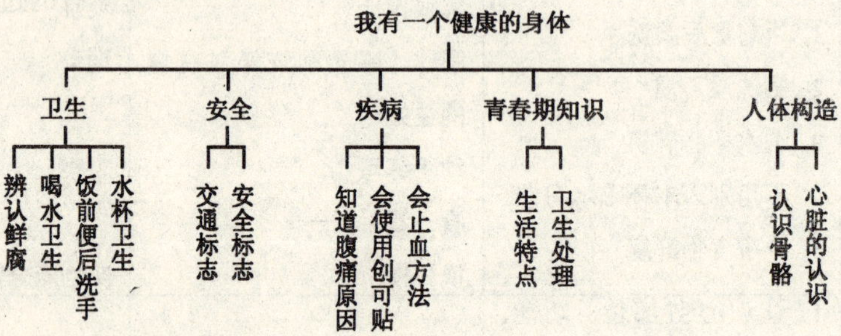
</td></tr>
<tr><td colspan="6">行为目标：
1. 认识安全标志　陈X曹X赵X刘X安X张X
2. 饭前便后洗手习惯　陈X曹X安X张X
3. 会清洗水杯　陈X安X张X
4. 不乱用别人水杯　陈X安X张X王X
5. 会分辨食物的鲜腐　曹X赵X刘X周X
6. 说出心脏功能及形状　曹X赵X刘X周X
7. 会止血的3种方法　曹X赵X刘X周X
8. 会使用卫生巾　陈X曹X周X李X
9. 知道腹痛的原因　陈X曹X赵X刘X安X张X周X李X</td></tr>
</table>

五、多元化的教学组织形式

经过几个学年融合多元智能和主题教学的教学模式，教师们发现学生的变化竟是如此令人欣喜：学生的学习兴趣大大提升，因为他们的能力有了发挥的空间；学生的学习效果良好，因为他们喜欢课堂的活动；家长的支持度大大提高，因为他们发现孩子们学习更为主动了；教师的辛苦有了代价，因为孩子和家长们都喜欢这样的教学方式。

从孩子们对自己越来越有自信、学习越来越有兴趣的神态中，教师们对融合多元智能和主题教学也越来越有信心。"教学相长"，在教学的过程中，教师们也在不断的成长，教学设计和把握教学活动的能力不断提升。

在教学活动设计中，教师们努力为学生设计一些能在真实情境中进行的活动。比如：带领学生走进社区，利用社区中的商店、邮局、街心公园等社区资源对学生进行休闲娱乐、使用社区等领域的教学活动。

多元智能论对教育的最大贡献之一，便是使教师意识到要超越原有的过分依赖语言与数学逻辑的教学方法，进而采取活泼的多元智能式的教学方法。[1]在教学活动中，教师们运用了灵活多样的教学组织形式。如：个别化教学、分组教学、协同教学、结构化教学等等。

六、多元化的教学改革成果

2003年11月，海淀培智中心学校教师自编的校本教材《儿童生活适应教育训练丛书》1-9册正式出版；2004年5月，教师及家长用书《儿童生活适应教育训练丛书之课程目标》、《儿童生活适应教育训练丛书之单元分析》、《中度智力残疾儿童教学活动设计》、《孤独症及发育障碍儿童早期教育训练指南》和《伟思童学生综合评估系统》软件也已经正式出版。教师们将多年来借鉴多元智能理论的实践经验物化成了课程改革的成果，已经形成了一套完整的课程套件。

《儿童生活适应教育训练丛书之课程目标》：提出了分段的功能性课程目标，为了顾及不同阶段的学生需求，体现课程的循序渐进，课程分为低、中、高三段。这样的课程组织形式减小了学生对课程内容差异性要求，也能更好地体现学生在处于不同社会化阶段的相对要求。更便于教师组织教学，学生相互学习，逐步提高学生的适应能力。

《儿童生活适应教育训练丛书之单元分析》：如何将教学目标发展成为教学活动，是让

---

① 田耐青．运用教学科技经营儿童的多元智能．http：//mind．hfu．edu．tw．

许多教师感到困难的工作，也是一个教师应该具备的能力。海淀培智中心学校根据教学实践，结合学生的实际，为使用这套课程的教师示范性地进行了单元分析。这种分析有助于教师了解如何使用目标课程，这对于使用这套课程的教师具有参考意义。

《孤独症及发育障碍儿童早期教育训练指南》：训练活动建议是一种有用的教学资源。每个教学目标都有自己的内涵和基本要求，通过训练活动建议，可以为教师提供有用的参考资料，使用课程的教师，还应该在此基础上，仔细观察学生需要、能力、个性特征和学习风格，设计出更为适合自己学生的教学活动。

《伟思童学生综合评估系统》：界面美观、方便使用的课程目标评估软件，便于教师使用，而且可以做更多直观的教学需求与效果分析，有助于教师提出适合儿童需求的教学目标，展示教学效果。这种课程本位评估是进入个别化教育的一个关键步骤。

第三节　多元化的教育实践活动

一、中央音乐学院音乐启智实验班对智迟儿童教育的初步探索

20世纪80年代初，H. 加德纳第一次访问中国，俞慧耕教授陪他访问北京第二实验小学，并观看高华老师的音乐课。事后，俞慧耕教授向加德纳请教有关学习音乐对儿童智力开发的积极作用。加德纳说：“人的智力潜能是无穷的。实际上人至少有七种以上智能”(谈话中加德纳未详细论述他的新理论)。进一步加德纳又说：之所以要来中国访问，就是要寻找多元智能理论的可行性。中国是全世界人口最广，约占四分之一，又是历史悠久的古老东方国家，只有亲临其境，才能亲身体会和感受到中国几千年文化涵养之深。加德纳说：“无论在美国、在欧洲、在亚洲的印度和中国，孩子们的潜能是无穷的。特别是中国的丰富文化遗产，对孩子们的影响是无法估量的，中国的孩子是幸福的，孩子们不但有音乐的潜能，还有其他方面的潜能。我相信孩子们学习音乐是有益的。”

1984年6月初，北京晚报记者李光采访了俞慧耕教授，并于20日在该报第一版发表了《音乐使孩子聪明起来》的报导，阐述了实践证明音乐可以使儿童的智力得到发展，多接触音乐的孩子会变得聪敏起来。同年秋，俞慧耕教授在北京西城区鲍家街幼儿园试办了三、四岁幼儿“音乐练耳班”兼“小提琴班”。当年参加学习的孩子，不经任何挑选，随意来班参加。在这十八年过程中，通过1988年，1995年，1999年进行的三次跟踪调查，结果证明音乐不仅有助于常态儿童的智力开发（有关这方面的情况健康报周末版1995年8月19日第一版《带孩子步入音乐殿堂》一文中已有报导），也有助于智迟儿童的智力开

发。突出的例子就是冯聪。

冯聪 1982 年 3 月出生，由于母亲在生产过程缺氧，出生时皮肤呈紫黑色，结果化验证明为核黄胆，指标“29．5”，并出现惊厥抽风，指标升到“33”，医院停止治疗，经家长恳求后同意抱回家继续中西医配合进行治疗。母亲卢尔慧整天抱着他尽力护理，同时常抱着他边走边唱，聊以自慰，约三周左右，她发现当她唱歌时，冯聪的情绪就渐趋稳定，并注视着她，这就促使她更自觉的唱歌。就这样，经过三个月左右中西医结合的治疗，冯聪脱离了危险期，但脑部严重受损，智力发展不全，还经常抽风，要服用镇静药鲁未那、硝基安定等。1984 年 6 月底卢尔慧读到“北京晚报”上的那篇报导，就抱孩子来找俞慧耕教授。那时，冯聪口溜唾液，语言不清，行走时肢体不平衡，左眼斜视，左手有三个手指紧卷不能伸展。冯聪进入鲍家街幼儿园的音乐班学习，得到了与常态儿童一样学习音乐的条件。在学习过程中他的困难要比常态儿童大得多，是他的母亲付出很大代价，天天陪着他唱，陪着他练，经过半年左右的勤学苦练，冯聪左手的中指、无名指和小指竟能伸展，从只用拇指握琴，食指按把位开始而能渐渐的演奏一个个小乐曲和维瓦尔第 A 小调的部分乐章。同时，又让他学习识字、数数和英语。他都能很快接受，语言表达能力也有提高。当他六岁半时，发现他记忆力很好，教他唱歌、朗诵，他读三、四遍就能背，七岁时顺利地进入北京育民小学。

冯聪走这段路是非常艰巨的。但在家长辛勤陪同和各年级老师们耐心帮助下，日复一日，年复一年，从小学到中学，循序地向前走着。1999 年 4 月进行第三次调查时，他已是明德中学的高中生了。当我去该校访问时，他的老师张洪勋和石维说：“这孩子智力发展很正常”。2001 年考上大学，目前已是大学三年级的学生了。

去年北京电视台“真情互动”栏目中播放了“冯聪的故事”，很多观众来电询问：“音乐对智迟儿童也能发挥作用吗？”

音乐对儿童早期智力的开发，是有一定作用，从冯聪成长过程来探索，音乐是起了很大作用。因为当他进“音乐练耳班”时，仅二岁半，这时期是幼儿大脑发展的关键时刻，他的脑部已受损，更要加倍的关注和加大对他大脑的有意刺激。“音乐练耳班”从音乐潜能的切入点着手，以单音训练开始，培养儿童的“固定音高”，也称“绝对音高”，是在不给比较音或开始音的情况下，主动唱出单音和音程，这样的训练方法对幼儿来讲是非常强大的外界有意刺激，对大脑神经细胞的作用非常明显。冯聪不仅能在班里进行系统的学习，在家里还能听到邻居孩子天天练习小提琴的琴声，这又加强他听觉的承受力；另一方面，他母亲以甜美的歌声结合他翻身、爬、行走等动作自编自唱，由于动作的运动状态和音乐的流动形态，有一定的类比关系，与动作相对应的音乐，可使他的情绪和动作相协调，增加了动作的生机和活力，也就加强了他的感觉、知觉、记忆、情绪等各种心理过程的发展。但冯聪的成长决不仅仅是音乐，关键还是伟大的母爱，周围的环境和他本人的刻苦努力。据他父亲冯英杰先生告诉我，当年同病房的患儿，有的被送回老家；有的在家，都没有得到特殊精心的护理和教育。现在，有的成为傻子，有的智力低下，生活不能自理，所以冯聪是一位在苦难中成长起来的幸运儿。

当“冯聪的故事”播放后，广大观众不仅来电询问，并纷纷要求也能让他们的智迟孩子有学习的机会。就在“冯聪事迹”的鼓励下，在音院领导王次熠院长和广大教师大力支持下，于 2001 年就在音院培训中心具体安排下，创办“音乐启智实验班”。三年来发展情况很正常，今略作叙述：

第一期这个班进展情况是可喜的，每星期六，孩子们来我院上课，我们以音乐为主多元化的和生动活泼的教育方法，来激发孩子的学习兴趣，兴趣是学习的最佳因素，任何兴趣都需要培养的，我们就是在教育和教学进程中，使孩子们感到学习知识的快乐。

在教室中，孩子席地围坐在中间，老师用固定音型的手法，在明快的节奏中启发孩子积极的思考来回答老师提出的问题。在另一节课中，孩子们边唱着英语歌、又相互呼唤着同学们的名字，被叫到的同学开怀地做着各种表情和动作；又在另一节课中看到孩子们用一只手，代表着五条线和四个间，点数在回答教师的提问。紧接着又是唱又是跳，孩子们好像玩得忘乎其然了；最后学生们一个一个的分别在钢琴上演奏着各自的乐曲。在上课过程中，家长们都亲切地陪伴在孩子们身旁，是陪读员也是监督员。同时又是出色的助教。家长们非常满意，这些课下来作为智迟学生非同一般，奇怪的是孩子们为什么喜欢来这里上课，刮风下雨下雪都要来，不肯缺课。另外有孩子开始来上课时，只上第一节课，第二节课时就哭着一定要回家。现在不但喜欢上第一、二、三节课，连钢琴课也开始考虑要上了，并拉着老师的手硬是不肯放。孩子们在开始进入这音乐启智的轨道了。

另一方面我们也创造环境，让孩子们看、听，究竟学习音乐是怎么一回事。2001 年 6 月 22 日，是中央音乐学院附中 45 周年校庆，我们邀请全体家长和孩子们参加庆祝会，听到附中少年交响乐队伴奏，由帕格尼尼国际小提琴比赛金奖获得者校友吕思清演奏的“梁祝协奏曲”使孩子们懂得音乐演奏的实际效果。在听音乐过程中，孩子们都能静静地听着，思考着。

刚开始上课时，也有家长提出疑问，“这样唱唱跳跳玩玩，能学到什么呀?”目前人们对儿童的玩与脑的发育之间的关系，还没有引起足够的重视和关注，美国爱达荷州大学约翰拜尔斯提出："玩和脑发育有着密切的关系，人出生后脑细胞很少再增加，而脑的许多部位，突触（相邻神经元之间的联结），在外界刺激下会不断生长。很可能人们在玩时正指导着自己脑的长成。科罗拉尔大学马克贝柯夫提出："玩中含有大量复杂的认知，玩在整个脑中建立起更多地联系"。葛底斯堡学院的神经心理学家斯蒂芬西维的工作研究证实这一观点——他指出："玩确实让一切都活起来了，又会使脑各个区域之间建立起联系，这也就可能提高人们的创造力和学习能力。"

"音乐启智实验班"就是以音乐作为特殊工具，创造一个"玩"的学习环境，让孩子们在愉快的情绪中，不仅放松而且自觉的学习一切知识，使他们觉得学习是愉快的，既没有什么压力，也没有什么考试，其实，我们的学习汇报会、联欢会等等就是考试，我们就是要将孩子们是如何学的，他们学会了什么，公开向大家汇报，让大家能了解我们"实验班"'的具体内容，所以每年我们将举行公开汇报会，去年已于7月13日在中央音乐学院小演奏厅举行了，受到与会者的欢迎和赞赏，来自全国各地陶行知教育研究会的同志们，观看后，现场就举行座谈会，对此表示十分惊喜，"音乐确能发挥如此的功能，真是奇迹。"特别是平时陪伴在孩子们身旁的家长们看到自己的孩子能拿着话筒站在钢琴旁，严肃地报着自己的名字、年龄和要演奏的曲目，此情此景，使他们都含泪亲切地笑了。

二、海淀培智中心学校书法行为干预对智障儿童发展影响的研究

智力障碍儿童是儿童中的特殊群体，他们既具有正常儿童的共性，也有因智力因素影响形成的特点和规律。智障儿童由于在生长发育过程中大脑受到损伤而造成智力低下，并伴有认知活动、学习能力和社会适应能力的障碍。这些缺陷给智障儿童的心理发育，独立生活与社会适应能力的提高造成很大困难，使他们往往在现实生活中失败比成功多，自信心也严重受挫。如何帮助智障儿童使这些缺陷尽可能的有所改变，这在对智障儿童的教育训练中无疑是十分重要的。

怎样针对智障学生的特点和问题进行有效的教学工作，是摆在每一位特殊教育工作者面前的问题。能否有一种学生有兴趣，而又行之有效的方法呢？我们在教学过程中发现了毛笔书写练习是一种很好的方法。中国的书法艺术浓缩了中国传统文化的特点，被誉为是"无声的音乐、有情的图画"，书法书写由于种种知觉上，注意上，思维和情绪活动上的全面动态和积极微活作用，使得书写者在毛笔书写过程中，产生了高度的注意，思维敏捷，反应加快和认知能量增强等正面的效果。

智障学生能否使用毛笔进行规范的书写？训练前学生普遍存在行为问题如：注意力不

集中，小动作多，干扰他人，出怪声音等；在情绪方面则任性、固执、情绪多变，对新环境难以适应等问题是否能得到解决。在深入的分析了学生的问题后，我们运用多元智能的教学评价理论，结合书法教学特点制定了详细而有效的教育训练和实验研究计划。

我们选择了对书法教学内容比较感兴趣的学生数名作为实验组。

实验开始时，学生的精细动作差，最初的书写不成字只是一个个墨团，我们就想办法，先让学生蘸水书写，再把字形放大易于描摹；学生的手指灵活性差，我们就手把手进行教学；学生集中注意的时间短，于是每次只安排半小时的书写训练；学生的适应能力有困难，就每天在固定时间固定地点进行书写训练。为了稳定情绪，我们在书写训练前进行调整呼吸的活动，还精心挑选了适宜的古筝曲配合书写训练。在训练过程中对学生更多地进行鼓励，每一次的作业都在黑板上展示，无论书写的结果怎样都进行表扬，发现学生的微小变化和点滴进步都及时给予肯定；每一星期把作业拿回家给家长看一看。经过一段时间的训练，学生的情绪逐渐稳定，注意力集中时间也有所增长，打翻墨盘、满教室乱跑的现象大为减少。在训练中不仅有书法技法的提高，更重要的是通过书写训练的过程来改变学生的行为。学生的书写能力从墨团写出了笔画，由笔画形成了一个个的文字，以至一首诗，一幅作品。当看到自己的进步时，学生的自信心提高了，对书法的兴趣越来越浓。经常听到的是学生高兴地问老师“老师，咱们什么时候再写字”，或者骄傲地说“老师，我会写毛笔字了”。家长也看到了孩子的进步感动的说：“我的孩子好像变了一个人”，“真没想到，我的孩子还能拿毛笔写字”其中实验班中的三名学生进步尤其显著：

1. 书法练习前后书法行为观察：

(1) 被试者张×：书写初期不能按格式写字，笔画粗细不按要求，字体大小不一，字形很差；书写训练后期基本上能按格式书写，字与字，行与行之间较均匀，笔画粗细基本均匀，能够描摹较为复杂的字，基本掌握正确握笔姿势、用笔方法及篆书的基本笔画。

(2) 被试者华×：书写初期字距与行距均无规则，笔画粗细未按要求，字形不准确；书写后期写字的笔画粗细较均匀，字形基本准确，基本掌握正确握笔姿势、用笔方法及篆书的基本笔画。

被试者任×：书写初期无法用毛笔写字，不听指令，拒绝教师指导；书写后期经过调整改为画水墨画，能够用毛笔画简单的情景画，进步较明显，能够听从指导。

2. 书法练习对轻度智障儿童行为影响：

通过对三名轻度智障儿童书法作品的分析，显示这三个案例在书法技能上都有比较明显的进步。三个案例在注意力集中、感知觉观察力、认知和推理能力、情绪稳定和自我控制方面，以及行为动作的协调都有十分显著的提高。特别是当他们在书法作业方面取得一定进步，书法作业得到了老师的肯定和表扬，在一定程度上取得了巨大的推动力，起到了消除自卑感、增强自信心的作用，自我形象也得到了相应的改善，减少了消极的人格因素，而增强了积极的人格因素。书法练习后，三名轻度智障儿童在不良习惯、行为冲动、消极性格、自我调控方面有明显的改善。被试者张X，授课教师反映其注意力集中方面有很大进步，上课小动作也有所减少，下课主动和同学交谈做游戏。被试者华X的习惯性咳嗽、吸吮手指、皱眉、眨眼现象逐步消失，能够自己上下学。被试者任X的注意力情况有所好转，上课打扰他人的次数明显减少，在集体活动中也能遵守活动要求。据家长反映性格开朗了，也不经常发脾气了。这说明通过书法训练，不仅在提高书法技能和改善提高各种心理能力方面起初步的直接促进作用，而且在改善和消除不良行为习惯和消极性格特征方面也能起到直接和间接的促进作用。

通过学生比较感兴趣的书法练习，证明，学生在书法技能进步的同时对其其他方面也起到了促进作用，在活动中学生提高了多种心理能力，改善和消除多种不良习惯和消极情绪，增强自信心。

（张元撰写第一、二节，俞慧耕、胡斌撰写第三节。本章由张元统稿。）

第八章 多元智能在职业教育中的实践

第一节 学以致用 掌握技能 为学生就业打好基础

一、借鉴多元智能理论防止农村职业教育“滑坡”

近几年来，一些地区的中等职业教育出现了持续滑坡。在现象的背后，人们一致的看法是：由于种种原因，我国至今还没有真正形成体制完备与畅通的中等职业教育体系。教学思想、教学模式、教学方法及评价标准基本沿用了普通教育那一套，仍以学习文化课为主，根据纸笔考试分数确定优劣；随着“普高热”的不断升温，绝大多数初中毕业生争着上普通高中，挤高考“独木桥”，致使进入中职的学生文化课成绩较差。他们承受社会和家庭的巨大压力，情绪低落，经常为自己的未来而苦恼。

2000年初，诸城市第三职业中专开始参加“借鉴多元智能理论，开发学生潜能的实践研究”课题实验。他们在实践研究中逐渐认识到：教育的真谛是把人的内在的禀赋激发出来，而不是让他在灵魂里沉睡。教育不是往桶里倒水，而是在火上加柴。中等职业学校在校学生在文化课成绩上是个“弱势群体”，应该受到特别关注，对他们的教育应该扬长补短，着眼于开发潜能，培养自信，发展特长。多元智能理论正是那种“激发人的禀赋，往火上加柴”的教育理论，是改革职业技术教育的指导理论，是发展职业技术教育的希望理论。

为了在全校推广普及多元智能理论，学校主要抓了五个方面的工作：

1. 对全体教师进行转变教育观念的教育。全校教师人手一册介绍多元智能理论的小册子，学校统一安排学习进度，定期进行专题辅导，要求教师彻底摈弃认为中职生是“差学生”等旧观念，提出“把每一个孩子都当天才来欣赏、来培养”的理念。要求教师对学生多一点鼓励，少一点指责，激励他们的信心。

2. 对学生全员开发，因材施教。学校重新确定育人目标：让每一个学生成才，就业有能力，升学有希望。根据学生的志愿和能力，分为中专和高职两个层次进行教学和管理，有针对性地培养，个别化施教。

3. 改革办学体制和教学模式。根据本地产业结构调整后，重点发展机械制造、食品加工、服装印染等企业大量使用技术工人的实际需要，实行校企联合办学；以企业亟需的专业知识和操作技能为教学内容，借鉴加德纳提倡的现场“情景化教学”和“师徒制”的方法，理论联系实际，让学生动脑动手，开展研究性学习。中职生虽然文化课成绩较差，但活泼好动，善于钻研。各个专业经常设计一些问题，让学生带着问题到社会、工厂和报刊、杂志上找答案，同学之间开展研究讨论，发挥团队作用解决问题。

4. 多把尺子评价学生。一是推行赏识评价：改变以前单调、抽象的操行评语，采用有感情，有个性、有激励性的评语，使学生在微笑中看到自己的不足，在希望和鼓励中汲取前进的动力。二是狠抓专项评价。学校确定了“学校搭舞台，学生唱主角”的活动构思，每月都搞一些专业技能大比武、文体活动、社会实践等活动。对每一项活动都进行过程和结果评价，评选表彰优胜者。如 2001 年期末对学生的评比活动中，设立“学习进步星”、“团结协作星”等七个大项，获奖学生 400 多人，占学生总数的三分之一。三是做好综合评价，将素质教育考核、实验实习考核、文化及专业课成绩考核、选修课、岗位资格达标五大类的 16 项指标综合评价，自主评价与集体评价相结合。要求同学们与自己的以前竖着比——看进步；与同学们横着比——看差距。找准目标，增强信心，努力发展。

二、借鉴多元智能理论加强学生的就业指导

在大力提高教育质量和办学水平的同时，学校加强了学生毕业后求职就业方面的指导和社会联系。最近几年，诸城市实施“工业立市”战略，带来全市经济的迅速崛起。全市拥有省级以上企业集团 29 家，利税过千万元的企业 24 家，其中过亿元的 5 家。企业每年新用工人不低于 1 万人。学校紧紧抓住这难得的机遇，实行“校企联合”，先后与新朗公司、北汽福田汽车制造厂等 20 多家名优企业密切协作，订单招生，定向育人。多年来一次性就业率达 100%。建筑、机械、汽驾、服装、医学护理、电力等六大专业毕业生就业范围遍及全省。与此同时，设高职升学辅导班，高职升学人数连年递增，2001 年 103 人，2002 年 140 人，2003 年 198 人。高职升学成为学校发展新的生长点。

引进和应用多元智能理论，使诸城市第三职业中专的面貌发生了根本性的改变。学校的办学思路不断拓宽，规模跃居强校行列，教育质量逐年提高，招生人数连年攀升，2003 年超过 2000 人。学校呈现出发展势头旺，管理水平高，招生就业形势好，政府与企业及家长全力支持的良性循环状态。先后被评为山东省示范性成人中专、山东省重点职业中专、全省职教先进单位等。学校已迈入了超常规、跨越式发展的快车道。

像第三职业中专一样，诸城市第一职业中专、第二职业中专、职工中专、农贸职业中专、劳动技校等其他职业技术学校也积极参与课题实验，在多元智能理论的指导下，改革办学体制和教学模式，围绕当地经济建设对各类人才的需求开设专业，对口培养急需人才。初中毕业生中那些考普通高中的失败者，差一点被传统教育抛弃在成才之路旁边的孩子，经过多元智能理论神奇之手的点化，都成了闪闪发光的“金子”。学生的人生价值得

到了社会的尊重，就业的前景现出了曙光。中等职业技术学校成为广大初中毕业生报考的热门。2003年，全市中等职业技术学校录取新生7940人，占升入高中阶段学生总数的56%。诸城市的中等职业技术教育红红火火，方兴未艾！

解决初中学生辍学等农村教育的热点问题，首先要解决好认识和理论的问题。怎样提高农村中小学教育的质量和效益？很多农村教育工作者正在为此而苦苦思索。1999年底，国内某媒体曾这样报道过一位乡村教师的苦恼：

福建永春县下洋镇大荣小学陈祖强老师说：在全面推行素质教育，大力培养高素质人才的今天，我们农村教育却让人担忧。几年来，我们农村教育处于彷徨、焦虑的状态之中；提倡科学整体育人观念，又没有合理科学的模式；提倡课堂教学改革，师资、设备跟不上；提倡“减负”，只靠“高压”，家长、教师不知所以然。走过场集体办公、没有统一规范的自测自考、变相成绩评比、主观考评考核、办学没一点自主权……一条条枷锁锁住了每个农村教师，我们农村教师如何贯彻方针、落实政策、领会精神，找到人生价值，谁能切切实实而不是说是说、做是做地真正给我们指点迷津？

山东诸城实验区历时四年的实践研究成果表明：借鉴多元智能理论，促进各具智能强势的人的全面发展，使其成为农村现代化建设的人力资源，是农村教育改革的积极尝试。多元智能理论所阐述的观点，极具解决我国农村教育实际问题的针对性和实效性。实践是检验真理的唯一标准。随着“借鉴多元智能理论，开发学生潜能的实践研究”课题项目规模的扩大和研究的深入，具有“点石成金”神奇效能的多元智能理论，终会被越来越多的中国教育工作者所认识、所应用、所推广。正如霍华德·加德纳在《多元智能》的中译本序言中所预言的：

我不是一个中国社会和中国教育问题的专家。但我知道，在中国，被人们长期习惯了的事物是很难改变的。正如一位中国大学教师曾经对我说过的那样：“我们这样做的时间太久了，以至于我们认为只有这样做才是对的。”另一方面，我也知道中国社会是注重实效和善于随机应变的，你们渴望着最大限度地发挥每个人的智力潜能。基于后一个原因，我相信多元智能的观念在你们古老国家的每个角落里，都会遇到知音并找到培育的肥沃土壤。我似乎已经感觉到，你们古老文明的未来充满了希望。

第二节　借鉴多元智能理论培养出的毕业生具有的优势

从2000年起，诸城市第三职业中专开始进行“借鉴多元智能理论，发现和发展学生的智能优势，正确评价学生”的实验探索。至今已有三届参与实验的学生毕业进入社会。目前，这些毕业生在各自的事业中发展的怎样呢？与以前几届毕业生相比，有哪些不同呢？为此，诸城市教育研究室、督导室会同第三职业中专招生就业办公室自2003年1月至6月，历时半年，对97.98.99级三届毕业生进行了抽样跟踪调查。共走访了56家企事业单位，38名家长，87名毕业生。调查采用了问卷回答、与毕业生所在单位的主管领导和同事交流座谈、与毕业生及其家长对话等方法，了解毕业生几年来的工作、学习、生活情况，分析了他们与同事、其他同类学校毕业生之间的不同之处和发展优势，对多元智能理论指导中等职业技术教育发展的作用等方面进行了回顾总结。调查结果显示，在多元智能理论指导下培养的毕业生，具有以下五个方面的优势：

一、自信心强，工作大胆敢干，有较强的抗挫折能力

在问卷回答中，当问及：你在学校中最大的收获是什么时，有57%的毕业生选择了：自信心了。学校让我明白了我有自己的优势，我与众不同。诚然，进入职业中专的学生大都文化课成绩较差，在初中，甚至在小学就是班里的学习“差生”，经常受到老师、同学和家长的批评。特别是中考失利，选择进入职业学校并不是他们的本意。对前途的迷茫，使他们中的不少人更加自暴自弃。不少学生抱着混日子、混文凭，为家长而学的态度。实际上许多学生对自己已经放弃了。“我就这么样了！”是他们的口头禅。可是进入三职专以后，老师并没有歧视他们，而是在学习和生活中努力发现他们的闪光点，认真研究每个学生，发现他们的智能优势，让他们找到了自己可以引以为自豪的东西，让他们发现了自己的特长和与众不同，找到了久违了的受人瞩目，并且品尝了以前从未有过的成功喜悦。久而久之，他们发现了自己的价值，发现了自己也并非一无是处，在社会上也可以有所作为，发光发热，从而刺激了它们的学习需求，激发起了上进的欲望和前进的动力，为他们今天取得工作成绩提供了心理保证。

在企业，与毕业生的领导和同事们的交谈中，他们一致认为：三职专近几年的毕业生工作中敢干，不怕困难，敢于挑重担，不怕挫折。在和毕业生交流谈及此事时，他们说：我们的起点不高，只是一个职业中专生，我们没有什么可输的，所以我们并不患得患失，如果不是在学校的学习，也许我们将一无是处，只能从事一些简单的体力劳动。因此，我们只有敢于尝试，才会有机会。本来社会给予我们的机会就少，所以只要有机会，我们就会紧紧抓住，尽全力地干。谈及挫折，他们几乎异口同声地说：再大的挫折也没有中考失利给我们的打击大，因为那次失利几乎改变了我们的命运，但我们现在摆脱了。三职专的学习生活让我们获得了重生。从此以后，再大的挫折、失败，我们也能坦然面对。这三届两千多名毕业生，就是靠这样的自信，在一步一步实践着他们的人生事业和自己的理想。

二、学有专长，在岗位上作用突出

在与企业经理、主管们交流中，他们对三职专毕业生的评价有一点十分相似：他们虽然不是全才，但它们各有特长。而这些特长在许多时候，为企业解决了工作中的诸多实际

问题。例如在工矿企业中，他们并不缺乏科研类技术人才和企业管理人才，但在企业扩张发展的今天，企业文化成了企业成长发展的重要内容。在工厂、车间文化宣传方面缺少专门人才。三职专的许多机械、电子、焊接类毕业生在校学习期间，除了学习专业知识以外，学校根据多元智能理论和他们各人的特点，成立了许多兴趣特长组织，开展了许多展示才艺的活动，使许多学生的艺术天赋得到发展。因此，在企业的文化活动中，他们能够挺身而出，及时出色地完成任务。如 2002 年在市建委系统组织的《建筑法和建筑知识竞赛》活动中，6 家入围决赛的代表队的 18 名选手中，三职专的毕业生就有 8 名。机械制造系统《福田杯职工演讲比赛》中，10 名决赛选手中，有 4 名是三职专毕业生。正是这些专业之外的特长，让他们在激烈的人才竞争中有了自己的立足和容身之处。这不能不说是多元智能理论指导下的职业教育给了他们生存的空间。

在调查中，我们越来越强烈地感受到：多元智能理论真正可以发现、挖掘一个孩子，特别是一个传统意义的“差生”的智能优势，并去刻意强化这种优势，让他们的潜能得以发挥到淋漓尽致！毕竟世界是多元的，对人才的需求也是多元的。传统教育引导学生向着一个目标奋斗，学习上争过“独木桥”，事业上也争过“独木桥”，那些某一方面存在弱势的群体，也许终生都体会不到成功的喜悦。多元智能理论正是为了每一个学生的全面发展，而“不拘一格育人才”。

三、利用自身专长和优势，能自主创业

调查数字表明：97、98、99 三届毕业生中，共有 107 名学生毕业后，选择了自主创业这条充满荆棘和坎坷的路。这类学生大多在校时担任着学校或班级的干部职务，经过学校生活的锻炼，他们的组织能力、交际能力和心理素质都有了很大的提高。毕业后，充分发挥自己的优势和特长，在社会广阔的舞台上大显身手，体现着自己的人生价值。97 级幼师班原班长王萍毕业后就进了市直属机关幼儿园任教。她的舞蹈和唱歌征服了幼儿园的领导，很快成了全市样板幼儿园的骨干。可是她并不满足，经过一番考察论证后，她毅然走出了这个令人羡慕的大门，选择了自主创业的道路。经过近两年的努力，现在他创建的“青苹果幼儿园”规模已发展到近两百个孩子，再见到她时，根本认不出当年那个一见生人就脸红的女学生。98 级汽车驾驶与维修专业班的陆伟，入校时文化课较差，但老师发现他对汽车有与众不同的良好感觉，便努力刻意地引导他，他的专业课成绩始终在班里名列前茅。如今，他和别人合资办了一家颇具规模的汽车修理厂，并经营着汽车驾驶培训和陪驾业务，生意非常红火。98 级装璜班的王立生，充分利用在三职专开发和强化出来的对色彩和三维空间敏感的视觉——空间智能，成了一名从事建筑效果图和装饰设计咨询中心的“小老板”。三职专改变了他们的人生轨迹。可以说，他们是多元智能理论指导下职业技术教育改革的最大受益者。

四、广大学生和家长享受到了成才的快乐

县办职业中专的学生，绝大多数来自农村。中国几千年的“望子成龙，望女成凤”的观念在老百姓心中根深蒂固。但是在农村，每年只有 30%左右的孩子能考进大学大多数孩子只有走上社会，一部分成为城镇第三产业廉价的“打工仔”，更多的重复延续着他们父辈的的农耕生活。这是他们的父母极不愿意看到而又不得不面对的现实。

可是在与毕业生家长交谈时，他们的脸上已没有了过去那种沮丧的神情，代之而来的是发自内心的喜悦和对学校的感激之情。他们言谈中频率最高的几句话是：“没有想到”、“感谢学校”、“我们很满足”……也许这些毕业生家长并没有听说过多元智能理论，但我们这些教育工作者从他们喜悦的脸上，更深刻的体会到了多元智能理论神奇的力量。

不少学生感慨万千的说：当走进学校大门的那一瞬间，我们对前途一片迷茫，对未来更没有什么打算。父母叫来，不得不来，混上几年算了。可是来到学校以后，一切都在老师的精心安排下改变了。老师精心设计的《自我调查表》让我们有了一个剖析认识自己的机会，同学们之间的互相评价和学校组织的各项活动，让我们发现了自己的长处。三职专的学习生活让我们发现了自我，发展了自我。98 级建筑专业毕业生孙晓花、赵同香、邢学英、张卫华、考取了公务员，在乡镇政府从事文秘和信息管理工作，得益于他们在学校“记者团”的磨练；99 级计算机专业的王培丽担任了市广播电台的广播员，得益于她在学校电台的实践。对此，他们十分高兴，感谢学校给他们人生创业打下了坚实的基础。

历时半年的调查过程中，我们看了很多，听了很多，也想了很多。为什么在有些地方中等职业技术教育会出现滑坡？个中原因可能很多很多，但其中一个非常重要的因素，就是目前我国的中等职业技术教育尚缺少一个科学实用的理论来指导。如果将多元智能理论确定为我国中等职业技术教育的基础理论，那将会给多少传统考试的失败者带来人生希望的曙光！

第三节　多元智能在职教实践中的个案

一、如何面对学生兴趣

李凡，99级机电班学生。入校时给我的印象是：活泼好动，聪明伶俐，但不爱学习。一次李凡从家中擅自拿了爷爷最心爱的怀表，利用晚自习的时间在教室拆开来研究。同学们问他，他说他很好奇，想看一看怀表的内部构造。我发现后，主动和家长联系。家里正在东翻西找这块怀表呢。家长来校找到李凡，面对只剩下壳子的怀表和一铅笔盒零件，十分气愤。可李凡却不在乎。面对怒气冲冲的爸爸，他说："爸爸、老师别生气，别着急，我等会儿一定会把他们装好。"经过大半个上午的努力，他果然把怀表装好了，并且滴滴答答地走得很正点。我和他爸爸都很惊奇，问他是怎么做到的。他说："我在拆卸的时候，就把怀表的运转原理和各个零件的位置记清楚了，组装时恢复原样就行了。有个别零件容易弄坏，得格外小心。干这种活，精力要特别集中。"

这件事让我受到了启发，按照多元智能理论来分析，李凡在逻辑智能、空间智能、肢体智能、内省智能等方面的强势比较明显，应该为他创造条件，使他的强项智能得到充分发展。我动员李凡参加了学校的电气控制小组，并且让他当了小组长。每次小组活动，他总是第一个来，帮助老师检查摆放工具、仪器；也总是最后一个走，帮助打扫卫生。活动时对每种控制线路都认真研究，从设计布线到最后通电试验都一丝不苟，并尝试用多种接线方法，逐渐成为班内科内的"小电气师"。在此基础上，李凡同学把动手研究的兴趣和积极性延伸到学习专业知识上来。逐渐从一个只有单方面兴趣的学生变成了一个初具"专家气质"的好学生。如今，他已经毕业走上了工作岗位，在北汽福田汽车公司成为汽车电路方面的技术骨干。

李凡的转变成长，告诉我们这样一个道理：每个人都有自己的兴趣，作为教师不能去抹杀他们的兴趣，而是发展他们的兴趣，并且将他们的兴趣最终转变成一种能力和一种特长，以点带面，全面成才。多元智能理论在培养学生，特别是"问题学生"的转化上有着独到的针对性，确实是中职学校培养学生特长，办特色教育的良药。

二、孙栋的梦想实现了

孙栋，2000级服装班学生。这个学生分到我的班里不久，我就了解到他的家庭条件优越，在家娇生惯养，自制力差，学习成绩差，纪律观念性差，愿搞恶作剧，在初中就被老师们称为"问题学生"。到第三职业中专才一个多月，就给班级和学校添了不少麻烦。

有一次，他在教室的黑板上画了“班长——是班主任的狗腿子”的漫画，被我无意中看到，发现了他的绘画特长和天赋。我意识到：孙栋同学固然有很多缺点，但它对人热情，头脑反应快，很聪明。要正视学生之间的的差异，尊重差异。对有兴趣特长的学生，要因势利导，因材施教，发展每一个学生的特长。我与孙栋谈了几次话，知道他很想上进，就是管不住自己。我想，这样的孩子此时最需要的不是批评，而是信任和具体的帮助措施。一次班会上，我在全班同学面前对孙栋的绘画天赋给予了高度评价，并让他担任了班里美术兴趣小组的组长和校板班刊的美术编辑。也许孙栋从小至今在班里没有受到这样的重视和尊重。他把我交代的工作当成了正事，对工作尽心尽力，做得井井有条；还经常征求我对他工作的意见。与此同时，他的纪律性也强了，文化课学习渐见起色，同学们逐渐对他改变了看法。他的绘画特长得到了充分展示的条件，设计和绘画水平提高很快；有时还使出新招，令我和同学们颇感惊奇。我让美术专业老师去主动接近他、指导他，鼓励他在绘画技巧上向更高水平发展。这些对他的服装设计、制图等专业课程学习起了很大的促进作用。在2000级对口升高职考试中，他以较高的分数考入了高等职业学院的美术专业，圆了他的大学梦——一个他儿时曾有过，但上初中时早已破碎了的梦。

孙栋梦想的实现，得益于多元智能理论在诸城第三职业中专的推广和应用。是多元智能理论让我们认识了人的潜能和各方面能力上的差异，为实施育人目标创建了一个广阔的舞台，为孙栋这样的学生成人成才，提供了一个受益终生的机会。

三、任佳的成长之路

任佳，女，2001级幼师专业学生，现在诸城市市直机关幼儿园任教。任佳的父母都是农民，从小家庭条件较差，小学和初中阶段的各方面都表现一般。刚进入幼师班在上舞蹈课时，我发现她舞感很好，像是受过一定的专业训练，可基本功较差，显得很业余。经过了解，任佳确实没有经过专业训练，只是自己喜欢。既喜欢看，又喜欢模仿，因此报考了三职专的幼师专业。为了让任佳的舞蹈方面的潜能得到充分开发和发展，我让她担任了舞蹈课的科代表。在上专业课时，我发现任佳虽然对舞蹈的感受较好，但由于基础较差，缺乏对音乐和舞蹈的真实理解，因此进步不快。

我找了很多有关舞蹈的专业资料给任佳，让她认真阅读。一有时间就给她讲解、示范。有些关键知识不仅要让她了解，而且要真正理解，举一反三。渐渐地，任佳的音乐感受力增强了，舞蹈的表现力也有了，肢体动作能够根据音乐的旋律而表现情绪的变化，舞蹈动作开始有了灵魂。无论是舞蹈情绪还是舞蹈风格，把握的都比较好。同学们逐渐对任佳刮目相看，她建立了自信，对自己不断提出新的要求，学习更加刻苦，各门功课的成绩都有了提高，成为了一个全面发展的好学生。在全市中小学文艺会演中，任佳的独舞《父老乡亲》荣获了一等奖。

回顾任佳的成长之路，我深有感触：多元智能理论告诉我们，要善于观察学生，及时发现学生的特长和潜能，经过老师的激发、引导和帮助，让学生的潜能得到充分地发挥和发展，使之成为一种被别人感受和认可的能力。这也许就是我们中职教育一直在探索和追求的目标吧！”

四、真实情景的教学最有效

2000级新生入校不久，一天中午，我到汽修专业班教室，发现伏龙同学正在津津有味地看《汽车发动机构造与修理》一书。看到我，他站起来，很大方的说：“老师，我喜欢汽车维修，想多学点知识。”我微笑着点了点头。

在一次谈话中，他告诉我：他家里有一辆旧东风车，是父亲以前搞运输用的，已闲置几年了，现在根本发动不着，他想试着修修看。他的话引起我的极大震动。在以后的日子里，我因势利导，有针对性地给他讲解汽车发动起来的基本条件。他非常认真，不停地问，不停地记录，一点细节也不放过。

第二年春天，开始讲授《汽车构造》、《汽车电器设备》、《汽车维护与故障排除》等专业课程，他好奇心更强，学得更认真。专业实习室里有台报废的东风车，是专供学生实习和实验用的，从来没有发动着过。伏龙提出要修好它。我毫不犹豫地说：“行！你能修好它，放手干吧！”得到我的支持，他非常高兴，首先检查发动机各缸的最高压力，与维修手册上对比，查找原因。他用了两天时间，除了湿式缸套外，其余零件全部拆下来，摆满了工作台。我真担心他装不起来，但我发现，在拆每个零件时，他都对照书本，作了装配记号。经过反复检查，他最后判断造成压缩不足的原因是：活塞环磨损严重，气门关闭不严；造成电路无高压火的原因是：分火头严重烧蚀。由于拆装和检修的每个过程我都在场，我同意他的判断。

为了配合他的工作，我向学校申请经费买来了一批汽车零件，他便胸有成竹的干了起来。整整一天的时间，他一刻也没有休息，一直以极大的热情和兴致埋头于工作之中，那种得意的神情就像马儿到了草原，鱼儿游进了大海，非常尽兴。直到上晚自习的时候，才装配完毕。我建议明天检验试车。

第二天一早，他早早来到实习室，告诉我说：他一夜没有睡好，装配的每一个环节他都回顾了好几遍，都没有出错。我们马上进行试车，经过调试，排除了一点电路故障外，居然两次就发动起来了，进一步调试，车辆进入了正常状态。我们都非常高兴。

后来，伏龙的父亲到学校办事，找到我，自豪地告诉我：伏龙毕业后，把家里的东风车也修好了。现在有空就给别人维修汽车，成了村里有名的的“小师傅”。

加德纳在《多元智能》一书中写道：“我们坚持认为，只有通过在“真正的领域”中的活动，才能最佳地发展和促进人类的认知能力。”伏龙发展成长的事实说明：只是发现了学生的特长和潜能还远远不够，更重要的是给学生创造条件，精心指导，让他的潜能得到发展，真正成才。在教学过程中，要积极创造条件，进行“真实情景”的教学，让学生动手体验，学以致用。在这个过程中，老师必须付出成倍的心血。看到在自己指导下，学生真正学到了本领，实在是一件令学生高兴，教师更高兴的事。

（丁宝志撰写第一节，丁宝志、隋金刚、宫宪祥撰写第二节，王培义、王玉琴、陆艳艳撰写第三节。本章由丁宝志统稿。）

参考文献

1. 加德纳著 . 沈致隆译 . 多元智能 . 北京:新华出版社,1999.

2. 加德纳著 . 李心莹译 . 重建多元智能 . 台湾:远流出版事业股份有限公司,2000.

3. 张国祥,韦辉梁,赵钧鸿 . 校本多元智能学习评量系统(使用手册和电脑软件),香港:晶晶教育出版社,2001/2002.

4. 张国祥 . 桃李芬芳:多元智能评量与适性教育 . 香港:晶晶教育出版社,2001.

5. 张国祥,韦辉梁 . 菁莪乐育:多元智能与教师专业成长 . 澳门:澳门电脑学会,2001.

6. 张国祥 . 如沐春风:多元智能课程与教学设计 . 香港:晶晶教育出版社,2003.

7. 张国祥 . 春风化雨:多元智能教育荟萃 . 香港:晶晶教育出版社,2003.

8. 张国祥,卢兰馨 . 孺慕乐仪:多元智能开发与评价的实验研究 . 澳门:澳门大学出版社,2003.

9. 张国祥,邓可心,林雨生 . 人各有智:多元智能自评实验研究 . 澳门:澳门大学出版社,2003.

10. 钟祖荣,伍芳辉 . 多元智能理论解读 . 开明出版社,2003.

11. 北京市昌平三中 . 多元化的初中语文教学设计 .2003.

12. 多元智能开发与评价的研究国际会议论文集 .2002

13. 张国祥 . 教师专业成长行动研究计划:校本多元智能学习评量系统设计 . 教育曙光,2000.(42):11 – 17.

14. Armstrong, T. (1994). Multiple intelligences in the classroom. Alexandria, Va: Association for Supervision and Curriculum Development.

15. Armstrong, T. (1987). In their own way: Discovering and encouraging your child's personal learning style. Los Angeles: J.P. Tarcher.

16. Campbell, L., Campbell, B., & Dickinson, D. (1992). Teaching and learning through multiple intelligences. Tucson, Ariz.: Zephyr Press.

17. Gardner, H. (1983). Frames of mind: The theory of multiple intelligences. New York: Basic Books.

18. Gardner, H. (1985). The mind's new science: A history of the cognitive revolution. New York: Basic Books.

19. Gardner, H. (1991). The unschooled mind. New York: Basic Books.

20. Gardner, H. (1993). Multiple intelligences: The theory in practice. New York: Basic Books.

21. Gardner, H. (1999). Intelligence reframed: Multiple intelligences for the 21st century. New York: Basic Books.

22. Hoerr, T.R. (2000). Becoming a multiple intelligences school. Alexandria, Va: Association for Supervision and Curriculum Development.

23. Lazear, D. (1999a). Eight ways of knowing: Teaching for multiple intelligences (Third Edition). Arlington Heights: SkyLight Training and Publishing.

24. Lazear, D. (1999b). Eight ways of teaching: The artistry of teaching with multiple intelligences (Third Edition). Arlington Heights: SkyLight Training and Publishing.

25. Lazear, D. (1999c). Multiple intelligence approaches to assessment. Tucson, Ariz.: Zephyr Press.

26. Messick, S. (1989). Validity. In R.L. Linn (Ed.), Educational measurement (Third Edition, pp. 13 – 103). New York: American Council on Education & Macmillan.

编 后 话

《多元智能在中国》，是中国大陆与港澳地区借鉴多元智能理论研究者的第一次联手，首次总结了基础教育、职业教育各个学段、至不同类型学校借鉴多元智能理论进行实践研究的初步成果，汇集了在中国借鉴多元智能理论开展实践研究诸多同事者的心血。

应当说首都师范大学出版社将《多元智能在中国》付梓出版，做了一件“前人未曾有，后人不可无”的事。在此，我们谨向侯亮先生及出版社的胆识与支持，表示诚挚的敬意与谢忱！

本书是中国教育学会“十五”重点课题“借鉴多元智能理论开发学生潜能实践研究”暨 DIC 国际合作项目的阶段性成果，将其奉献给广大读者，是因为我们怀抱着不揣浅陋、“抛砖引玉”的意愿，期盼我们的经验和教训，能够成为后人继续进行研究的“垫脚石”，借此为我国基础教育和职业教育的改革，特别是为课程改革略尽绵薄之力。

参与写作本书的成员很多，除每章之后均注明作者之外，在此还向以下提供素材的单位和个人的鼎力支持表示感谢，他们是：北京市清华大学洁华幼儿园、北京第二实验小学、北京市西城区育民小学、黄城根小学、中华路小学、什刹海小学；北京市丰台区东高地第一小学；北京市东城区和平里第四小学；山东省诸城实验小学、密州街道中心学校，密州路学校；山东省博兴实验小学；浙江省慈溪市宗汉街道中心小学、永凝小学。北京师范大学第二附属中学的朱锡民、侯迎晖、高利霞、赵昕、芦佳、毛旻老师，北京市第九十二中学的许国珍、边亚囡、郭晓丹老师，北京广渠门中学的杨秋文、田海霞老师。

要强调的是，作为本册主编，并不意味着在“借鉴多元智能理论实践研究”中有超越各章作者的造诣，只因工作需要，成为“近水楼台先得月”领先品尝原汁原味成果的学习者。为此，在衷心感谢各位作者的同时，真诚声明：在统稿过程中，如有处理不妥之处，盼望每位作者与广大读者提出批评指正，以便再版时更正。

2004 年 6 月 30 日